현대차
피지컬 AI 혁명

AI·수소·로봇으로 전환하는 현대차의 미래

현대차
피지컬 AI
혁명

우수연 지음

지난 10여 년간 자동차 산업은 전통적인 제조업의 틀을 넘어, 서비스와 소프트웨어가 핵심이 되는 모빌리티 산업으로의 대전환을 맞이해 왔다. 이 과정에서 전 세계 주요 기업들은 막대한 투자와 전략적 변화를 통해 새로운 경쟁 질서를 구축해 왔다. 이러한 변화의 흐름 속에서 현대차그룹은 2019년 이후 미래지향적 리더십을 중심으로 조직과 인재를 재정비하고, 과감한 투자와 혁신적 기술 개발을 지속해 오면서 Connectivity(연결성), Electrification(전동화), Autonomous(자율주행) 분야 전반에서 전통적인 글로벌 경쟁사들을 앞서는 성과를 가시화하고 있다.

이 책은 이러한 대전환의 여정을 시의적절하게 조망한 책이다. 지금까지 숨 가쁘게 추진되어 온 혁신의 동력이 일정 부분 안정기에 접어든 시점에서, 글로벌 경쟁사들의 전략과 성과를 냉철하게 비교·분석하고, 그 속에서 현대차가 선도적 위치를 확보할 수 있었던 핵심 요인들을 입체적으로 조명한다. 나아가 급변하는 모빌리티 환경 속에서 현대차가 앞으로 나아가야 할 방향에 대해서도 유의미한 시사점을 제시한다.

산업 및 경제 분야에서 풍부한 취재 경험을 보유한 저자는 제3자의 객관적인 시각을 통해 미래 모빌리티 재도약의 중요성과 현대차의 잠재력을 설득력 있게 풀어내고 있다. 이 책은 미래 모빌리티 산업을 이끌어야 할 경영자와 실무자 모두에게 깊은 통찰을 제공하는 필독서로 추천할 만하다.

양웅철 전 현대차그룹 연구개발(R&D) 총괄 부회장

나는 오래전 한 장면을 떠올렸다. 국회의원 초선 시절 '재벌개혁'에 기치를 올리던 나에게 한 대기업 총수가 먼저 만남을 요청했다. 대부분의 재벌 오너가 방어와 로비를 선택했을 상황에서, 그는 이렇게 말했다.

"의원님, 저부터 개혁하시면 됩니다."

이 한 문장은 정의선이라는 리더를 이해하는 출발점이다. 그는 이야기를 하기 위해서가 아니라 듣기 위해서 자리를 만들었다. 기업을 향한 정치권과 사회의 비판, 현대차를 둘러싼 구조적 한계를 그는 피하지 않고 묻고 또 물었다. 정의선의 리더십은 권위를 앞세우기보다 책임을 먼저 세운다. 견해가 다른 이에게 먼저 손을 내밀고, 비판을 관리의 대상이 아니라 학습의 자원으로 삼는다.

오늘의 현대자동차그룹은 단순한 자동차 기업이 아니다. 반도체 산업이 흔들릴 때 한국 경제를 지탱한 또 하나의 축이었고, 글로벌 질서가 재편되는 국면에서 글로벌 영향력을 갖춘 기업 집단으로 성장했다. 그 중심에는 정의선 회장이 있다.

정 회장은 '드러나지 않는 리더'에 가깝다. 이는 엄격함과 절제를 중시해 온 현대가 특유의 문화와도 닿아 있다. 그래서 대중은 묻는다. 그는 어떤 사람인가. 어떤 리더인가. 무엇으로 이 거대한 조직을 움직이는가. 그는 카리스마로 군림하는 리더가 아니다. 조용히 묻고, 끝까지 듣고, 결국 실행하는 리더다. 그는 AI 시대가 요구하는 수평적 리더십을 실천하기 위해 부단히 애쓴다. 나는 그가 일론 머스크와는 또 다른 뚝배기를 연상하게 하는 묵직한 리더십으로 21세기 대한민국의 미래를 희망으로 채우는 중심에 있기를 바란다.

박영선 전 중소벤처기업부 장관

———————

전 세계 모빌리티 산업에서 게임 체인저로 우뚝 선 현대차그룹은 글로벌 학계와 산업계로부터 엄청난 주목을 받고 있으며 이는 많은 한국인에게 엄청난 자부심으로 이어졌다. 하지만 정작 그 주목의 배경에 대한 통찰력 있는 분석은 부재해 온 것도 사실이다. 이 책은 현대차그룹이 보여온 기술혁신, 조직혁신, 글로벌 경쟁전략의 성장과 그 중심에 자리 잡고 있는 정의선 회장의 독특한 리더십과 기업가 정신에 대해 종합적이면서도 예리한 진단을 제시하고 있다.

나아가 현대차그룹의 미래 청사진을 간접적으로 접할 수 있는 기회도 제공한다. 무엇보다 저자는 언론인의 눈으로 현대차그룹의 진화를 매우 현장감 있게, 그러면서도 객관성을 유지하면서 풀어냈다. 현대차그룹을 오랫동안 연구해 온 경영학자인 나에게도 이 책은 많은 메시지와 영감을 주었다. 수많은 독자들이 이 책을 통해 현대차그룹의 성장과 미래 비전에 대한 궁금증을 해소하고 나아가 글로벌 리더로부터 학습할 수 있는 계기가 되기를 기대한다.

이무원 연세대학교 경영대학 교수

현대자동차그룹의 성장은 세계 자동차 산업사에서 유례를 찾기 어려운 놀라운 성취다. 후발주자로 출발해 글로벌 완성차 3위에 등극하고, 이제는 당당히 2위 자리를 넘볼 수 있게 된 현대차는 끊임없는 도전과 혁신으로 불가능을 가능으로 만들어왔다. 이 책은 그 여정의 핵심에 있는 정의선 회장의 리더십을 본격적으로 조명한 첫 번째 단행본이라는 점에서 의미가 깊다.

정 회장의 리더십은 이미 기아자동차 사장 시절부터 빛을 발했다. 당시 그는 만년 2등의 이미지를 벗기 위해 '디자인 경영'을 선포하고, 세계적인 디자이너 피터 슈라이어를 영입하는 파격적인 행보를 보였다. 이를 통해 기아를 세계적인 디자인 명가로 탈바꿈시킨 결정적 계기가 됐다.

그의 업적은 여기서 멈추지 않는다. 럭셔리 브랜드 제네시스의 성공적인 론칭을 진두지휘하며 프리미엄 시장에서의 입지를 굳혔고, 전기차 전용 플랫폼인 E-GMP를 기반으로 전동화 시대의 '퍼스트 무버'로서 시장의 판도를 바꾸고 있다. 또한 보스턴다이내믹스 인수를 통해 로보틱스 역량을 강화하고, 수소 에너지 생태계 구축 등 자동차 제조사를 넘어 '모빌리티 솔루션 프로바이더'로의 거대한 전환을 주도하는 중이다.

자동차 산업이 거대한 전환기를 지나는 가운데, 이러한 리더십의 변화와 유연한 대응은 기업의 생존을 결정짓는 핵심 요소다. 이 책은 현대차가 전통의 제조 기업으로서의 역량을 유지하면서도 미래 기술 생태계의 주도권을 어떻게 쥐어가고 있는지, 그 과정을 경영과 기술의 관점에서 잘 설명한다.

이 책의 저자는 단편적인 사실 너머의 맥락을 짚어내는 능력이 탁월해 내가 평소 가장 주목해 온 자동차 담당 기자다. 현대차와 정의선 회장의 리더십을 통해 대한민국 산업의 미래를 이해하고자 하는 모든 이에게 일독을 강력히 권한다.

박정규 KAIST 기술경영전문대학원 겸직교수, 《스마트카 패권 전쟁》 저자

————————

자동차 제조업으로 시작해, 전동화를 거쳐 이젠 피지컬 AI 기업으로까지. 시대 흐름에 맞춰 발전을 멈추지 않는 현대자동차그룹의 사람, 조직, 기술력을 한 권에 담았다. 지금까지 현대차그룹의 과거를 조명한 책은 많았지만, 현재와 미래를 종합적으로 분석한 책은 찾기 어려웠다. 특히 저자가 현장에서 직접 보고 듣고 취재한 내용을 바탕으로 현대차그룹의 현재와 미래를 한 권에 담은 만큼, 올해 꼭 한 번은 읽어야 할 책이다.

류종은 한국자동차기자협회 회장

피지컬 AI 시대
중심에 서다

2025년은 AI가 처음으로 현실 세계의 문을 두드린 해로 기록될 것이다. 데이터를 계산하고 문장을 생성하는 수준에서 온라인 세계에 머물던 AI는 이제 로봇을 움직이고, 공장을 스스로 운영하며, 도로 위를 주행하는 단계로 나아가고 있다. 바로 '피지컬 AI' 시대의 개막이다.

같은 해 서울 강남의 한 치킨집에는 글로벌 기술과 산업, 경제를 움직이는 거물급 인사 3명이 함께 모였다. 정의선 현대자동차그룹 회장, 이재용 삼성전자 회장, 그리고 글로벌 기술 산업의 중심에 선 인물인 젠슨 황 엔비디아 CEO다.

한국 문화를 직접 경험하고 싶다는 황 CEO의 제안으로 마련된 이 만남은, 세계적 리더들이 서울 한복판의 대중적이고 서민적인 공간에서 회동했다는 사실만으로 큰 화제가 됐다. 현장에는 구름 같은 인파가 몰렸고, 세 사람이 이날 입었던 옷은 모두 완판됐다. 이들의 대화와 행동은 쇼츠 영상으로 재편집돼 온라인에 '세기의 치킨 회동'으로 널리 확산됐다.

이 자리에서 황 CEO는 피지컬 AI 시대의 핵심 파트너로 현대차와 삼성을 지목하며 협력 의지를 다졌다. 그리고 다음날, 한국에 최신 그래픽처리장치(GPU)를 포함한 26만 장의 AI 칩을 공급하겠다는 대규모 계획을 발표했다. 일명 'AI 한미 동맹'이다.

26만 장의 AI 칩을 약속대로 공급받게 되면, 한국은 미국과 중국에 이어 세계 3위 규모의 고성능 AI 칩 보유국이 된다. 그렇다면 여기서 질문이 하나 생긴다. 왜 황 CEO는 '피지컬 AI 파트너 국가'로 한국을 선택했을까? 그리고 왜 전통적 IT·반도체 기업과 더불어 자동차 기업인 현대차그룹에 5만 장의 AI 칩을 배분했을까?

이 책은 바로 그 의문에서 출발한다. 피지컬 AI 시대에 현대차그룹의 역할과 위상은 앞으로 어떻게 달라질 것인가? 전통 제조업체였던 현대차그룹은 어떻게 성장해 왔고, 어떤 방식으로 위기를 극복했으며, 어떤 전략으로 AI 시대에 생존을 넘어 주도권까지 확보할 수 있는가?

이날 회동에서 정 회장은 스스로를 '차 만드는 아저씨'라고 소개하며 대중과의 거리를 좁혔다. 이 표현은 2026년 현재 현대차그룹의 본질을 가장 함축적으로 나타내는 문장이다. 그러나 정 회장이 바라보는 현대차의 미래는 단순한 자동차 제조를 넘어선다. 그의 시선은 이미 더 높고 넓은 피지컬 AI의 세계를 향해 있다.

이 시대의 AI는 단순히 데이터를 분석하거나 업무 효율을 높이는 수준을 넘어, 인간의 생활 자체를 다시 설계한다. 집안일을 대신하는 휴머노이드 로봇, 운전이 필요 없는 완전 자율주행차, 고장이 나

구분	주요 내용
협력 목적	AI 팩토리 구축 등 피지컬 AI 생태계 조성
투자 규모	약 30억 달러 투자
핵심 인프라	엔비디아 블랙웰 GPU 5만 장 공급, 엔비디아 AI 기술센터, 현대차그룹 피지컬 AI 애플리케이션센터, 국내 데이터센터 설립
주요 기술 플랫폼	엔비디아 DGX(대규모 학습), 엔비디아 옴니버스·OVX·코스모스(디지털 트윈), DRIVE AGX Thor(차량·로봇 AI 브레인)
적용 분야	자율주행·스마트팩토리·로보틱스 등 현실 기반 AI
기대 효과	제조 AX 가속, 자율주행·로봇 혁신, 국내 AI 인재 양성

[자료 P-1] 현대차그룹-엔비디아 '피지컬 AI' 협력 핵심 구상

출처: 현대차그룹

면 스스로 진단하고 수리까지 수행하는 공장 설비들이 모두 피지컬 AI의 영역이다.

이 분야에서 가장 앞서 있고 자신감을 보이는 기업이 바로 현대차그룹이다. 현대차는 보스턴다이내믹스를 인수하며 세계적인 수준의 로봇 하드웨어 기술을 확보했고, 여기에 AI 기술을 접목한 휴머노이드 로봇을 개발 중이다. 미국에서는 2029년 양산을 목표로 연간 3만 대 규모 로봇 생산 공장도 운영할 예정이다. '피지컬 AI의 꽃'이라 불리는 자율주행 분야에서도 확장 가능성은 무궁무진하다.

현대차가 확보한 5만 장의 GPU는 독자적인 자율주행 시스템 개발은 물론, 새로운 하드웨어·소프트웨어 생태계 구축의 기반이 된다. 자동차 제조에도 AI가 본격 적용되면 공장의 풍경은 완전히 바뀐다. 기존 자동화 공정보다 훨씬 효율적이며, 이는 곧 비용 절감과 소비자 편익으로 이어진다.

2024년 엔비디아가 GTC에서 처음 '피지컬 AI' 개념을 공개한 이후, 2025년에는 그 실질적 파트너로 한국을 낙점했다. 아이러니하게도 자율주행·로보틱스·스마트팩토리는 미국의 가장 강력한 경쟁자인 중국이 앞서 있는 분야다. 이를 견제하기 위해 미국은 한국과 협력을 강화하며, 현실 세계에서의 AI 주도권을 놓치지 않으려는 복안이다.

즉, 피지컬 AI 시대에 한국과 미국은 한배를 탄 셈이다. 이제 한국의 스마트 제조업 미래는 미국의 AI 산업 미래와 직접 연결된다. 그리고 이 핵심 교차점에 서 있는 기업이 바로 현대차다. 현대차그룹은 한국보다 미국에서 더 많은 차량을 판매하고 있으며, 미국 판매 차량의 현지 생산 비중도 80%까지 끌어올릴 계획이다. 결국 피지컬 AI 시대의 현대차 성공 여부는 한국 경제의 성패뿐 아니라 미국 AI 산업 및 제조업의 성과와도 직결되는 중요한 시험대다.

이 책은 단순한 자동차 기업의 성공 스토리가 아니다. 다가올 피지컬 AI 시대를 내다보고 새로운 산업 질서를 조망하는 안내서다.

추천의 글   004

프롤로그 | 피지컬 AI 시대 중심에 서다   008

1장
정의선, 피지컬 AI 미래를 열다

아틀라스가 보여준 로봇의 미래   018

정의선의 경영 철학은 무엇인가?   030

거대 글로벌 기업을 다루는 경영 원칙   043

용병술, 기업의 운명을 바꾸다   047

정주영-정몽구-정의선의 리더십은 무엇인가?   055

2장
위기가 만든 조직의 힘

위기 때마다 더 높이, 점프업 비결   066

코로나19부터 관세 파고까지, 어떻게 버텼나?   074

인도에서 현지화의 답을 찾다   083

현대차와 기아의 브랜드 전략   092

제네시스의 성공 비결   101

3장
소프트웨어 전환과 자율주행 도전

소프트웨어 전환의 시작, SDV란 무엇인가?   110

흔들리는 자율주행 전략   117

인재·규제·데이터 장벽, 그리고 자율주행이 더딘 이유   134

완전자율주행을 향한 기술 내재화   140

4장
내부 위기와 구조적 한계

현대차그룹 지배구조 진단   150

인력 재편을 둘러싼 딜레마   158

온라인 판매는 왜 더딘가?   164

부품 리스크와 생태계의 과제   170

5장
더 치열해진 글로벌 무한 경쟁

미국에 쏠린 현대차 전략, 기회와 리스크   180

세계 최대 시장 중국을 뚫을 전략   189

글로벌 합종연횡, 경쟁자의 손을 잡은 이유   204

토요타·테슬라·BYD와의 경쟁   211

6장
에너지 대전환의 파도

하이브리드로 승부를 띄우다   234

E-GMP, 전기차의 판을 바꾸다   243

반도체·배터리도 직접 설계, 내재화 전략   251

현대차그룹, 수소를 놓지 못하는 까닭은?   259

세계 최대 수소 시장 중국, 현대차의 승부수   270

7장
제조 DNA가 만드는 피지컬 AI의 미래

10년 후, 현대차는 어떻게 진화할까?   280
휴머노이드 로봇이 온다   293
한·미·중 휴머노이드 전쟁   302
에어택시는 언제 나올까?   311
기술 상상력에 한계는 없다   320

에필로그 | 제조기업을 넘어 미래 피지컬 AI 기업으로의 대전환   328
참고 문헌   334

1장

정의선,
피지컬 AI 미래를 열다

HYUNDAI'S PHYSICAL AI REVOLUTION

아틀라스가 보여준
로봇의 미래

2026 CES에서 공개된 휴머노이드 기술력

사람처럼 팔다리를 갖춘 휴머노이드 로봇이 무대 바닥에 엎드려 있다. 순간 믿기 힘든 장면이 펼쳐진다. 이 로봇은 사람이라면 절대 꺾을 수 없는 방향으로 다리 관절을 접더니, 마치 아무 일도 없었다는 듯 스르륵 몸을 일으킨다. 순간적으로 기괴하다는 느낌마저 든다.

벌떡 일어난 휴머노이드 로봇은 그대로 무대 가운데를 향해 뚜벅뚜벅 걸어 나온다. 금속 발이 바닥을 디딜 때마다 규칙적인 소리가 울린다. 그런데 걸음걸이가 묘하게 사람 같다. 힘을 빼고 건들거리듯 걷는 모습이 사람이 로봇을 탈을 쓴 게 아닌가 하는 느낌마저 준다. 움직임이 놀라울 정도로 유연하고 자연스럽다.

이 로봇의 관절은 360도로 자유자재로 움직인다. 몸통은 정면을 향한 채 고개만 180도 돌려 뒤를 바라볼 수 있고, 손목과 발목은 한 바퀴를 완전히 회전한다. 이를 통해 사람이라면 불가능한 동작과 작업을, 휴머노이드 로봇은 아무렇지 않게 수행할 수 있도록 했다.

이 장면은 미국 라스베이거스에서 열린 세계 최대 가전·IT 전시회, 2026 CES의 하이라이트 장면이다. 2026 CES의 주인공은 단연 현대차그룹이었다. '피지컬 AI'가 전시회를 관통하는 핵심 키워드로 떠오른 가운데, 현대차그룹의 로보틱스 계열사 보스턴다이내믹스가 만든 '아틀라스(Atlas)'는 가장 뜨거운 신기술로 주목받았다.

아틀라스 개발의 궁극적인 목표는 단순하다. 스스로 인지하고, 판단하고, 움직이는 로봇을 만드는 것이다. 연구 목적으로 만들어진 연구형 아틀라스는 선반에 물품을 순서대로 완벽히 정리해 낸다. 작업 도중 선반 위치가 바뀌거나 물건이 바닥에 떨어지는 상황이 발생해도 아틀라스는 멈추지 않는다. 주변 환경을 다시 인식하고, 물건을 놓을 최종 목적지를 스스로 바꿔 정리를 이어간다. 단순히 입력된 명령을 수행하는 기계가 아니라 상황에 따라 판단하는 로봇이기 때문이다.

현대차그룹은 2028년부터 휴머노이드 로봇 아틀라스를 자동차 생산 공장에 투입한다. 미국 조지아주에 위치한 현대차그룹 메타플랜트 아메리카(HMGMA)를 비롯해 글로벌 전 세계 생산 라인에 휴머노이드 로봇이 서게 된다. 개발형(보급형) 아틀라스를 2028년 실전 배치하고, 2030년부터는 작업 범위를 점차 넓힌다는 구상이다. 이를 위해 로봇을 생산하는 연 3만 대 규모의 로봇 공장도 미국에 세우기로 했다.

2026 CES에서 최초 공개된 '차세대 전동식 아틀라스 개발형 모

델'은 제조 현장에서 효율성이 극대화되도록 설계된 보급형 모델이다. 그동안 보스턴다이내믹스의 휴머노이드는 업계에서 최고의 피지컬을 갖춘 로봇으로 평가받아 왔다. 파쿠르로 벽과 난간을 넘고 공중제비에 이어 백덤블링까지 해냈다. 하지만 이 같은 압도적인 피지컬은 공장에 도입하기에는 오히려 오버스펙이라는 평가도 뒤따랐다. 오버스펙은 곧 비용 증가로 이어진다. 제조 현장에서는 '가장 화려한 기술'보다 '가장 적절한 기술'이 중요하다.

이에 현대차그룹은 어느 작업 환경에서도 적용 가능한 유연성을 갖춘 보급형 모델을 선보였다. 이 모델은 56개의 자유도를 갖춰 대부분의 관절이 360도로 완전히 회전한다. 사람과 유사한 크기의 손에는 촉각 센서가 탑재돼 있어 물건을 자유롭게 집고 옮길 수 있고, 360도 카메라를 통해 모든 방향을 인식한다.

이 아틀라스는 최대 50kg의 무게를 들 수 있고, 2.3m 높이까지 손이 닿는다. 내구성도 뛰어나다. 영하 20도부터 영상 40도까지의 환경에서도 성능 저하 없이 작동하며, 방수 기능을 갖춰 세척도 할 수 있다. 사람이 50kg짜리 짐을 2m 높이로 반복적으로 들어야 한다면 어떻게 될까? 애초에 비교 자체가 성립하지 않는다.

가장 중요한 기능은 따로 있다. 아틀라스는 스스로 배터리를 갈아 끼울 수 있다. 로봇의 등 뒤에는 두 개의 배터리 팩이 장착돼 있고, 배터리가 부족해지면 아틀라스는 스스로 충전소로 이동해 배터리를 교체한다. 한 번 교체하면 약 4시간 동안 작업이 가능하다. 충전을 위해 작업 중 멈춰 서야 하는 시간이 최소화된다.

현대차그룹은 공정 단위별 검증을 거쳐 단계적으로 아틀라스를 도입할 계획이다. 처음에는 부품 분류를 위한 서열 작업처럼 단순한 업무부터 시작한다. 이후 2030년에는 부품 조립과 같은 복잡한 작업까지 작업 범위를 넓힌다. 단순 반복적이거나 무거운 짐을 반복해서 들어야 하는 작업, 위험도가 높아 사람이 다칠 수 있는 작업을 로봇이 우선 수행하게 된다.

공장에서 사람의 역할이 사라지는 것은 아니다. 다만 달라진다. 사람은 현장에서 로봇을 학습시키고 관리하는 역할을 맡는다. 이를 통해 사람은 더 창의적이고, 고부가가치 일에 집중할 수 있게 된다.

데이터 파이프라인을 어떻게 구축하는가

2026 CES에서 로봇의 구동 방식이나 외형, 작업 스펙 등에 관심이 쏠렸지만 정작 더 중요한 본질은 다른 데 있다. 진짜 핵심은 로봇이나 자율주행차를 어떻게 움직이느냐가 아니라, 데이터 파이프라인을 어떻게 구축하느냐다. 어떤 데이터를 어떻게 모으고, 그 데이터를 어떻게 학습시켜 다시 현장에 적용할 것인지에 대한 전략을 제대로 세운 기업만이 진정한 AI 기업으로 도약할 수 있다.

결국 AI 시대의 경쟁력은 하드웨어가 아니라 데이터를 다루는 구조에서 갈린다. 양질의 데이터를 확보하고 이를 반복적으로 학습해 나름의 '교본'을 만든 뒤, 다시 그 교본을 기반으로 현장에서 재학습을 시키는 선순환 구조가 돌아가야 한다.

현대차그룹은 이 문제에 대해 비교적 명확한 해법을 제시했다. 모

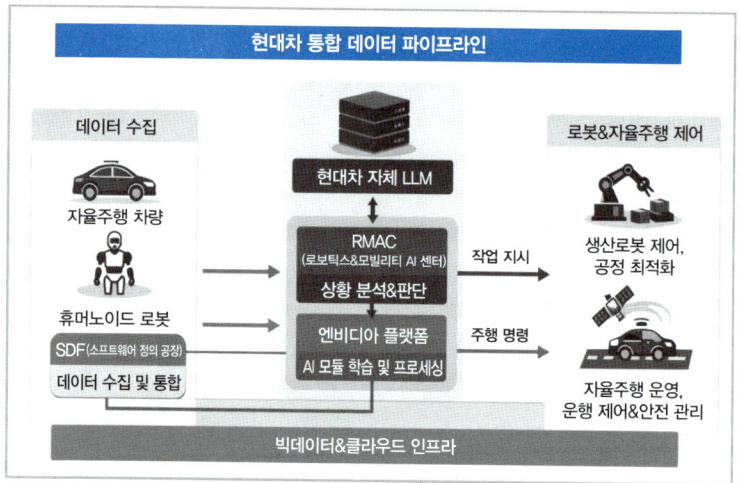

[자료 1-1] 현대차그룹의 데이터 파이프라인

출처: 저자 작성

든 공장을 SDF(Software-Defined Factory, 소프트웨어 정의 공장)로 전환하고, 미국에 로봇 전용 훈련소인 RMAC(Robot Metaplant Application Center, 로봇 메타플랜트 애플리케이션 센터)을 구축하겠다는 전략이다. SDF는 소프트웨어와 데이터로 운영되는 공장이다. 디지털 트윈(digital twin)과 같은 기술을 통해 공장의 모든 공정과 운영 상태를 데이터값으로 환산하고, 이를 실시간으로 분석할 수 있는 환경을 만든다. 즉, 로봇이 공장을 이해할 수 있도록 먼저 데이터 환경을 구축하는 것이 출발점이다. 이 과정에서 방대한 현장 데이터가 확보되고 축적된다. 다만 로봇은 곧바로 이 SDF에 투입되지 않는다. 실제 공장에 들어가기 전에 로봇은 RMAC이라는 로봇 훈련소에서 사전 훈련을 거친다.

이를 사람에 비유하면 이해가 쉽다. 공장에서 일할 신입사원을 뽑

았는데 기본 교육 없이 바로 현장에 투입한다면 사고 위험은 커지고 생산성은 떨어지며, 막대한 손실을 입힐 수도 있다. 그래서 기업은 신입사원을 먼저 훈련소에 보내 전동 드릴 사용법이나 부품 조립 순서 등 기본 작업 프로세스를 교육한다. 수많은 훈련을 거치고 난 이후 실제 현장에 투입한다. 하지만 현장은 교과서처럼 움직이지 않는다. 장비가 갑자기 고장 나기도 하고, 교육에서 배운 방식이 오히려 비효율적인 상황도 발생한다. 이런 모든 현장 경험은 기록되고, 다시 교육기관으로 전달된다. 그러면 훈련 커리큘럼은 현장 피드백을 반영해 수정된다. 이 과정이 반복될수록 교육은 현실에 가까워지고 공장의 생산성은 점점 높아진다. 휴머노이드 로봇의 활용 역시 마찬가지다.

현대차그룹이 지향하는 구조의 핵심은 바로 이 선순환에 있다. 현장(SDF)에서 데이터 수집→모델·정책 학습 및 검증(RMAC 또는 시뮬레이션)→로봇에 배포(무선 소프트웨어 업데이트 등) 이후 실전 투입→다시 현장 데이터 회수로 이어지는 사이클이 확보돼야 한다. 로봇의 외형이나 성능도 중요하지만, 실제 승부는 보이지 않는 데이터 파이프라인에서 난다. 결국 AI 시대에 살아남는 기업은 로봇을 잘 만드는 기업이 아니라 로봇이 계속해서 똑똑해질 수 있는 구조를 만들어 낸 기업일 것이다.

엔비디아와 동맹

이 구조에서 가장 중요한 조력자 역할을 하는 것이 바로 엔비디아다. 엔비디아는 로봇 훈련소(RMAC)와 실제 공장(SDF)을 직접적으로 이어주는 역할을 맡는다. 만약 로봇 훈련소를 막 졸업한 신입 로봇을 검증 과정 없이 곧바로 현장 생산 라인에 투입한다면? 리스크가 너무 크다. 작은 판단 오류 하나가 생산 차질이나 안전 문제로 이어질 수 있기 때문이다.

이를 해결하기 위해 엔비디아는 디지털 트윈 기술을 활용해 실제 공장과 거의 동일한 가상 공장을 구현한다. 훈련을 마친 로봇은 곧바로 현실로 나가는 대신, 이 가상 공장에서 먼저 테스트를 거친다. 가상 공간에서도 무리 없이 작업을 수행하고, 충돌이나 위험 요소 없이 안정적으로 움직인다는 것이 검증된 로봇만 실제 SDF 공장에 투입되는 구조다. 즉, 엔비디아의 디지털 트윈은 훈련소와 현장 사이에 놓인 일종의 '완충 지대' 역할을 한다.

로봇이 실제 현장에 투입된 이후에도 엔비디아의 기술적 조력은 계속된다. 로봇 내부에는 '엔비디아 드라이브 AGX 토르'와 같은 고성능 시스템온칩(SoC)이 탑재돼, 로봇의 두뇌 역할을 수행한다. 이를 통해 로봇은 현장에서 순간적인 판단이 필요한 연산을 실시간으로 처리할 수 있다. 동시에 로봇이 작업하면서 잘한 부분, 위험했던 행동, 예상치 못한 상황 등은 모두 데이터로 기록된다.

이렇게 현장에서 수집된 데이터는 현대차의 AI 팩토리로 집결되고, 이 과정에서 엔비디아의 고성능 AI 컴퓨팅 기술이 활용된다. AI

팩토리에서는 이 방대한 데이터를 고성능 GPU 기반 연산으로 빠르게 처리하며, 어떤 데이터가 학습에 도움이 되는지, 어떤 데이터가 쓸모없는 노이즈인지 선별한다. 도움이 되는 데이터만을 모아 새로운 학습 방향을 설정하고, 이를 바탕으로 로봇의 새로운 '교본'을 만들어낸다. 이 교본은 다시 로봇 훈련과 현장 운영에 반영되며, 선순환 구조를 완성한다.

결국 엔비디아는 단순히 연산 성능을 제공하는 파트너가 아니라, 로봇 훈련과 실전 운영 사이를 연결하고, 데이터를 걸러내고 정제하여 학습으로 이어지게 만드는 핵심 연결 고리 역할을 맡고 있는 셈이다.

AI 원천 기술의 내재화

2026 CES 개막 하루 전, 정의선 회장은 신년사를 통해 "AI 원천 기술을 내재화하겠다"라는 포부를 밝혔다. 테슬라에 비해 자율주행 기술이 뒤처졌다는 세간의 평가를 의식한 듯한 발언이기도 했다. 이날 정 회장은 AI의 무대를 자율주행에서 제조업 전반으로 확장하겠다는 방향을 분명히 했다.

가장 주목할 대목은 현대차그룹이 자체 LLM(거대 언어 모델)을 만들겠다고 선언한 부분이다. 정 회장은 "많은 임직원들이 피지컬 AI는 중요하게 여기면서 언어 모델 등 디지털 AI는 외부 활용으로 충분하다고 생각한다"며 "하지만 최신 AI 아이디어는 LLM에서 검증된 뒤 자율주행이나 로봇 제어로 확산된다. 우리가 자체 언어 모델 연구를 지속해야만 진정한 의미의 최적화된 AGI 인공지능 방법론을 확보할 수 있다"고 강조했다.

그렇다면 현대차가 챗GPT 같은 생성형 AI라도 만들겠다는 뜻일까? 결론부터 말하자면 아니다. 정확히 말하면 현대차가 지향하는 방향은 LLM을 두뇌로 삼아 공장·로봇·차량을 운영하는 생성형 AI 체계다. 단순히 질문에 답하는 챗봇이 아니라, 공장과 차량 운영과 관련된 질문에 답하고 판단을 내릴 수 있는 내부용 자체 언어 모델을 만들겠다는 의미로 해석된다.

이는 전 세계 공장에서 수집되는 방대한 현장 데이터를 LLM이 이해하고 검증할 수 있도록 하겠다는 구상을 의미한다. 현대차그룹이 목표로 하는 LLM은 공정을 이해하고 원인을 추론하며, 작업 계획을 수립하고 로봇에 행동을 지시하는 역할을 맡는다. 공장 운영 시나리오를 설계하고, 로봇의 데이터 학습 방향을 조정하는 한편, 자율주행 차량에서 수집되는 데이터의 학습 과정에도 역시 관여할 것으로 보인다.

그렇다면 현대차가 어디까지 '자체적으로' AI를 개발하겠다는 것일까? 정 회장이 말한 'AI 원천 기술 내재화'는 모든 것을 혼자서 처음부터 끝까지 만들겠다는 선언은 아니다. 핵심은 경쟁력을 좌우하는 구간을 외부에 맡기지 않겠다는 데 있다. 무엇으로 학습시키는지, 어떤 데이터를 축적하는지, 현장에서 얻은 경험을 어떻게 다시 학습으로 되돌리는지와 같은 핵심 파이프라인을 반드시 내부에 쌓겠다는 생각이다. 모델의 초기 구조나 인프라, 일부 범용 기술은 외부와 협력할 수 있지만, 데이터와 학습 경험, 운영과 지속 개선의 루프는 조직 내부의 자산으로 남겨야 한다는 판단에서다.

현대차그룹의 AI 전략 방향성은 테슬라와 비교하면 더욱 분명해진다. 테슬라 역시 완성차 공장에 휴머노이드 로봇 '옵티머스' 투입을 준비하고 있다. 다만 두 회사의 차이는 휴머노이드의 도입 여부가 아니라 AI를 어디에 중심에 두고 산업을 재구성하느냐라는 부분에서 갈린다.

테슬라가 자율주행을 중심으로 AI 역량을 축적한 뒤 이를 산업용 로보틱스로 확장하는 전략을 취하고 있다면, 현대차그룹은 그 반대다. 산업 공장에서의 로봇 활용을 우선에 두고, 자율주행 개발을 병행하는 구조다. 이는 데이터를 어디에서 먼저, 얼마나 많이 쌓을 수 있느냐에 따라 전략의 방향이 갈린 결과로도 볼 수 있다. 테슬라는 전 세계에 배포된 자율주행 베타 테스트 차량을 통해 방대한 주행 데이터를 확보할 수 있고, 현대차는 연간 700만 대 이상 규모의 글로벌 생산·출하 기반을 갖춘 공장에서 막대한 제조 데이터를 확보할 수 있다는 자신감이 있기 때문이다.

기술 접근 방식에서도 두 회사는 뚜렷이 갈린다. 테슬라는 영상과 센서 데이터를 하나의 신경망으로 통째로 학습시키는 E2E(end-to-end) 방식을 활용한다. 입력에서 출력까지를 하나의 블랙박스로 처리하는 구조로, 판단 과정은 드러나지 않는다. 설명을 요하기보다는 결과만 잘 나오면 된다. 데이터가 충분히 쌓일수록 인간보다 빠르고 정확하게 반응할 수 있으며, 실제로 자율주행이라는 단일 목표에서 이 방식은 매우 강력한 성과를 보여주고 있다.

하지만 E2E 방식은 기존 완성차 업체의 자율주행이나 제조 영역으로 확장될 경우 한계에 부딪힐 수 있다. 기존 업체들은 블랙박스 안에서 처리된 결과만으로는 사고 책임이나 품질 문제를 설명해야 하는 상황에 대응하기 어렵다. 사고가 발생했을 때 판단의 근거를 제시해야 하고, 규제와 책임 문제에서도 설명이 가능해야 한다.

공장 역시 마찬가지다. 왜 그런 판단을 했는지 설명할 수 있어야 하고, 그 판단이 다음 공정에 어떤 영향을 미치는지 구성원들을 이해시킬 수 있어야 한다. 필요하다면 사람이 개입해 기준을 바꾸고 책임을 물을 수 있는 구조여야 한다. 현대차가 자체 LLM을 강조하는 이유도 바로 여기에 있다. 공장과 로봇, 공정을 이해할 수 있는 '언어'를 만들겠다는 것이다.

비유를 해보자면 테슬라의 AI는 숙련된 선수에 가깝다. 코치의 설명 없이도 몸이 먼저 반응하고, 반복 훈련을 통해 혼자서 경기력을 끌어올린다. 반면 현대차가 만들고자 하는 AI는 선수인 동시에 코치이자 전술 분석가다. 오늘 왜 이 플레이가 통하지 않았는지, 다음에는 어떤 전략을 써야 하는지를 말로 정리하고 공유할 수 있어야 한다. 이 역할을 하나의 E2E 모델이 감당하기는 어렵다. 바로 이 지점에서 LLM이 필요해진다.

이 차이는 로봇 전략에서도 그대로 드러난다. 테슬라의 휴머노이드 로봇 옵티머스는 자율주행에서 축적한 비전·인지·제어 기술을 인간 형태로 확장한 존재다. 반면 현대차의 로봇 전략은 처음부터 제조 현장에서 사람과 함께 일하는 역할을 전제로 한다. 테슬라의 옵티머스가 현장에 투입돼 최대의 성과를 내는 아르바이트생에 가깝다면, 현대차가 지향하는 휴머노이드는 공장의 상태를 파악하고 판단의 기준을 설명할 수 있는 현장 작업반장이 돼야 한다.

정의선이 말한 자체 LLM 전략은 "우리도 테슬라처럼 AI를 잘해 보겠다"는 추격 선언이 아니다. 그보다는 테슬라와는 다른 게임을 하겠다는 선언에 가깝다. 현대차가 추구하는 AI는 말하지 않아도 잘 움직이는 지능이 아니라, 말할 수 있고 설명할 수 있으며 산업 운영의 규칙 자체를 다시 쓰는 지능이다. 휴머노이드를 값싼 노동력으로 볼 것인가, 공장의 맥락을 이해하는 구성원으로 볼 것인가. 이 선택은 AI를 하나의 기술이 아니라, 기업을 움직이는 운영 논리로 삼겠다는 결정으로 읽힌다.

정의선의
경영 철학은 무엇인가?

인류를 위한 기술, 그리고 삶의 개선

현대차그룹이 2026 CES에서 공개한 AI 청사진은 현대차그룹의 경영 철학 '인류를 위한 진보(Progress for Humanity)'와도 맞닿아 있다. 정의선 회장은 2018년 수석부회장으로 그룹 1인자가 된 이후 '스마트 모빌리티 솔루션 프로바이더'로의 전환을 처음 선언했다. 단순한 자동차 제조기업을 넘어 인류의 이동과 삶을 위한 모든 솔루션을 제공하는 기업으로 탈바꿈하겠다는 포부였다. 그리고 이제 그 비전은 '모빌리티 솔루션'을 넘어 '피지컬 AI'라는 새로운 차원으로 확장되고 있다.

그의 경영 철학을 이야기할 때 빠지지 않는 단어가 바로 '혁신'이다. 기술이 인간의 삶을 긍정적으로 바꿀 때 비로소 혁신의 가치를 갖는다는 것이 정 회장의 확고한 신념이다. 그는 미국의 자동차 전문매체 〈오토모티브 뉴스〉와의 인터뷰에서 "인간의 실질적인 필요를 충족시키지 못하는 기술은 아무 의미가 없다. 가장 중요한 것은 기술이 실제 사람들의 삶을 개선하는 데 기여하는 것"이라고 강조한 바 있다.

이 같은 그의 발언은 현대차가 지향하는 '인류를 위한 기술' 철학을 단적으로 보여준다. 현대차의 목표는 더 빠른 차를 만들거나 더 똑똑한 기계를 만드는 게 아니다. 기술을 통해 사람과 사회를 연결하고, 이동의 개념을 '전 인류의 삶의 질 개선'으로 확장하는 것이다.

따라서 평소 현대차그룹의 전략을 살펴보면, 무리한 생산 확대나 과시적인 기술 속도 경쟁 같은 방식은 찾아보기 어렵다. 현대차그룹은 코로나19 팬데믹(세계적 대유행)이라는 전례 없는 위기를 비교적 안정적으로 통과했고, 그 여파 속에서도 2021년 글로벌 완성차 판매 기준 세계 3위에 올랐다.

주목할 만한 점은 그 이후에도 현대차그룹이 순위를 끌어올리는 데 몰두하지 않았다는 사실이다. 현대차그룹은 생산량을 억지로 부풀려 시장 점유율을 확대하는 대신, 수익성과 브랜드 가치를 우선하는 전략으로 전환했다. 이제는 숫자 경쟁보다 '질적 성장'을 중시하는 기조다.

변화의 출발점은 2018년이었다. 정몽구 명예회장이 경영 일선에서 물러나고, 정의선 회장이 실질적인 그룹의 1인자로 올라선 시점이다. 과거 글로벌 시장에서 현대차·기아의 경쟁력은 '가격 대비 성능'이었다. 전 세계로 공장을 무섭게 늘리며 수출 확장 기조를 펴면서 글로벌 시장에서 톱5에 안착하는 것이 목표였다. 하지만 이미 톱

5에 오른 2020년대 현대차그룹의 전략은 또다시 달라졌다. 축적된 기술과 디자인, 브랜드 경쟁력을 바탕으로 현대차그룹은 전혀 다른 차원의 기업으로 변모하려는 움직임을 보이기 시작했다.

제네시스 브랜드의 독립 론칭과 성공적 안착은 이 같은 방향 전환을 상징적으로 보여주는 사례다. 고급 브랜드가 성장하기 위해서는 단순히 판매량을 늘리는 것이 아니라 소비자 경험과 브랜드 가치에 집중해야 한다. 그래서 현대차그룹은 양적 확장보다 수익성과 이미지 개선에 힘을 실었다. 판매의 질을 높이는 방향으로 무게중심을 옮긴 것이다. 지난 7년여 간 현대차그룹이 안정적인 성장 궤도에 올라섰다는 평가가 나오는 이유도 여기에 있다.

하지만 그 과정에서 자연스럽게 떠오르는 질문들이 있다. 과연 한 기업의 성장에서 리더 한 사람은 얼마나 큰 무게를 갖는가? 정말로 한 인물이 기업의 운명(성패)을 흔들 수 있을까? 그렇다면 그 영향력은 어떻게 측정할 것인가? 이 질문들에 답하기 위해서는 결국 정의선이라는 인물을 온전히 들여다봐야 한다. 그의 경영 철학, 개인적 성향, 인사와 조직 운영 방식, 그리고 그가 미래를 바라보는 시각까지 함께 분석해야 한다.

지금부터는 그 구성요소들을 하나씩 짚어보려 한다. 정의선이라는 리더가 어떤 생각으로 현대차그룹을 움직여왔는지, 그 결과가 오늘날의 현대차그룹에 어떻게 녹아있는지 차근차근 추적해 볼 예정이다.

혁신의 중심에 선 리더

10년도 더 된 일이다. '재벌 저격수'로 알려진 박영선 전 더불어민주당 의원에게 한 대기업 총수가 만남을 요청했다. 당시 박 전 의원은 편법 승계를 막기 위한 상법개정안, 일감 몰아주기 근절을 위한 공정거래법 등을 잇따라 발의하며 '재벌 잡는 저승사자'로 불릴 정도였다. 정치권의 시선에서 재벌가(家)는 지배구조를 바꾸고 경영의 투명성과 책임성을 강화해야 하는 개혁의 대상이었다. 박 전 의원은 새정치민주연합의 재벌개혁특별위원회 위원장을 지내며 개혁의 최전선에 서 있던 인물이다.

그런 박 전 의원을 먼저 만나자고 연락한 이는 정의선 현대차그룹 회장이었다. 서울의 모처에서 마주 앉은 두 사람. 침묵을 깨고 먼저 입을 연 쪽은 정 회장이었다.

"의원님, 저부터 개혁하시면 됩니다."

의외였다. 그는 이 자리를 이야기를 '듣기 위해' 마련했다고 했다. 그러면서 기업을 운영하는 오너이자 그룹의 후계자로서 자신의 고민을 진솔하게 털어놓기 시작했다. 대화가 오가며 박 전 의원도 마음이 움직였다. 정 회장은 현대차를 둘러싼 정치권과 사회의 부정적인 인식과 문제점, 그리고 이를 개선하기 위한 방안에 대해 세세히 물었다. 박 전 의원은 당시를 이렇게 회고했다.

"조직의 정점에 오르면 '아니다'라고 말해주는 주변 사람이 거의 없어진다. 그래서 남의 이야기를 열린 마음으로 듣는 자세, 겸손함이 무엇보다 중요하다. 정 회장은 그러한 면에서 상당한 강점을 가진 리더라는 인상을 받았다."

이날 대화는 정 회장이 위기를 대하는 태도를 상징적으로 보여준다. 그는 스스로를 향한 비판이나 과제를 회피하지 않고 마주한다. 견해가 다른 인물에 먼저 손을 내밀어 대화를 시도한다. 위기 상황에서 문제를 직시하고 소통으로 해법을 찾아온 그의 리더십 스타일을 잘 드러낸다.

현대차그룹은 2024년 기준 대한민국 경제 기여도가 가장 높은 기업 집단이다. 반도체 산업이 흔들릴 때 현대차는 우리나라 경제를 받치는 버팀목이었다. 2025년 3월, 정 회장은 도널드 트럼프 미국 대통령과 나란히 서서 대규모 미국 투자 계획을 발표할 정도로 글로벌 경제 질서에 영향을 미치는 인물로 자리매김했다.

그럼에도 대중에게 정 회장은 아직도 '숨겨진 리더'에 가깝다. 다른 국내외 기업인·총수와는 달리 그는 자신의 성향이나 리더십 스타일을 좀처럼 드러내지 않는다. 본래 성품이기도 하고, 오랜 시간 '엄격함'을 중시해 온 현대가 특유의 집안 분위기와도 무관하지 않다. 그의 영향력은 분명하지만, 그에 대한 정보는 상당히 제한적인 편이다. 대중은 그가 어떤 사람인지, 어떤 리더인지, 어떤 철학으로 현대차그룹을 이끌고 있는지 궁금해한다. 이제 제3자의 시선에서 '숨겨진 리더' 정의선의 진면목을 들여다볼 차례다.

현대가(家) 장손의 무게

정 회장의 진중한 성향이 하루아침에 만들어진 건 아니다. 세간에서는 그를 두고 '금수저'라고 부러워한다. 하지만 그가 짊어진 수저의 무게는 왕관보다 무거웠다. 언론을 비롯한 공식석상에 그의 첫 등장은 할아버지 정주영 선대회장의 장례식에서였다. 장손으로서 영정사진을 들고 행렬의 맨 앞에 선 순간, 공인으로서 그의 삶이 시작됐다.

회사에선 모든 시선이 그에게 집중됐고, 그룹 안팎에서 견제도 만만치 않았다. 아버지의 곁을 지켜온 쟁쟁한 부회장들이 늘 그의 일거수일투족을 지켜봤고 평가했다. 아버지는 그를 감싸기보다 오히려 더 차갑게 단련시켰다. 임원회의에 참석해 입도 한번 못 떼고 돌아오는 날이 수두룩했다. 정 회장이 상무 시절, 그를 가까이에서 보좌했던 한 인사는 이같이 회상했다.

"스트레스를 받아도 포장마차에서 비서진과 소주 한잔하는 게 전부였다. 항상 자신을 낮추고 평가에 신경을 써야 했다. 그나마 해외 출장을 가면 잠시 숨통이 트였다. 그때야 겨우 구경도 하고 맛있는 것도 먹을 여유가 생겼다."

그는 현대차그룹의 장손으로 공식 데뷔한 이후 25년간 스스로를 증명해 왔다. 언론과 대중, 내부 조직 모두 그의 판단과 결정을 시험대 위에 올려놓았다. 기아에 스타 디자이너 피터 슈라이어를 영입해 '디자인 기아'의 시대를 연 순간에도, 제네시스를 독립 브랜드로 출범시키는 과정에서도 늘 세간의 물음표가 따라붙었다. 숨 막히는 날들의 연속이었다. 31만 명이 넘는 글로벌 직원을 거느린 거대 자동차 그룹의 수장으로 인정받기까지, 그는 '현대가 장손'이라는 무게를 홀로 견뎌야 했다.

리더십의 원천은 가족

정 회장의 리더십 원천은 가족이다. 한국 특유의 가족 중심 경영구조는 '재벌(Chaebol)'이라는 독특한 개념을 만들어냈다. 대주주 일가는 기업의 지분과 의결권을 통해 경영권을 독점하고, 친인척을 중심으로 지배력을 공고히 해왔다. 이 같은 구조는 경영권 세습과 부의 집중이라는 부정적 측면을 낳기도 했다.

동시에 한국 대기업 집단에서 가족은 기업을 잇는 축이자 리더십의 정통성을 뒷받침하는 근거가 된다. 가족 내부의 인정은 리더의 권위와 영향력을 강화시킨다. 그래서 재벌가의 분쟁은 곧 기업 전체의 위기로 비화하곤 한다. 상속과 이혼, 형제간 경영권 다툼 등 '가족의 균열'이 드러나며 몰락한 재벌가의 사례는 숱하게 반복돼 왔다.

그러나 정 회장은 이 같은 이슈와는 거리가 멀어 보인다. 현대가에도 가족 간 균열의 시기는 있었다. 정주영 선대회장의 장남 정몽구 명예회장과 4남 고(故) 정몽헌 현대그룹 회장 간의 경영권 갈등이 대표적이다. 세간에서는 이를 '왕자의 난'이라 이름 붙이며 많은 관심이 쏠리기도 했었다. 선대의 갈등을 지켜보며 성장한 정 회장에게 가족 구성원의 신뢰와 지지, 내부 결속은 무엇보다 중요한 가치가 됐다. 그는 가족이 흩어지는 순간 기업도 흔들린다는 것을 누구보다 잘 알고 있다.

2023년 한국 양궁 60주년 기념행사가 끝난 뒤 정 회장과 그의 아내 정지선 여사, 그의 누나인 정성이 이노션 고문, 정명이 현대커머셜 사장이 함께 담소를 나누는 모습을 본 적이 있다. 그의 두 누나는 이렇게 말했다.

"의선아, 이번 행사 준비하느라 정말 고생 많았겠다. 아버지께 꼭 이거(감사 액자와 모형 활) 전해드릴게. 아버지가 너무 좋아하시겠다."

잠깐 스치듯 들은 대화 속에선 남매 사이의 자연스러운 관계가 드러났다. 격식을 차리기보다 서로를 편히 대하는 모습은 드라마 속 재벌가의 권위와 거리감 있는 이미지와는 사뭇 달랐다.

정 회장은 가족 간 신뢰와 결속을 리더십의 중요 축으로 삼고 있다. 2018년 아버지 정몽구 명예회장이 건강상의 이유로 경영 일선에서 물러났을 때 정 회장은 수석부회장 승진을 앞두고 먼저 집안 어른들을 찾아 의견을 구했다. 사실상 그룹의 실권을 쥔 상황에서 모두가 예상하던 승계였지만 그는 가족들의 지지와 동의를 구하는 절차를 그냥 넘기지 않았다.

물론 가족 중심의 경영은 한국 재벌 구조가 지닌 한계와 논란을 동시에 안고 있다. 다만 그는 가족의 결속이 흔들리면 기업이 불안정해질 수 있다는 점을 경계한다. 가족 간 신뢰를 단단히 하는 것이 곧 조직의 지속가능성을 높이는 길이라 믿고 있다.

말보다 행동이 앞서는 리더십

정 회장의 혁신 리더십은 말보다 행동으로 드러난다. 그는 평소 조용하고 신중한 리더로 알려졌지만 결정적 순간에는 순발력과 과감함을 보여준다. 그의 순간적인 기지와 돌파력은 그의 할아버지 정주영 선대회장을 떠올리게 한다는 평가도 있다.

2022년 인도네시아에서 열린 G20 정상회의에서는 제네시스 전기차 G80이 공식 의전 차량으로 채택됐다. 의전 차량 선정을 발표하는 행사가 2021년 현지에서 열렸는데, 조코 위도도 전 인도네시아 대통령도 직접 참석했다. 정 회장은 이날 위도도 대통령에게 제네시스 전기차를 소개하는 역할을 맡았다. 제네시스 G80 앞에서 어색한 미소로 사진을 찍고 차량을 둘러보던 두 사람. 그때 정 회장이 갑작스러운 제안을 했다.

"대통령님, 운전석에 한 번 앉아보시겠습니까?"

원래 시나리오는 차량 외부에서 전기차에 대한 설명만 간단히 하고 지나가는 것이었다. 대통령의 동선은 사전에 철저히 조율되며, 운전석에 앉는 계획은 없었다. 정 회장도 이를 모를 리 없었다. 위도도 대통령은 잠시 당황한 기색을 보였지만, 정 회장의 기대에 찬 눈빛에 이내 흔쾌히 고개를 끄덕였다.

정 회장은 재빠르게 운전석 문을 열고 대통령을 안내했다. 그리고는 곧장 조수석에 앉았다. 그는 차량의 특징과 성능, 디자인 포인트 등을 막힘없이 설명했다. "시동도 한번 걸어보시죠." 하지만 예정이 없던 시연이라 차 안에는 키가 없었다. 실무진들이 급히 차 키를 찾으러 간 사이에도 정 회장은 설명을 멈추지 않았다. 현대차와 제네시스의 기술적 강점, 인도네시아 도로 환경에 맞춘 차량 개발 방향까지. 순간의 공백을 놓치지 않고 자연스럽게 이야기를 풀어갔다.

정 회장은 이 같은 '현장형 세일즈'에 능하다. 한 나라의 대통령이 현대차 전기차 운전석에 앉는 순간, 한 장의 사진이 갖는 상징성과 현지 여론에 미치는 파급 효과를 누구보다 정확히 알고 있었다. 이날 행사에 참석했던 외교가 관계자는 이렇게 말했다.

"보통 총수들은 VIP 의전 때 비서진이 시키는 대로만 움직이고, 리스크를 최소화하는 데 집중한다. 그런데 정 회장은 대통령 옆에서 상황을 주도하고 세일즈맨처럼 진심을 다했다. 그 모습을 보면서 정주영 회장의 '상인의 기지'를 그대로 물려받았다는 생각이 들었다."

2025년 초 백악관에서 이뤄진 대규모 대미(對美) 투자 발표 역시 정 회장의 선제적 판단과 행동이 작용했다는 평가다. 같은 해 3월, 정 회장은 2028년까지 4년간 총 210억 달러(약 30조 원)에 달하는 전략적 투자를 미국에 집행하겠다고 밝혔다. 이날 발표는 트럼프 대통령이 배석한 자리에서 정 회장이 발표하는 형식으로 이뤄졌다. 발표 시기 또한 트럼프 2기 정부가 상호 관세 부과를 밝힌 4월 2일 직전에 이뤄졌다. 국내 기업 중 가장 발 빠른 대응이었을 뿐 아니라, 일본 기업인 토요타나 소프트뱅크보다도 앞선 시점이었다.

재계에서는 상호 관세의 직접적인 영향을 가장 크게 받을 수밖에 없는 현대차가 위기 상황에서 한발 앞서 움직였다고 평가한다. 반면 우리 정부 내부에서는 한·미 협상이 한창 진행 중인 시점에, 이해 당사자인 현대차가 먼저 투자 카드를 꺼내 들면서 협상력이 약화됐다는 지적도 나왔다.

전문가들은 미국 시장에 사활을 건 현대차로서는 '생존 본능'에 따라 선제적으로 움직일 수밖에 없었다고 분석한다. 글로벌 공급망이 시시각각 재편되는 상황에서 기업은 생존을 위해 즉각적인 결단을 내리고 기회를 잡아야 한다. 하지만 정부는 협상과 제도라는 절차를 거쳐야 한다. 이 둘 사이에 속도 차이는 구조적으로 불가피하다. 문제는 그 간극을 어떻게 메우느냐다. 기업의 생존 본능이 국가 전략과 따로 움직이지 않도록, 정책적 조정과 제도적 보완 장치가 뒷받침돼야 한다. 그렇지 않다면 그 부담은 결국 산업계와 국가 경제 전체로 돌아올 수밖에 없다.

글로벌 전략과 국익 사이에서 선택

앞으로 정 회장 앞에 놓인 과제도 역시 균형을 찾는 일이다. 글로벌 시장에서 확장과 한국 기업으로서의 책임, 그 사이의 균형이 그의 가장 큰 고민일 것이다. 매년 700만 대가 넘는 차량을 판매하는 현대차그룹은 세계에서 세 번째로 많은 차를 파는 기업이다. 따라서 경영 철학도 '한국 경제의 부흥'에서 '인류를 위한 진보'로 확장됐다. 과거 목표가 "수출로 국가 경제를 일으키자"였다면, 이제는 "전 세계 소비자의 삶을 어떻게 바꿀 것인가"로 질문의 수준이 달라졌다.

문제는 기업의 글로벌 전략과 우리나라의 국익이 충돌할 때다. 2024년 기준 판매 대수로만 보면 현대차그룹은 한국보다 미국에서 더 많은 차를 판다. 따라서 미국 시장 입지를 강화하기 위한 현지 투자 확대는 불가피하다. 미국은 자국인 고용 확대를 이유로 현지 생산 확대를 요구하고 있다.

반면, 미국 현지 생산이 늘면 국내 공장의 가동률은 줄어들 수밖에 없다. 한국 수출의 상당한 부분을 차지하고 있는 현대차가 한국 기업으로서 뿌리가 약해진다면, 이는 단순한 경영 전략을 넘어 국가 경제와 산업 생태계 전반의 문제가 된다. 2024년 기준 현대차그룹이 국내에서 직접 고용한 인원만 약 20만 명이다. 협력사까지 포함하면 고용 파급력은 산업 전반으로 확산된다.

이무원 연세대 경영학과 교수는 "글로벌 무역 환경이 급변해도 기업은 처음 세운 전략을 잊지 말아야 한다"며 "기업은 정부의 노선을 따르기보다 시장 논리에 충실해야 한다. 해외에서 더 많은 수익을 내는 것이 결국 우리 경제에도 도움이 되는 일"이라고 조언했다.

비슷한 고민은 전동화와 SDV(Software Defined Vehicle, 소프트웨어 중심 차량), 스마트 공장 등 산업 생태계 전환에서도 이어진다. 신산업 전환이 빨라지면 완성차 업체 제조 효율은 높아지지만, 내연기관 중심 부품업계의 구조조정은 불가피하다. 협력 생태계의 직간접 고용까지 감안해 수익성과 고용 안정성 사이의 균형을 지키는 일도 정 회장의 숙제다.

중소벤처기업부 장관을 지낸 박영선 민주당 전 의원도 같은 맥락에서 조언을 덧붙였다. 그는 "기업의 글로벌화는 불가피한 흐름이며, 이 과정에서 국내 공동체의 이익과 충돌이 생길 수 있다"며 "그럴 때 균형추 역할을 하는 것이 바로 정부(부처 장관)의 몫"이라고 설명했다.

결국 정 회장에게 주어진 가장 큰 과제는 기업과 정부, 사회가 각자의 위치에서 역할을 다하며 조화를 이루도록 하는 일이다. 기업의 글로벌 전략과 국익이 충돌하는 현실 속에서 균형을 잡고, 기업의 비전을 흔들림 없이 유지하는 리더십이 그 어느 때보다 요구된다. 수많은 위기와 변화를 딛고 성장해 온 현대차그룹이 이번에도 '한국형 혁신'으로 새로운 해답을 제시하길 기대해 본다.

거대 글로벌 기업을 다루는
경영 원칙

정의선이 생각하는 '조직의 힘'

2023년 5월 서울 신촌의 한 갈비집. 지글지글 고기가 익어가는 소리
와 함께 작은 소주잔들이 연신 부딪치는 소리가 들린다. 정의선 회장
이 40여 명의 학생에게 둘러싸여 앉아있다. 이날 연세대학교 경영학
과에서는 〈현대차그룹, 패스트 팔로어에서 게임 체인저로〉라는 주제
의 특강이 열렸다. 사실상 정 회장의 리더십을 분석하고 연구하는 수
업이다.

특강에 참관한 정 회장은 학생들과 뒤풀이 자리까지 함께했다. 학
생들이 돌아가며 소주잔을 채우고, 정 회장은 그 잔을 모두 받았다.
어느새 얼굴이 붉어지고 분위기가 한결 풀렸다. 그제야 학생들은 수
업 시간엔 묻지 못한 '진짜' 질문들을 쏟아내기 시작했다.

"노조와의 관계는 어떻게 풀어가실 생각인가요?"

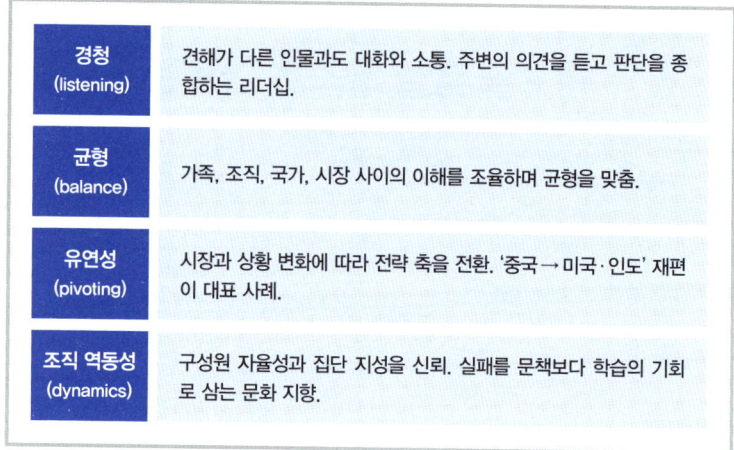

경청 (listening)	견해가 다른 인물과도 대화와 소통. 주변의 의견을 듣고 판단을 종합하는 리더십.
균형 (balance)	가족, 조직, 국가, 시장 사이의 이해를 조율하며 균형을 맞춤.
유연성 (pivoting)	시장과 상황 변화에 따라 전략 축을 전환. '중국→미국·인도' 재편이 대표 사례.
조직 역동성 (dynamics)	구성원 자율성과 집단 지성을 신뢰. 실패를 문책보다 학습의 기회로 삼는 문화 지향.

[자료 1-2] 정의선 회장 리더십 핵심 키워드

"중국 시장은 앞으로 어떻게 보시나요?"

"회장님이 생각하시는 '게임 체인저 전략'이란 무엇인가요?"

잠시 생각하던 정 회장은 이렇게 말했다.

"저도 사실 '게임 체인저 전략'이 뭔지 잘 모릅니다(웃음). 하지만 한 가지 확신하는 건 있어요. 우리 구성원들이 반드시 그 전략을 찾아낼 거라는 겁니다. 제 역할은 그들이 올바른 길을 찾아갈 수 있도록 시스템과 문화를 만드는 일입니다."

그의 말에는 거창한 담론보다 '조직의 힘'을 믿는 확신이 담겨 있었다. 과거처럼 리더가 직관과 분석으로 정답을 제시하던 시대는 이미 끝났다. 2025년 현재 기술의 변화 속도는 인간의 판단을 앞지른다. 오늘 정한 정답이 내일은 틀릴 수 있다. 인공지능(AI)에 힘입은 신기술이 시장의 공식을 순식간에 바꿔버리기 때문이다.

정 회장은 이 같은 현실을 누구보다 잘 알고 있다. 그래서 그는 직접 답을 정하기보다 구성원들이 스스로 최적의 답을 찾아내고 상황에 맞게 전환할 수 있는 조직 문화를 만드는 데 집중한다. 빠르게 변하는 시대일수록 중요한 것은 완벽한 해답이 아니라 더 나은 해답을 찾아 움직일 수 있는 유연한 집단의 힘이다.

이무원 연세대학교 경영학과 교수는 정 회장의 '수평적 리더십'에 주목한다. 정주영 선대회장의 "해봤어?"라는 한마디는 개인의 도전 정신을 일깨우는 말이었다. 과거엔 개인에게 위험을 감수하고 도전하는 태도를 강조했다면, 현재를 사는 정 회장은 구성원 개개인이 자유롭게 시도하고 실패를 통해 배우는 조직 문화를 만들고자 한다. 결국 그가 말하는 '게임 체인저 전략'이란 집단적 실험과 자율적 혁신이 가능한 '조직의 역동성'을 의미한다.

이 교수는 "정주영 회장의 리더십은 개인의 '리스크 테이킹(risk-taking)' 성향을 자극했다. 반면 정의선 회장이 그리는 조직은 훨씬 다층적이고 수평적이다. 누가 명령하지 않아도 각자 새로운 시도를 할 수 있는 시스템, 실패해도 다시 시도할 수 있는 문화를 만드는 일이다. 이 시대에 맞는 진정한 '앙트러프러너십(기업가 정신)'이 아닌가 싶다"고 설명했다.

그가 실패를 대하는 방식을 보면 정 회장의 리더십을 더 잘 이해할 수 있다. 2022년 현대차그룹 계열 협력사 대표와의 만찬 자리에서 정 회장은 공식석상에서 처음 중국 시장에서의 좌절을 언급했다.

"중국 전기차 시장에서의 실패는 뼈아픈 일이다. 시장 흐름을 선제적으로 읽지 못하고 변화에 대응하지 못한 건 분명한 실패다. 하지만 이것은 누구의 잘못도 아니다. 우리는 실패를 만회할 기회를 찾으면 된다."

한때 10%에 육박했던 현대차·기아의 중국 시장 점유율은 1%대까지 떨어졌다. 중국에선 로컬 전기차 업체들에 시장을 내주며 존재감이 희미해졌지만 현대차그룹은 해외 전략의 중심축을 미국으로 옮기며 반전을 꾀했다. 동시에 인도·동남아시아·중동 등 신흥시장으로 포트폴리오를 다변화했다. 그 결과 세계 최대 시장인 중국에서는 밀려났지만 현대차그룹은 여전히 글로벌 3위의 자리를 지키고 있다.

2018년 지배구조 개편의 실패에서도 비슷한 태도를 엿볼 수 있다. 그해 현대차그룹은 순환출자 구조 해소를 위한 대대적인 지배구조 개편안을 내놨다. 하지만 개편안의 골자였던 현대모비스와 현대글로비스의 합병이 시장의 동의를 얻지 못하면서 끝내 좌절됐다. 총수 승계 문제가 걸린 사안이 틀어지자 그룹 안팎에는 긴장감이 감돌았다. 일부 언론에서는 인사철에 피바람이 불 것이란 예고성 기사까지 나올 정도였다. 하지만 그 이후 어떤 문책도 책임 추궁도 없었다. 정 회장은 실패를 결과로만 보지 않는다. 실패를 조직의 학습 과정으로 받아들이며, 그 속에서 다시 답을 찾는다.

용병술,
기업의 운명을 바꾸다

사람을 어떻게 쓸 것인가

최근 현대차그룹 임원들을 만나보면, 비슷한 캐릭터의 인물이 거의 없다. 이는 오랜 기간 현대차그룹의 기업 리더십을 연구해 온 이무원 연세대학교 교수의 관찰이기도 하다. 과거 '현대차' 하면 자연스럽게 떠오르던 전형적인 인재상이 있었다. 도전적이고 진취적이며, 군대식 조직문화에 잘 적응하는 사회성을 갖춘 인재. 그동안 이런 고정관념이 현대차의 인재상을 상징하는 이미지처럼 굳어져 있었다. 현대차 하면 떠오르는 전형적 모습이었던 셈이다.

하지만 최근 현대차그룹 임직원들을 실제로 만나보면, 전형적인 이미지는 찾아보기 힘들다. 개성이 강하고, 하나의 일관된 이미지나 캐릭터로 묶기 어려울 정도로 구성원이 다양해졌다. 이 교수는 이에 대해 이렇게 분석한다.

"정 회장이 추구하는 인사란, 단일한 인재상을 정해놓고 선발하는 일이 아니다. 다양한 유형의 사람을 이해하고, 각자의 강점이 살아나는 자리에 배치하는 일이다. 조직의 성과는 결국 사람을 어떻게 쓰느냐에서 갈린다."

이 같은 변화는 2024년 11월, 정 회장이 주력 계열사인 현대차 대표이사에 외국인 CEO를 임명한 결정에서도 드러난다. 호세 무뇨스 대표이사는 토요타와 닛산 등 일본 브랜드의 미국 시장 영업을 총괄한 '영업통'이다. 현대차가 글로벌 전략의 무게중심을 미국으로 옮기는 시점에서, 스페인 출신 미국인인 무뇨스 사장을 대표이사로 임명한 것은 과거 현대차에선 상상할 수 없는 파격 인사였다.

과거 정 회장은 피터 슈라이어라는 거물급 해외 디자이너를 영입해 침체된 기아 브랜드를 되살린 경험이 있다. 한 사람의 영입이 브랜드 전체에 얼마나 큰 영향을 줄 수 있는지 누구보다 잘 알고 있는 리더이기도 하다.

피터 슈라이어의 영입

2006년 독일 아우토반을 달리던 피터 슈라이어는 낯선 전화 한 통을 받았다. 본인을 기아의 대표이사라고 소개한 남성은 기아에서 일할 디자인 총괄을 찾고 있다며 한번 만나볼 생각이 있는지를 물어왔다. 한국인다운 매우 조심스러운 접근이었다. 그가 기아에 대해 아는 사실은 한국 자동차 브랜드라는 것과 전 직장동료가 1년 전 이직한 회사라는 정도였다. 이 전화를 시작으로 기아와 20여 년 가까이 인연을 맺게 된 슈라이어는 통화가 끝난 순간 이미 자신이 대형 프로젝트의 초입에 서 있다는 사실을 직감적으로 알 수 있었다. 활시위를 당겨 과녁을 향해 날아가고 있는 활처럼, 그는 인생 후반부의 새로운 도전을 향해 나아가기 시작했다.

같은 해 서울. 정의선 당시 기아 사장은 하루가 멀다하고 유럽 지사에 연락을 넣었다. 그가 대표이사에 오른 이후 주도하는 첫 대형 프로젝트의 진행 상황을 체크하기 위해서다. '디자인 기아'. 그가 주도한 새로운 프로젝트의 이름이다. 정 사장은 전 세계인의 머릿속에 기아라는 브랜드를 이전과는 전혀 다른 이미지로 각인하기를 원했다. 독일·일본·미국 브랜드가 수십 년간 쌓아온 엔진 기술력을 후발 주자인 한국 브랜드가 하루아침에 따라잡는 일은 사실상 불가능했다. 대신 창의적인 영역에서 겨루는 디자인 분야에선 우리도 한번 승부를 내볼 만하다는 생각이 들었다. 디자인은 단기간에 브랜드 혁신을 시도하는 가장 빠른 지름길과도 같았다. 한국 디자이너들을 이끌어 줄 거물급 디자이너의 영입이 절실했다.

기아 실무진은 프로젝트를 추진하면서도 반신반의했다. 회장의 후계자인 정 사장이 직접 주도하는 사안이기에 수소문은 하고 있지만, 현실적인 성사 가능성은 제로에 가까워 보였다. 그렇다고 이류 인사를 영입하기엔 프로젝트의 첫 단추부터 잘못 끼워졌다는 지적을 들을 게 뻔했다. 2000년대 중반까지만 해도 유럽에서 기아의 입지는 상당히 불안했다. 글로벌 C레벨 인사들은 아무리 거액의 연봉을 준다 해도 기아에 올 생각은 안 했다. 이곳에서의 경력이 본인의 커리어에 전혀 도움이 된다고 생각하지 않았기 때문이다.

그해 5월 정 사장은 피터 슈라이어를 한국으로 초청했다. 슈라이어는 세계 3대 자동차 디자이너로 손꼽히는 인물이다. 아우디 TT, 폭스바겐 뉴비틀, 골프 등 글로벌 메가 히트 모델의 디자인을 총괄했다. 기아는 슈라이어에게 당시 대표이사보다 더 많은 100만 유로의 연봉과 함께 디자인 총괄 부사장직을 제안했다. 정 사장은 보수 그 이상의 비전을 보여주기 위해 가능한 모든 수단을 동원했다.

남양연구소에서 한국 디자이너들의 열정을 보여주며 앞으로 함께 그려갈 미래를 이야기했고, 첫 만남에 슈라이어 가족을 사저로 초대해 식사를 대접하기도 했다. 슈라이어가 가족적인 유대감, 끈끈한 인간애 등을 중시한다는 점을 포착하고 그를 설득하기 위해서였다. 훗날 슈라이어는 본인의 자서전에서 "기아는 모든 것을 그려낼 수 있는 하얀 도화지 같은 브랜드였다"며 "정의선 회장을 만난 첫 순간부터 깊은 공감을 바탕으로 인연을 맺을 수 있다는 강한 끌림을 느꼈다"고 회고했다.

슈라이어의 영입은 기아에 크게 3가지 변화를 불러왔다. 브랜드 전략이 디자인 중심으로 변화했으며, 기아에서의 슈라이어의 성공은 우수한 글로벌 C레벨 임원 영입의 물꼬를 텄고, 회사 전반에 수평·창의적으로 일하는 방식이 확산되기 시작했다.

기아의 변곡점, 디자인

슈라이어의 합류 이후 기아의 디자인은 획기적으로 바뀌었다. 기아 디자인의 변신은 단순히 제품을 업그레이드한 차원이 아니었다. 외관이 예뻐졌다는 의미를 넘어 디자인이 브랜드의 정체성을 어떻게 드러내는지, 디자인을 통해 소비자에게 일관된 메시지를 어떻게 전달하는지를 보여준 대표 사례로 기록된다.

과거 기아는 기능 중심의 무난한 디자인의 차가 대부분이었다. 동글동글하고 깔끔한 느낌은 줬지만, 어딘지 모르게 개성이 부족했고 평범한 인상이었다. 전 라인업의 디자인에 일관성이 없었고, 자동차 디자인의 정수인 비율의 미학을 찾기도 어려웠다.

슈라이어는 기아 디자인에 개성을 부여하고 브랜드의 정체성을 확립하고자 했다. 목표는 차량의 외관만 보고도 한눈에 기아차임을 알아볼 수 있게 하는 것이다. 이를 위해 자동차의 얼굴에 해당하는 전면부에 '타이거 노즈(tiger nose)' 그릴을 적용했다. 넓은 그릴의 중앙이 위아래로 오목하게 파인 이 디자인은 기아의 시그니처가 됐다. 타이거 노즈 디자인의 핵심 개념은 2007년 기아가 공개한 '키(Kee) 콘셉트카'에 처음 적용됐으며, 준대형 세단 K7을 시작으로 중형 세단 K5는 물론, 소형 스포츠유틸리티차량(SUV) 쏘울, 경차 모닝까지 전 라인업에 걸쳐 적용됐다.

그중에서도 가장 디자인의 덕을 크게 본 모델은 중형세단 K5다. 2010년 이전 국내 중형 세단 시장은 현대차의 YF 쏘나타와 르노삼성의 SM5가 양분하고 있었다. YF 쏘나타가 이전 세대인 NF에 비해

K5 1세대(2010~2015)

K5 2세대(2015~2018)

K5 3세대(2019~2023)

K5 3세대 부분 변경(2025 현재)

[자료 1-3] 기아 K5 디자인 변천사
출처: 기아

급격한 디자인 변화를 시도하면서 일부 반감을 느끼는 소비자도 있었다. 반대로 또 다른 경쟁 모델인 SM5는 신형 모델임에도 불구하고 디자인의 변화가 거의 없어 고루하다는 평가가 주를 이뤘다. 이 중간 지점을 찾아줄 모델을 기아는 만들어냈다. K5는 젊고 스타일리시한 30·40 중산층 소비자를 겨냥한 디자인 세단을 콘셉트로 탄생했다. 옆에서 보면 지붕(루프)에서 차량 뒤쪽으로 부드럽게 떨어지는 쿠페형 루프라인을 채택해 날렵한 실루엣을 강조했다. 보닛은 길게, 트렁크는 짧은 비율로 만들어 역동적인 느낌을 주도록 했다. 차체 옆면을 타고 흐르는 크롬 장식이 앞유리 창문 기둥(A필러)에서 뒤쪽 창문까지 이어지도록 하면서 차를 실제보다 날씬하고 길어 보이게 했다.

30·40 소비자들의 마음을 단번에 사로잡은 K5는 본격 판매가 시작된 2010년 6월에만 1만 673대 팔리며 경쟁 모델인 YF 쏘나타(9,957대)와 SM5(7,315대)를 제쳤다. 물론 K5의 신차효과는 두세 달 간 지속되고 연간으로는 쏘나타가 앞선 성적을 기록했다. 하지만 업계에선 '국민차' 쏘나타의 아성이 무너질 수 있다는 사실을 처음 확인한 순간이었다. 기아 내부적으로는 1998년 현대차그룹에 합병된 이후 은연중에 깔려 있던 패배감을 걷어내고 구성원들에게 '할 수 있다'는 자신감을 일깨워 준 계기이기도 했다.

세계 디자인상 휩쓴 디자인 명가의 탄생

기아가 글로벌 브랜드로 도약할 수 있었던 배경에는 디자인 혁신이 핵심 동력으로 작용했다. 현대차와 동일한 파워트레인과 플랫폼을 사용하는 기아가 독자적인 브랜드 정체성을 확보하는 데는 디자인 차별화의 힘이 있었다는 평가다. 이를 통해 현대차와 내부 경쟁 속에서도 판매 간섭 없이 오히려 글로벌 점유율을 확대할 수 있었다.

2021년 슈라이어가 디자인경영담당 사장에서 물러나고 고문 역할까지 마무리했지만, 그가 남긴 디자인적 유산은 여전히 그룹 내에 남아있다. 루크 동커볼케 현대차그룹 CCO와 기아 글로벌디자인센터를 이끄는 카림 하비브 부사장 등 후배 디자이너들이 그 유산을 계승하며 기아 디자인의 정체성을 이어가고 있다.

기아는 '오퍼짓 유나이티드(Opposites United, 상반된 개념의 창의적

융·합)'라는 디자인 철학을 기반으로 감성적이면서도 개성 강한 브랜드 이미지를 구축해 왔다. 디자인은 자동차 소비자에게 가장 직관적으로 전달되는 요소이며, 단순한 호불호를 넘어 기능적 완결성, 균형 잡힌 비례, 브랜드 일관성을 갖추어야 좋은 평가를 받을 수 있다. 슈라이어의 우상이자 현대차 포니를 디자인했던 조르제토 주지아로가 강조했듯, 자동차 디자인의 핵심은 아름다운 비율과 조형미에 있다. 기아는 이러한 기본 원칙을 지키면서도 독창성을 강화해 글로벌 시장에서 존재감을 확고히 했다.

특히 기아는 세계 3대 디자인상 중 하나인 독일 '레드닷 어워드'에서 네 차례나 최우수상(Best of the Best)을 수상하는 기록적인 성과를 거두었다. 2018년 스팅어를 시작으로 EV6(2022), EV9(2024), EV3(2025)가 잇따라 수상했다. 이는 현대차는 물론 대부분의 글로벌 완성차 브랜드도 달성하지 못한 기록이다.

정주영-정몽구-정의선의 리더십은 무엇인가?

시대에 맞춰 변화해 온 리더십

'부자는 3대를 못 간다'라는 속담은 동서고금을 막론하고 통한다. 중국의 '부불삼대(富不三代)', 일본의 '3대째가 집안을 망친다(三代目は家を潰す)', 영어권의 '셔츠 차림으로 시작해 3대 만에 도로 셔츠 차림으로(Shirtsleeves to shirtsleeves in three generations)' 등 표현은 모두 같은 통찰을 담고 있다. 세대를 거쳐 창업자의 개척정신은 희미해지고, 상속된 부와 권한이 되레 리더의 동기와 위기관리 능력을 약화시킨다고 우려한 것은 세계 공통인 셈이다.

하지만 국내 기업사에서 '3대 징크스'를 비켜 간 사례가 있는데 바로 현대자동차그룹이다. 정주영-정몽구-정의선으로 이어진 3세대 경영은 생존을 넘어 자산 규모와 사업 영역 확장, 글로벌 위상 강화에 성공했다. 특히 현대가의 3대 리더십은 시대가 요구하는 방향에 맞춰 진화해 온 것이 특징이다.

전후(戰後) 산업 기반을 닦아야 했던 정주영 시대는 '개척'과 '도전'이 핵심이었다. 산업 기반이 없던 종전 한국 경제를 일으키기 위해선 불가능을 가능으로 바꾸는 강한 추진력이 필요했다. 정몽구 시대에는 해외 시장에 본격 데뷔하며 글로벌 품질 경쟁이 본격화됐다. 장인정신을 강조하고 집요한 리더십으로 내실을 다지며 현대차를 선진국 브랜드와 어깨를 나란히 하는 기업으로 키워냈다. 과감한 해외 투자도 이 시기에 빛을 발했다.

현재 정의선 시대는 '연결'과 '소통'이 중심이다. 완성차 제조를 넘어 모빌리티 솔루션 기업으로 전환하기 위해서는 구성원의 지혜를 엮어내는 통합의 리더십이 요구된다. '세계 1위'를 바라보는 지

	정주영	정몽구	정의선
회장 재임 시기	1946~1987년 (현대그룹 회장)	2000~2020년 (현대차그룹 회장)	2020~2026년 현재 (현대차그룹 회장)
시대적 과제	전후 시대 국가 부흥, 산업 기반 창조	국산 자동차의 품질 확보로 글로벌 경쟁력 강화	혁신을 통한 인류 삶의 진화
리더십 스타일	직관·카리스마형	통제·장인정신형	소통·통합 조율형
키워드	개척, 창업, 도전	품질, 내실, 글로벌 확장	혁신, 개방, 연결, 소통
글로벌 차 판매 대수 (연간)	59만 대	635만 대	730만 대
그룹 자산 규모	8조 원 내외 (현대그룹 1987년 기준)	234조 원 (현대차그룹 2019년 기준)	306조 원 (현대차그룹 2024년 기준)

[자료 1-4] 정주영 – 정몽구 – 정의선, 현대가 3대 리더십 변화

출처: 언론 종합

금은 혁신의 속도를 높이고, 외부와의 협업을 통해 새로운 생태계를 만드는 개방형 혁신도 필요하다. 이번에는 세 리더의 경영 철학과 조직 운영 방식, 시대적 과제 등을 통해 현대차그룹의 리더십 변화를 구조적 관점에서 짚어본다.

정주영, 개척자의 실행력과 공동체 리더십

정주영 선대회장의 창업가 정신은 현실을 개척하는 '도전의 리더십'으로 요약된다. 전후 대한민국은 자본도 기술도 부족했다. "해봤어?"라는 한마디로 압축되는 그의 정신은 가진 것 없는 한국인들도 한번 도전해 보라는 응원의 메시지와 같았다. 그는 계산보다 실행이 앞섰고, 완벽한 준비보다 먼저 부딪히며 답을 찾는 쪽을 택했다.

외화자금 한 푼 없던 시절, 조선소 모형 사진 한 장으로 영국 은행을 설득해 차관을 얻어낸 일화는 너무나도 유명하다. 보통 업체들이 5년 넘게 걸리는 어려운 프로젝트를 선박 건조 경험도 없던 현대중공업이 2년 3개월 만에 해낸 것은 그의 창의적인 사고방식 덕분이었다. 조선소를 먼저 짓고 선박을 건조하는 고정관념에서 벗어나 그는 조선소와 선박을 동시에 만들도록 지시했다. 그는 "교과서적인 사고방식이 고정관념이며, 이것이 우리를 바보로 만드는 함정"이라고 말했다.

정 선대회장이 한국인에게 가장 존경받는 기업인으로 꼽히는 이유는 무엇일까? '흙수저 신화' 그의 이야기가 한 개인의 성공을 넘어 시대의 희망으로 확장됐기 때문이다. 그는 열악한 환경 속에서도 집념과 실행력을 가지고 노력한다면 누구나 기회를 만들 수 있다는 가능성을 보여줬다. 이는 산업 불모지에서 성장한 한국 경제의 궤적과도 겹친다. 김기찬 가톨릭대학교 명예교수는 "기업가와 사업가의 차이는 새로운 기회 포착 능력에서 나뉜다"며 "정주영은 중동 건설업, 조선업 등 모두가 불가능하다 여겼던 시장에서 기회를 찾은 도전적인 기업가"라고 평가했다.

정주영의 리더십은 개척자의 추진력에서 시작됐지만, 그 뿌리에는 늘 '사람'과 '공동체'가 있었다. 가난한 농가에서 자라 청년 시절 서울로 올라온 그는 '하동 정(鄭)' 씨라는 본관 외에 집안 내력조차 챙길 여유가 없었다. 그러나 현대그룹이 재계 1위에 오르자 전국의 하동 정씨 공파가 "정 회장은 우리 공파 사람"이라며 다투는 해프닝이 벌어졌다. 이를 두고 그는 "출신이 어디든 같은 정씨면 다 한가족이지, 뭘 그렇게 따지오?"라고 웃으며 말했다. 그는 광화문 현대해상 빌딩 한편에 모든 문중 사람들을 위한 사랑방을 내주고, 직원까지 두어 집안 행사를 챙기게 했다. 이 일화는 단순한 미담이 아니라, 그가 사람을 대하는 방식을 보여준다. 정 선대회장은 인재를 중용할 때도 출신 성분을 따지지 않고 일할 의지와 책임감이 있으면 누구든 '한 가족'으로 품었다.

그에게 '가족'은 혈연보다 넓은 개념이었다. 같은 산업에 몸담은 노동자, 같은 시대를 사는 국민 모두가 '함께 살아야 할 공동체'였다. 이 같은 사고방식은 경영에도 그대로 투영됐다. 정 선대회장은 산업을 일으키는 일을 곧 나라를 세우는 일로 여겼다. 자동차 산업도 마

찬가지였다. 그는 회고록에서 "자동차는 달리는 국기다. 자동차를
자력 생산·수출할 수 있는 나라라는 이미지 덕분에 해외에서 다른
상품도 함께 높이 평가받는다. 자동차 생산이 100% 국산화된다면
우리 기계공업 전체가 발전할 수 있다"고 말했다.

정몽구, 품질 경영과 역발상의 승부사

자동차로 국가 경제를 일으키겠다는 창업자의 열망은 장남 정몽구로
이어졌다. 정 명예회장은 그룹 내에서 그 누구보다 자동차를 잘 아는
'현장형 경영자'였다. 이러한 정 명예회장의 리더십은 한국 자동차 산
업이 '개척'에서 '정밀화·고도화'의 단계로 넘어가던 시기와 정확히
맞물렸다.

디테일을 놓치지 않는 세심함과 지기 싫어하는 성격도 경영 스타
일에 고스란히 투영됐다. 경복고 동창인 신달석 한국자동차산업협
동조합 전 이사장은 "그는 학창 시절부터 공부든 운동이든 지는 걸
극도로 싫어했다"며 "치열한 경쟁심이 훗날 현대차가 글로벌 시장
에서 품질 경쟁에 나설 때도 그대로 드러났다"고 회고했다.

정 명예회장은 취임 직후 품질 혁신을 최우선 과제로 삼았다. 경
쟁 상대로 가장 먼저 지목된 기업은 토요타였다. 그는 양재동 본사 1
층 가장 눈에 잘 띄는 자리에 품질상황실을 설치하고, 미국 신차품
질조사기관 J.D.파워가 지적한 개선 과제를 적어 액자로 걸어두게
했다. 누구나 오가며 볼 수 있도록 한 일종의 '품질 선언문'이었다.

품질상황실은 24시간 가동됐고, 모든 임직원이 소비자 불만 관련 보고서를 확인해야 했다. 보고서를 읽지 않은 임원에게는 회장의 질책이 쏟아졌다.

정몽구에게 품질에서 실수는 곧 신뢰가 무너지는 일이었다. 조직엔 항상 긴장감이 흘렀다. 당시 글로벌 시장에서 품질에 대해 낮은 평가를 받았던 현대차로선, 장인정신을 강조한 품질에 대한 집착이 필요한 시기이기도 했다.

그는 필요할 때는 주저 없이 승부수를 던졌다. 대표적 사례가 미국 시장에서 단행한 '10년·10만 마일' 무상보증 정책이다. 당시 내부에서는 막대한 리콜 비용이 발생할 수 있다며 반대가 적지 않았다. 그는 "그럼 10년 이상 고장 나지 않을 차를 만들면 되지 않냐"라며 단호히 밀어붙였다. 품질에서만큼은 물러설 수 없다는 신념이었다. 한 번의 과감한 선택이 조직을 일깨웠고, 품질 제일주의가 뿌리내리는 기점이 됐다. 결국 품질경영 선언 5년 만인 2004년, 현대차는 J.D.파워 평가에서 토요타를 제쳤다. 이는 현대차가 가성비(가격대비 성능) 이미지를 벗고 신뢰도 있는 품질 브랜드로서 처음 인정받기 시작한 순간이기도 했다.

정몽구 리더십의 또 다른 핵심축은 '역발상 사고'다. 다른 기업이 주저할 때 그는 반대로 움직였다. 1997년 외환위기 당시 기아차 인수가 대표적이다. 국내 경제가 침체됐고 자동차 수요는 물론 소비심리 전반이 얼어붙었다. 시장에서는 "지금 기아를 떠안는 것은 위험한 선택"이라는 부정적인 시각도 적지 않았다. 그의 판단은 달랐다. 기아 브랜드가 더해지면 현대차그룹이 내수 시장을 확고히 장악하고, 해외 확장에서도 보다 큰 동력을 확보할 수 있다고 봤다. 이후 기아차는 혹독한 체질 개선을 거쳐 1년 만에 정상궤도에 올라섰고, 현대차그룹은 단숨에 국내 최대 자동차 그룹으로 도약했다.

BRICS(브라질·러시아·인도·중국)를 중심으로 한 해외 공략도 마찬가지였다. 구소련의 붕괴 이후 1990년대 러시아는 정치·경제 불안으로 다국적 기업이 진출을 꺼리던 시장이다. 그는 "어려울 때 먼저 들어가야 기회가 온다"라며 일찌감치 수출을 시작하고 현지 공장 건설을 밀어붙였다. 결과적으로 훗날 현대차는 러시아에서 점유율 20%를 장악하며 브랜드 순위 2위까지 올랐다. 이후 러시아-우크라이나 전쟁 등 정치적인 이슈로 철수했지만, 러시아는 현대차의 글로벌 확장 역사에서 상징적 무대로 남았다.

정의선, 미래차 생태계 연결하는 소통의 리더십

정의선 회장의 리더십은 소통, 연결이 핵심을 이룬다. 군대식 위계질서가 뿌리 깊게 박혀있던 조직문화에 가장 먼저 손을 댔다. 그가 수석부회장에 오른 직후 복장 자율화, 근무시간 유연제, 보고 간소화, 수평적 직급체계 등 변화가 연속적으로 이어졌다.

초기 반응은 조심스러움 그 자체였다. "정말 청바지를 입고 출근해도 되나"라며 타 부서의 분위기를 살피는 일이 막내들의 역할이었다. 그만큼 위계와 규율이 뿌리 깊었던 현대차 조직 문화를 보여주는 단면이다. 현대차에서 자율복장은 더 이상 논쟁거리가 아니다.

대면 보고도 줄고, 이메일 보고가 일상화됐다. 보고 체계가 단순해지자 의사 결정 속도가 눈에 띄게 빨라졌다. 김기찬 교수는 "정 회장과 이메일로 의견을 주고받을 때 보면 답변이 하루를 넘기지 않는다"며 "리더의 신속한 피드백은 조직 전체에 속도감을 부여한다"고 설명했다.

정의선의 '연결'은 조직 내부를 넘어 외부로 확장된다. 단순한 오너가 아닌, 글로벌 기술·산업 생태계를 조율하는 '비즈니스 외교관'의 역할이다. 정 회장은 메리 바라 GM 회장, 토요다 아키오 토요타 회장 등 글로벌 완성차 수장들과 직접 교류한다. 경쟁사와도 손잡는 개방형 리더십이다. 톱티어 경쟁자와 교류하며 공급망 생태계를 논의하는 것 자체가 불과 5년 전만 해도 상상하기 어려운 장면이었다. 최근 젠슨 황 엔비디아 CEO와 이재용 삼성전자 회장과의 '치맥 회동' 역시 같은 맥락이다. 특히 국내 재계에서는 "자동차를 둘러싼 삼성과 현대차의 과거 경쟁 관계를 생각하면 격세지감"이라는 반응이 나올 정도다.

정 회장을 가까이서 지켜본 인사들은 그를 '겸손한 사람'이라고 평가한다. 여기서 말하는 겸손은 단순히 자신을 낮추는 자세가 아니다. '내 생각이 틀릴 수도 있다'는 열린 태도다. 그는 선대회장과 함께 일했던 원로들을 찾아가 "할아버지라면 어떻게 하셨을까요?"라고 의견을 구하곤 한다. 명예회장과 함께 근무하던 시절에도 그는 아버지의 해외 공식 일정에 동행하는 법이 없었다. 자신을 드러내기보다 공식석상에서 아버지의 존재감이 부각되기를 바랐기 때문이다. 아버지는 단순한 선배 경영자를 넘어서 예우와 존경의 대상이었다.

그런 그가 단 한 번, 아버지에게 자신의 뜻을 강하게 밀어붙인 순간이 있었다. 바로 프리미엄 브랜드 '제네시스'의 독립 론칭이다. 당시 아버지 정 명예회장은 대규모 투자와 장기전이 요구되는 프리미엄 전략에 신중했다. 어설프게 준비한다면 '비싼 현대차'라는 인식에 갇히면서 두 브랜드 모두 타격을 입게 될 위험도 있었다. 그러나 아들 정 회장은 "기술과 품질은 이미 준비됐습니다. 앞으로 10년을 내다보면, 우리도 이제 고급화 전략을 펼 때가 됐습니다"라며 아버지를 설득했다.

정의선 회장의 시선은 미래로 향한다. 그는 기술과 품질의 시대를 넘어 브랜딩의 시대가 오고 있음을 직감했다. 현대차가 가성비 이미지를 벗고 글로벌 무대에서 경쟁하기 위해서는 디자인과 스토리, 감성이 더해져야 했다. 루크 동커볼케 등 글로벌 무대에서 디자인으로 인정받은 인재를 영입하고 브랜드 철학을 다시 세웠다. 제네시스는 여백·절제·조용한 자신감 등 한국적 미감이 깃든 정체성을 강조했다. 제네시스를 현대차 내 고급 라인으로 둘지 독립시킬지를 두고 논쟁이 있었지만, 정 회장은 차별화된 고객 경험을 위해 독립 브랜드를 선택했다. 2015년 출범한 제네시스는 북미 J.D.파워 '프리미엄 부문 최상위 평가'를 받고, 8년 만에 글로벌 누적 판매 100만 대를 달성했다. 한국 브랜드 최초로 글로벌 프리미엄 시장에 안착했다고 인정받고 있다.

2장

위기가 만든
조직의 힘

HYUNDAI'S PHYSICAL AI REVOLUTION

위기 때마다 더 높이, 점프업 비결

글로벌 판매 1위의 꿈

"2026년, 현대차그룹은 글로벌 1위에 오를 겁니다."(2023년 4월, 삼성 증권 리포트)

2023년 4월, 시장의 주목을 한 몸에 받은 증권사 리포트가 있었다. 자동차 업종 베스트 애널리스트인 임은영 삼성증권 연구위원이 내놓은 〈2026년, 글로벌 1위 업체가 바뀐다〉라는 제목의 리포트다. 주된 내용은 현재 업계 1·2위인 토요타와 폭스바겐이 중국 시장에서 부진을 겪는 사이 3위인 현대차·기아가 미국과 인도에서 판매로 돌파구를 만들어 1위에 오를 것이라는 전망이다.

당시 업계에선 이 주장을 생소하게 받아들였다. 코로나19 팬데믹 시기를 슬기롭게 넘긴 현대차그룹이 3위에 오른 것 만해도 놀랄만한 일인데, 토요타와 폭스바겐을 제치고 1위에 오른다니. 지나친 장

밋빛 전망이라고 보는 시선도 많았다.

하지만 기업 성공을 이끄는 건 사업 확장의 기세다. 아무리 글로벌 1위 업체로서 공고한 벽을 쌓아놨더라도 숫자로 나타나는 실적 증가율이 정체돼있다면 왕좌에서 내려와야 한다. 이 같은 측면에서 2023년 당시 현대차그룹의 재무 실적은 3년 연속 신기록을 세우면서 무서운 속도로 올라오고 있었다. 임 연구위원은 "코로나 이후 현대차그룹이 고성장하던 시기라 (2026년 1위가) 혹시 가능하지 않을까 생각하는 사람도 많이 있었다"며 "반도체에 이어 자동차가 수출 1위 품목으로 올라설 가능성을 두고 현대차그룹 밸류체인 기업에 대한 관심도 높아졌다"고 말했다.

2026년, 지금의 관점에서 본 전망은 어떻게 달라져 있을까? 임 연구위원은 "현대차그룹의 글로벌 판매 1위는 여전히 가능하다고 본다"며 "다만 토요타의 중국 판매 감소가 예상보다 빠르지 않은데다 전기차 캐즘(일시적 수요 둔화)의 장기화로 당초 예상했던 시기보다 시점은 1~2년 늦어질 수 있다"고 말했다.

나 역시도 단기간에 현대차그룹이 글로벌 판매 1위에 오를 가능성은 높지 않다고 본다. 하지만 글로벌 완성차 시장의 전반적인 흐름은 2023년 리포트에서 언급한 대로 흘러가고 있다. 중국 시장에서 로컬 전기차 업체들이 급부상하면서 글로벌 판매에서 중국 비중이 높은 토요타, 폭스바겐, GM, 닛산 등 거대 전통 완성차 업체들이 타격을 입고 있기 때문이다. 현대차그룹의 1위 달성은 혼자서만 잘한다고 되는 일이 아니다. 경쟁사의 부진이 수반될 때 최종 순위가 결국 올라갈 수도 있다.

글로벌 시장에서 현대차그룹의 현주소

글로벌 시장에서 현대차그룹은 어느 정도의 위치를 차지하고 있을까? 양적 성장을 의미하는 글로벌 판매 대수가 최근 들어 크게 늘어난 건 아니다. 현대차그룹이 중국 시장에서 고성장에 힘입어 역대 최대 판매량을 기록했던 2015년(801만 대)과 비교하면 2024년 글로벌 판매 대수는 723만 대로 오히려 10%가량 줄었다.

하지만 글로벌 순위 상승과 판매의 질을 나타내는 영업이익을 보면 성장세는 놀랄 만큼 가파르다. 코로나19 팬데믹, 반도체 공급 대란 등을 겪으면서 경쟁사들 판매 대수가 더 크게 줄면서 현대차그룹의 판매 순위는 자연스레 올라갔다.

한국자동차모빌리티협회(KAMA)가 가공한 마크라인즈 자료에 따르면 현대차그룹의 글로벌 판매 순위는 2020년 5위에서 2021년 4위, 2022년에는 3위까지 올라왔다. 2023년에도 730만 대를 판매하며 3위 자리를 유지했으며, 2024년에도 723만 대 수준으로 2위 폭스바겐(903만 대)과 격차를 좁히면서 무난하게 3위를 달성했다. 2025년부터는 닛산-혼다의 합병 등 완성차 업체 간의 합종연횡이 활발해지면서 5위권 내 업체들 사이에 상당한 변동이 예상되지만, 현대차·기아는 3위 자리를 무난히 유지할 것으로 보인다.

판매 순위보다 중요한 건 매출과 영업이익 같은 실적 지표다. 과거 현대차그룹의 전략은 '박리다매(薄利多賣)'였다. 과거엔 낮은 이익률로 많은 차를 파는 데 주력했다면 최근 현대차그룹은 전체 판매 대수는 줄더라도 대당 단가를 높이는 고수익 전략을 펴고 있다.

현대차·기아는 2022년부터 3년 연속 사상 최대 매출과 영업이익을 기록 중이다. 영업이익률을 비교해 봐도 대당 단가가 훨씬 비싼 프리미엄 브랜드(벤츠, BMW 등)와 견줄 수 있을 정도다. 영업이익률은 매출액 대비 영업이익을 나타내는 지표로 기업이 번 돈에서 실제 이익을 얼마나 남겼는지를 알려주는 비율이다.

글로벌 완성차 업체의 영업이익률을 비교해 보자. 2024년 3분기까지 누적 매출액과 영업이익 기준 10개의 완성차 업체(기아, 토요타, 벤츠, BMW, 현대차, GM, 테슬라, BYD, 포드, 폭스바겐) 중 기아의 영업이익률이 12.4%로 가장 높았다. 프리미엄 브랜드로 비싼 차를 파는 메르세데스-벤츠(9.7%), BMW그룹(9.1%)을 넘어선 것은 물론, 전기차만으로 두 자릿수 영업이익률을 기록해 업계를 깜짝 놀라게 했던 테슬라도 가볍게 제쳤다. 수익성 측면에서 이미 현대차그룹은 글로벌 1위로 봐도 무방하다. 2024년 1~3분기 누적 기준 토요타그룹의 영

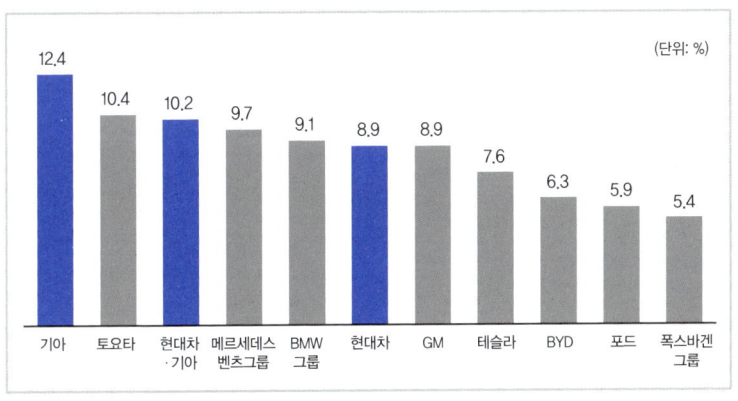

[자료 2-1] 글로벌 완성차 영업이익률 비교

＊2024년 1~3분기 기준, GM·포드·BMW·벤츠·BYD는 EBIT 기준
출처: 각 사 취합

업이익률이 10.4%, 현대차그룹은 10.2%로 비슷한 수준이다.

목표 지향적 추진력, 위기 대응 DNA

2008년 글로벌 금융위기, 2016년 사드 사태 이후 중국 점유율 급감, 2020년 코로나19 팬데믹, 2021년 반도체 공급 대란, 2022년 러시아-우크라이나 전쟁 발발 이후 2023년 러시아 시장 철수, 2025년 미국발 고율 관세 부과 등 굵직한 글로벌 위기 속에서도 현대차그룹의 전 세계 판매 대수(3위) 및 영업이익률 순위(2위)는 꾸준히 우상향해 왔다.

위기 속에서도 이 회사가 버틸 수 있던 원동력은 무엇일까? 현대차그룹에서 수십 년 간 근무해 온 원로들을 만나 이야기를 들어봤다. 그들이 공통적으로 언급한 비결은 '목표를 향한 간절함'과 외부 피드백을 적극 받아들이는 '조직의 개방성'이다.

30년 가까이 현대차그룹에 몸담아온 조성환 국제표준화기구(ISO) 회장은 위기를 극복하는 현대차그룹의 DNA를 '목표 지향적 추진력'으로 꼽았다. 그는 1994년 현대차에 들어가 CNG(천연가스) 엔진 연구원을 시작으로 미국기술연구소 법인장과 연구개발 기획조정실장을 거쳐, 현대오트론 대표이사, 현대차 연구개발본부 부본부장, 현대모비스 대표이사까지 지낸 '정통 현대차맨'이다. 수많은 현대차·기아의 차종을 연구개발하며 글로벌 시장에서 현대차의 위기와 성장, 성공을 모두 지켜봤다.

조 회장은 현대차만의 추진력이 사명감과 간절함에서 나온다고 강조했다. 그는 "현대차그룹 직원들은 목표를 달성하기 위해서는 실패하더라도 다른 방법을 찾고 또 찾는다"며 "리더를 중심으로 하나의 목표에 집중하면 굉장히 무서운 힘을 발휘하는 조직"이라고 말했다. 코로나19 팬데믹과 반도체 공급 대란이 겹친 2021년, 모든 글로벌 완성차 업체가 공장을 세웠을 때 오히려 현대차그룹은 괄목할 만한 성장을 거뒀던 것도 모두 배경에는 '목적 중심의 추진력'이 있었다고 강조했다.

당시 현대모비스 대표를 맡았던 조 회장은 "현대차에 반도체를 공급하던 모비스가 어느 정도 적정 재고를 보유하고 있었던 데다 현대차와 모비스 구매팀 담당자들이 반도체 회사 앞에서 하염없이 기다리고 읍소해서 받아오는 물량도 상당했다"며 "이들의 간절함 덕분에 현대차·기아 공장이 차질 없이 돌아갈 수 있었다"고 회고했다.

또한 해외 시장에서 단기간에 품질을 높이고 성장할 수 있었던 요인으로는 외부의 피드백을 꾸준히 수용하며 조직 내부를 개선해온 겸손하고 개방적인 태도에 주목했다. 조 회장은 "현대차가 토요타와 가장 크게 다른 점은 J.D.파워의 충고를 매년 받아들인다는 것"이라고 설명했다.

보통 자동차의 신차 출시는 디자인과 엔진, 편의사양 등을 모두 바꾸는 완전변경(풀체인지), 외장 디자인만 변경하는 부분변경(페이스리프트), 연도가 바뀔 때마다 사양을 조금씩 업데이트하는 연식변경이 있다. 경쟁사의 경우 신차품질조사(IQS) 평가를 2~3년 주기의 부분변경에 반영하거나 반영을 검토하는 정도다.

하지만 현대차는 매년 소비자 평가를 분석하고 연식변경에 적극 반영한다. 조 회장은 "현대차는 소비자 조사 결과를 두고 '이게 어떤 뜻이지? 왜 이렇게 대답했지? 왜 이게 불편하다고 했지?'라는 의문을 끊임없이 던진다. 비용과 인적자원 투입이 필요한 일인데도 항상 끊임없는 개선의 노력을 한다"고 강조했다.

미국 시장조사기업 J.D.파워가 시행하는 IQS는 1987년부터 시작된 글로벌 최고 권위의 자동차 품질 평가다. 소비자가 차량 구입 후 3개월 이내에 경험한 신차 품질을 바탕으로 조사가 이뤄지며, 100대당 불만 건수와 내용을 집계해 가중치를 매기고 점수로 환산한다. 점수가 낮을수록 품질 만족도가 높다는 의미다.

1995년부터 2024년까지 최근 30년간 현대차와 기아, 토요타의 IQS 지수를 비교해 보자. 2000년대 초반까지만 해도 현대차는 토요타를 따라잡을 수 없었다. 하지만 정 명예회장이 품질 경영 기조를 선언한 지 5년 만인 2004년, 드디어 처음으로 토요타를 제치게 된다. 현대차가 내부적으로 세운 목표를 3년이나 앞당긴 결과였다. 이를 두고 미국 언론은 "사람이 개를 물었다(Man Bites Dog)"고 비유하며 놀라움을 금치 못했다. 이후 엎치락뒤치락하던 두 회사의 지수는 2014년 이후 현대차의 우위로 굳혀진다. 2014년부터 2024년까지 11년간 현대차는 2022년 한 해를 제외하고 줄곧 토요타보다 낮은 IQS를 나타냈다.

기아의 변화는 더 드라마틱하다. 현대차에 인수되기 직전인 1998년 기아의 IQS는 30년 내 최고치인 362에 달했다. 하지만 적극적인 품질 경영 기조 아래 기아의 IQS는 2009년까지 가파르게 내려

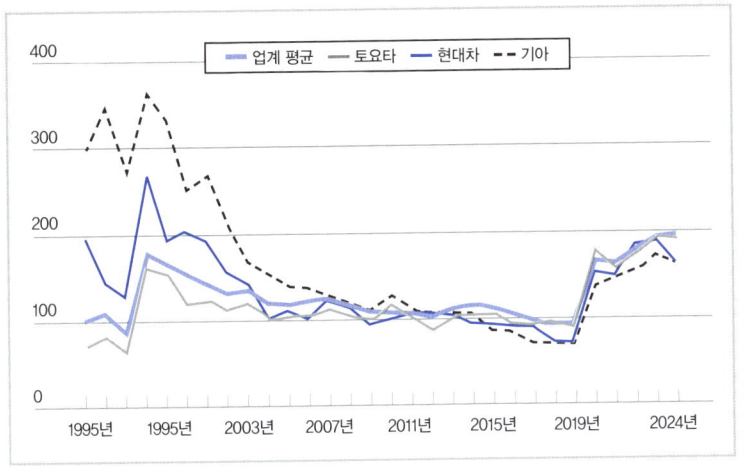

[자료 2-2] 미국 J.D.파워 신차품질조사(IQS) 지수

* 신차 구입 후 3개월 지난 고객 대상 설문으로 100대 당 불만 건수를 집계. 지수가 낮을수록 품질 만족
  도가 높다는 의미.
출처: 미국 J.D.파워

와 100대에 안착한다. 전체 브랜드 순위 기준으로 기아는 2016년과
2017년 2년 연속 1위를 차지했으며, 이후 최근까지도 최상위권을
유지하고 있다. 현대차와 기아는 2024년 IQS 조사에서 각각 3위와
4위를 기록했다. 15개 자동차 그룹사별로 평균 점수를 매기면 현대
차그룹은 가장 낮은 평균 점수인 164점을 기록, 종합 평가 1위를 차
지했다.

코로나19부터 관세 파고까지, 어떻게 버텼나?

최고의 순간, 위기를 떠올린 리더

"우리는 항상 위기를 겪어왔고 훌륭하게 극복해 왔으며, 위기 이후 더 강해졌다."

정의선 회장이 2025년 초 신년 행사에서 강조한 말이다. 2024년 현대차그룹은 역대 최대 실적 신기록을 세웠다. 그런데, 바로 다음 해 전략과 비전을 소개하는 자리에서 정 회장이 꺼내든 키워드는 아이러니하게도 '위기'였다. 2018년 수석부회장에 오른 이후 그의 신년 메시지 핵심을 관통하는 주제는 줄곧 '변화와 성장'이었다. 그룹의 성장 동력을 최대치로 끌어올린 순간 그가 위기를 떠올린 이유는 무엇일까? 과거 위기 극복을 통해 성장한 현대차그룹의 DNA가 그에게도 내재돼 있기 때문일 것이다.

그의 예상대로 현대차그룹은 2025년, 글로벌 관세의 격랑 속에서 위기를 맞았다. 도널드 트럼프 정부가 전 세계를 상대로 관세 전쟁을 선포하면서 글로벌 자동차 업계 전반에 비상등이 켜졌다. 자유무역주의의 파수꾼을 자처하던 미국은 자국 제조업 부흥을 명분으로 보호무역 노선으로 급선회했다. 미국 대통령은 일방적으로 협상을 통보하며, 협상 테이블에 응하지 않으면 고율 관세를 부과하겠다고 압박했다. 기존의 관세 협상 및 외교와는 결이 다른 트럼프식 행보에 각국 정부는 물론, 기업까지도 대응 방향을 잡지 못한 채 혼란에 빠졌다.

장기간의 협상 끝에 양국은 미국이 최초로 제시했던 25% 관세에서 10%포인트 낮춘 15%로 최종 합의했다. 그러나 한·미 FTA를 통해 무관세 혜택을 누려왔던 한국은 하루아침에 미국으로 수출하는 차량에 15%의 고율 관세를 부담하게 됐다. 더욱이 그동안 일본과 유지해 오던 2.5%포인트의 관세 격차마저 사라졌다. 미국 현지 생산 비중을 끌어올리지 못할 경우 일본차와의 경쟁에서 불리한 위치에 놓이게 됐다.

겉에서 보면 현대차그룹에 대한 우려가 커지고 있지만, 직접 만나본 내부 관계자들의 분위기는 사뭇 다르다. 현대차그룹은 과거 수차례 위기 돌파 경험 속에서 스스로 위기에 강한 조직이라는 확신이 생겼다. 그리고 그 자신감이 조직 전반에 배어 있다. 위기를 다시 기회로 만들 수 있다는 확신까지 엿보인다. 현대차그룹 고위 관계자는 "트럼프 정부가 자동차 산업에 15% 품목 관세를 부과하는 상황은 세계 각국에 공장을 둔 모든 글로벌 완성차 업체에 동일한 조건이 될 것"이라며 "쉽지는 않겠지만 현대차그룹은 충분히 위기를 헤

쳐나갈 수 있는 역량이 있다"고 강조했다.

사상 초유의 팬데믹에 멈추지 않은 공장 가동률

2020년대 들어 현대차그룹은 과거와는 차원이 다른 글로벌 악재를 맞게 된다. 그 누구도 예상치 못했던 사상 초유의 '팬데믹'이었다. 코로나19 팬데믹을 계기로 글로벌 완성차 업계의 공급망 취약성이 적나라하게 드러났다. 시작은 중국이었다. 2020년 1월 중국에 코로나19가 먼저 퍼지면서 중국 부품 공장이 생산 차질을 빚었다. 현대차·기아는 보통 수작업이 필요한 '와이어링 하네스'라는 전선 뭉치를 중국에서 들여오고 있었는데, 부품 수급에 문제가 생기면서 국내 완성차 공장도 멈춰 섰다. 현대차는 동남아 등 대체 생산지를 물색하고 생산 물량을 줄이는 대신 라인 가동은 이어가는 '공피치'를 활용해 생산 차질을 최소화하려 애썼다.

중국발 사태가 진정될 때쯤 코로나19가 전 세계로 확산됐다. 감염병이 미국과 유럽으로 빠르게 번져나가면서 각국 정부는 국가적인 비상사태를 선포하고 국경을 봉쇄했다. 필수 사업장 외 영업장의 전면 폐쇄 지침을 내리면서 사회 전체가 얼어붙었다. 글로벌 자동차 공장도 가동률이 뚝 떨어졌다. 2020년 국가별 자동차 생산 대수를 살펴보면, 미국(-19%)과 유럽(-28%), 인도(-25%), 일본(-16%), 멕시코(-20%) 등 대부분 국가의 연간 생산 대수가 전년 대비 20% 내외 감소했다. 반면 한국은 11%로 중국을 제외하면 주요 생산국 중 가

	2019년	2020년	증감률(%)
중국	25,750,305대	25,225,242대	−2.0
한국	3,950,614대	3,506,744대	−11.2
일본	9,684,294대	8,067,943대	−16.7
미국	10,892,884대	8,821,026대	−19.0
멕시코	3,992,483대	3,158,848대	−20.9
인도	4,524,366대	3,381,819대	−25.3
유럽	18,443,251대	13,152,463대	−28.7
브라질	2,951,446대	2,020,079대	−31.6

[자료 2-3] 코로나19 팬데믹 기간 국가별 자동차 생산 대수

출처: 한국자동차모빌리티산업협회 세계자동차통계

장 적은 감소율을 보였다.

한국 자동차 공장이 가동률을 유지할 수 있었던 배경에는 국가적인 방역 시스템도 한몫했다. 정부는 드라이브 스루 선별 진료소, 진단 키트 개발 등 신속한 진단 시스템을 만들었고 재난 문자 발송과 확진자 동선 추적·공개로 추가 감염 경로를 차단했다. 그중에서도 가장 주효했던 방역 시스템은 '사회적인 연대주의'였다. 개개인의 희생과 불편을 감수한 일반 시민들의 노력이 일상을 멈추지 않고 돌아가게 한 원동력이었다. 이 기간 현대차그룹이 가동률을 유지할 수 있었던 배경에도 구성원들의 희생과 노력이 있었다. 세계 공장이 문을 닫고 생산 라인을 멈췄을 때, 한국에 본진을 둔 현대차·기아 공장은 나홀로 가동으로 생산량을 늘리며 앞서나갔다.

전 세계 시장에서 유일하게 플러스 성장을 보인 내수도 버팀목이 됐다. 대중교통을 기피하는 사람이 늘면서 자가용 수요가 늘었고,

적기 공급이 가능했던 현대차·기아의 내수 시장 판매는 전년 대비 6%가량 늘었다. 당시를 회고한 현대차그룹 부품사 전 대표는 "납품 기한을 맞추기 위해 외부와의 접촉을 차단한 채 공장에서 수천 명을 먹이고 재우며 공장을 돌린 적도 있다"며 "지금 보면 상식에서 벗어난다고 할 수도 있지만, 당시엔 정말 절박했다"고 말했다.

반도체 공급 대란에도 앞서간 이유

코로나19 위기를 슬기롭게 극복한 현대차그룹은 2021년 반도체 공급 대란이라는 또 다른 난관에 부딪히게 된다. 2020년 코로나19 팬데믹으로 생산·판매 감소를 겪은 글로벌 완성차 업계는 다음 해 반도체 주문을 줄일 수밖에 없었다. 하지만 예상보다 시장 수요가 빠르게 반등하면서 전 세계적으로 반도체 공급 대란이 일어났다. 차종에 따라 소비자는 차를 계약하고도 1년 넘게 출고를 기다려야 했다.

반도체 업계 입장에서 차량용 반도체 시장은 메인 시장이 아니다. 가전제품이나 IT·통신기기용 반도체가 물량이 훨씬 크고 수익성도 좋다. 2024년 기준 전 세계 반도체 시장에서 차량용 반도체가 차지하는 비중은 약 10% 내외로 추산된다. 따라서 반도체 업체가 차량용 반도체만을 위해서 생산을 갑자기 늘리는 일은 사실상 어렵다. 이 같은 구조 때문에 2021년 반도체 공급 대란은 자동차 업계를 중심으로 촉발됐다. 하지만 반도체 공급 대란을 버텨낸 이후 현대차그룹은 글로벌 판매 순위 3위로 도약하게 된다. 위기 상황에서 오히려 점유율을 늘린 현대차만의 비결은 무엇일까?

우선, 현대차는 기존 관행의 틀을 깬 구매 네트워크 방식을 업계 최초로 구축했다. 과거엔 완성차 업체가 차량용 반도체 업체나 파운드리와 직접 접촉하는 일이 드물었다. 반도체 업체들은 통상 주문을 낸 1·2차 부품사와 협의하는 방식으로 거래해 왔다. 공급 위기가 닥치자 현대차는 반도체 구매 전략 태스크포스(TF)를 구성해 부품사를 거치지 않고 완성차 본사가 직접 대응에 나섰다.

반도체 유통 구조는 생각보다 복잡했다. 반도체 회사가 대리점으로 직접 내보내거나 글로벌 스마트폰 및 가전기기 업체에 공급하는 물량, 자동차 부품사에 공급하는 물량 등 다양한 유통 채널 속에서 남는 자투리 물량을 뒤져서 확보해야만 했다. 종래에 부품사를 통해 연락할 때 보이지 않던 빈틈들이 반도체 업체와 직접 소통하자 서서히 보이기 시작했다. 반도체 회사 입장에서도 완성차의 생산계획을 한발 빠르게 알 수 있어 물량 대응이나 예측이 가능해졌고 양사 간의 신뢰 관계도 두터워졌다. 완성차 중심의 반도체 구매 네트워크 구축은 글로벌 시장에서 현대차그룹이 가장 빠르게 반도체 공급 부족을 해소할 수 있었던 첫 번째 비결이다. 의사소통이나 결정의 막힌 부분을 찾아 개선하려는 능동적 자세, 기존의 관행에 얽매이지 않는 해결 중심 사고가 핵심이었다.

두 번째 비결은 구매와 연구·품질·생산 본부 간의 유기적인 협업이다. 부품 공급선 다변화를 위해서는 무엇보다 부서 간 협업 체계가 중요하다. 구매본부는 대체 가능한 부품의 거래처를 최대한 확보하고 가격, 납기 일정, 공급 안정성 등 기초 요건을 면밀히 점검한다.

이후 대체 부품 리스트를 연구소에 전달하면 연구소는 각 부품의 기술적 타당성과 기존 제품과 호환성을 평가한다. 이 과정에서 설계 변경 여부를 판단하고 필요한 경우 기능 시험·내구성 테스트도 진행한다. 기술 검토가 완료되면 품질본부가 심사를 이어받는다. 품질본부는 새로운 부품이 법규·성능 기준을 충족하는지 확인하고 불량률, 내구성, 양산성 확보 여부 등을 종합적으로 검토한다. 최종적으로는 생산본부가 실제 생산 공정에 대체 부품을 적용해 본다. 이때 생산성, 공정 안정성, 납기 대응력 등을 확인하고 공정 전환 시 예상되는 리스크를 점검한다. 이 모든 과정이 짧으면 1년, 길면 2~3년까지도 걸린다. 현대차그룹은 평소 대체 거래처를 꾸준히 확보해 두고 특정 부품사에 문제가 생기면 신속하게 대체 부품을 투입할 수 있는 폭넓은 공급망을 구축하고 있다.

마지막 비결은 현대차그룹의 '맨파워(인적 역량)'다. 앞서 언급한 두 가지 전략적 접근을 실행하는 것이 바로 현장 직원들이다. 현장에서 이 전략을 수행할 때의 마음가짐이 무엇보다 중요하다. 당시 상황에 정통한 관계자들은 '책임감에서 나온 간절함'이 끝까지 해낼 수 있는 원동력이 됐다고 입을 모은다. 반도체 공급 대란 당시 현대차 구매본부 담당자들은 주요 반도체 업체가 몰려 있는 유럽으로 출장을 끊임없이 갔다. 당시는 코로나19로 유럽 전역이 봉쇄된 시기였기에 현지에 간다고 해도 담당자를 만날 수 있을 것이란 확신도 없었다. 그래도 가만히 앉아서 기다릴 수만은 없었다. 호텔에서 머문 채 화상으로만 만나거나 담당자의 집 근처에서 기다리다가 빈손으로 돌아온 적도 많았다. 현지에 머물며 담당자들을 하나둘씩 만나고 시장 분위기와 움직임을 파악하면서 상황은 서서히 나아지기 시작했다. 의사결정권자가 누구인지, 어떤 아이템에 남는 물량이 있는지 등을 파악할 수 있게 됐고 그제야 비로소 조금씩 물량이 돌기 시작했다.

당시 사정에 정통한 현대차 고위 관계자는 "당시 반도체 TF 직원들은 어려운 코로나 시국에도 유럽 출장을 마다하지 않았다"며 "한국에서도 시차를 맞춰야 했기에 밤샘 근무도 잦았다. 반도체를 확보하지 못하면 전체 생산 라인이 멈춰 설 수 있다는 절박감 속에서 오직 책임감과 사명감 하나로 1년 가까운 시간을 버텨낸 것"이라고 회고했다. 퍼즐 조각처럼 하나하나 어렵게 확보한 반도체 물량은 결국 현대차그룹의 공장 가동을 지켜낸 결정적 열쇠가 됐다. 각 부문의 총력 대응 끝에 현대차그룹은 2021년, 역대 최고 성적인 글로벌 완성차 업계 3위에 오르게 된다. 코로나19 팬데믹과 반도체 대란이라는 연이은 위기는 결과적으로 현대차그룹의 위기 대응 역량을 실전에서 검증받는 계기가 됐다.

IMF·글로벌 금융 위기도 극복한 '역발상'

코로나19 위기 이전에도 현대차그룹은 위기를 극복하며 성장한 경험이 있다. 1997년은 외환 위기로 내수 수요가 반토막 나고 공장 가동률이 급감하던 시기였다. 대규모 구조조정으로 어려움을 겪던 현대차는 오히려 공격적인 인수합병(M&A) 전략을 취한다. 쓰러져 가는 기아자동차를 인수해 차량 플랫폼 및 부품 공용화를 꾀하고 규모의 경제를 조성하며 원가를 낮추는 전략을 썼다. 결과적으로 보면 현대차의 기아 인수는 현대차그룹이 글로벌 자동차 기업으로 성장하는 토대를 마련했다.

또 다른 위기 극복 사례는 2008년 금융위기 때다. 전 세계적으로 자동차 수요가 급감하며 완성차 업체들이 감산에 나섰지만, 현대차그룹은 오히려 생산을 늘리며 글로벌 판매 확대를 강조했다. 모두가 움츠리던 시기, 정몽구 명예회장은 점유율을 선제적으로 끌어올리기 위한 과감한 결정을 내렸다. 위기를 기회로 바꾼 리더십이 빛난 순간이었다. 특히 이때 현대차는 미국 시장 공략에 공을 들였다. '10년·10만 마일' 보증이나 실직자의 차량을 되사주는 '어슈어런스 프로그램' 등 파격적인 조건을 내걸며 공격적으로 점유율을 늘려갔다. 미국 점유율 확대 덕분에 현대차그룹은 2008년 글로벌 판매 순위 5위의 반열에 올랐고, 2009년 상반기에는 포드를 제치고 업계 4위를 기록하기도 했다. 대부분의 완성차 업체가 주저앉던 그해, 현대차그룹은 오히려 도약의 발판을 마련한 것이다. 위기의 파고 속에서 선제적으로 방향을 바꾸고 움직이는 자만이 생존한다는 사실을 다시 한번 입증했다.

인도에서
현지화의 답을 찾다

헝그리 정신, 인도에서 통하다

현지에 완전히 녹아드는 헝그리 정신과 시장·소비자에 맞춘 맞춤형 전략은 해외 위기 극복의 핵심 동력이 됐다. 2025년 1분기 기준 인도에서 현대차는 점유율 2위, 기아는 6위를 기록하며 점유율 20% 정도를 차지하고 있다. 인도는 14억이 넘는 인구 1위 시장, 자동차 보급률이 1,000명 당 30대 수준으로 잠재력이 무궁무진한 시장이기도 하다. 이곳에서 현대차·기아가 뿌리내릴 수 있었던 배경을 박한우 전 기아 사장은 이같이 설명했다.

"현대차는 인도만을 위한 아예 새로운 신차를 만들었습니다. 시장에 대한 존중을 보여주면서 인도인들의 자존심을 세워준 거죠."

박 전 사장은 2003년부터 10년가량 현대차 인도법인에서 근무하며 법인장까지 지낸 인도 전문가다. 현대차 인도 진출의 주역인 그는 "현역 시절 정몽구 회장이 새해 첫 현장 경영을 시작하던 지역이 바로 인도였다"며 "인도는 항상 현대차의 든든한 버팀목이 되어준 시장"이라고 강조했다.

그의 말대로 현대차그룹이 글로벌 판매 3위의 반열에 오를 수 있었던 배경에는 인도 시장이 있었다. 2017년 사드(THAAD, 고고도미사일방어체계) 사태로 주력 신흥 시장이었던 중국에서 점유율이 급락하자 그 빈자리를 인도가 빠르게 메웠다. 2022년 인도는 일본을 제치고 세계 3위 규모의 자동차 소비 시장으로 떠올랐다. 14억의 거대한 인구를 바탕으로 1인당 GDP가 꾸준히 성장하면서 중산층이 두터워진 영향이다.

2024년 기준 인도 승용차 시장 규모는 430만 대. 2030년에는 600만 대를 가뿐히 넘길 것으로 예상된다. 거대 소비 시장과 저렴한 인건비, 정부 주도의 제조업 지원 등에 힘입어 자동차 생산기지로서 경쟁력도 높아졌다. 최근 미·중 무역 갈등이 심화되면서 중국 내 생산 리스크가 부각된 점도 인도에겐 호재다. 현대차·기아를 비롯해 토요타, 스즈키, 르노, MG 등 다양한 글로벌 브랜드들이 현지에 공장을 짓고 생산 능력을 확대하고 있다.

'20년째 점유율 2위' 인도 진출의 역사

현재 현대차그룹은 인도에 120만 대 생산 체제를 구축하고 있다. 현대차 첸나이 공장의 생산 능력이 80만 대, 기아 아난타푸르 공장이

41만 대다. 여기에 GM으로부터 인수한 인도 푸네 공장의 생산 능력 20만 대가 더해지면서, 2025년 하반기 현대차그룹은 150만 대 현지 생산 체제를 갖추게 됐다.

1996년 인도 진출 당시 현대차는 100% 단독 지분투자로 인도법인을 설립했는데, 외국계 자동차 회사가 인도 시장에 독자 진출한 첫 사례였다. 앞서 1982년 인도에 진출한 일본 브랜드 스즈키는 현지 업체인 마루티와 합작회사를 세워 이미 국민차의 반열에 올라있었다. 현지 업체의 도움 없이도 외국계 브랜드로서 철저한 현지화를 이뤄내는 것이 현대차에게 주어진 과제였다. 반대로 '독자 진출'의 의미는 외부의 간섭없이 현대차만의 방식대로 사업을 꾸릴 수 있다는 말이기도 했다. 비용 측면이나 품질 통제력을 확보하는 데 훨씬 유리했다.

현대차는 철저히 인도인의 요구 사항을 반영한 차를 만들었다. 한국에서 개발한 신차를 인도 시장 맞춤형 차로 다시 설계, 한국과 인도에 거의 동시에 신차를 내놨다. 경쟁 일본 브랜드들은 보통 신차를 개발하면 일본에 먼저 출시하고, 2~3년이 지난 이후에 동남아 시장에서 팔다가 마지막에 인도로 들어왔다. 신차 사이클이 끝난 오래된 차를 껍데기(디자인)만 바꿔서 인도 시장에 내놓는 셈이었다. 하지만 현대차는 달랐다. 박 전 사장은 "일본 경쟁사들은 모두 동남아 버전이나 단종 직전의 차를 인도 시장에 들여왔지만, 우리는 글로벌 시장에 출시된 따끈따끈한 신차를 베이스로 현지 특화형으로 개발해 인도만을 위한 차를 만들었다. 그만큼 인도가 우리에게 중요한 시장이라는 메시지를 주고 싶었기 때문"이라고 말했다.

철저한 현지화 전략을 기반으로 현대차는 2000년대 이후 인도 승용차 시장 점유율 2위 자리를 놓치지 않고 있다. 2019년 17.3%로 역대 최대 점유율을 찍은 이후 15% 내외의 점유율을 꾸준히 유지하는 중이다. 일본과 인도의 합작사 마루티스즈키(41%)를 제외하면 해외 단일 브랜드로서는 1위다. 최근 점유율은 소폭 하락했지만 인도 자동차 시장이 가파르게 성장하면서 판매 대수는 폭발적으로 늘었다. 2010년 35만 대 수준이었던 현대차의 인도 판매량은 2024년 60만 대까지 성장했다. 기아까지 합치면 현대차그룹은 인도에서 연간 85만 대를 파는 셈이다. 이는 현대차·기아의 해외 판매량의 14%에 달한다.

현대차보다 뒤늦게 진출한 기아는 인도 자동차 시장 고성장의 수혜를 고스란히 누리고 있다. 2019년 진출 첫해 기아는 점유율 1.5%(4만 5,000대)로 시장에 진입했으며, SUV 위주의 프리미엄 브랜드 전략이 시장에서 통하면서 2020년 6.7%까지 확대됐다. 2024년 기준 현대차·기아의 합산 점유율은 20%에 달한다. 그룹사별로 보면 1위인 마루티스즈키(41%)에 이은 2위이며, 타타모터스(13%), 마힌드라(12%) 등 자국 브랜드보다도 높은 순위다.

2024년 10월 현대차는 인도법인을 인도 현지 주식시장에 상장하기도 했다. 인도 자본시장에서 끌어들인 자금만 4조 5,000억 원 규모로 인도 증시 사상 최대의 IPO였다. 현대차는 상장을 계기로 인도 사회와 더욱 밀착하며 인도 국민 기업으로 거듭나겠다는 포부를 밝혔다.

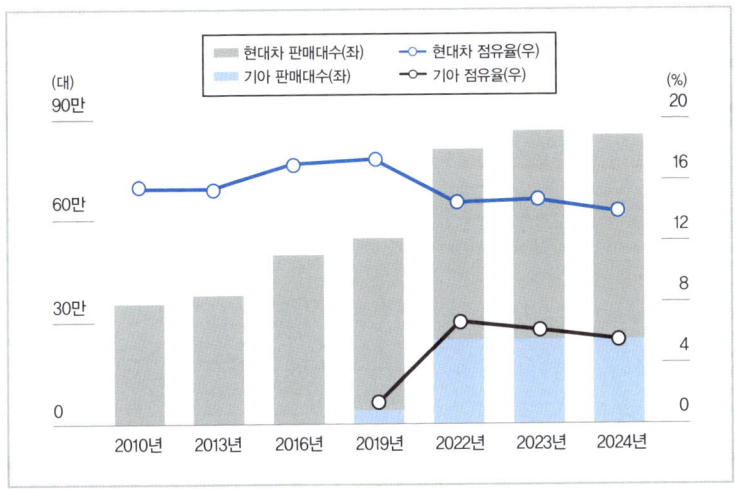

[자료 2-4] 현대차·기아, 인도 판매 대수와 점유율 추이

출처: 현대차그룹

인도의 찜통더위를 견뎌라

"1998년 상트로가 처음 등장했을 때, 대부분의 사람들은 성공 가능성을 매우 낮게 봤습니다." 현대차 인도법인의 초대 사장을 지냈던 수부(BVR Subbu) 전 사장은 2017년 출간한 그의 저서《상트로, 회사를 세운 자동차(Santro: The Car That Built a Company)》에서 성공이 쉽지 않았음을 증언했다.

그는 현대차가 초기 인도 시장에서 유례없는 성공을 거둔 '상트로(santro)' 모델 개발과 출시에 주도적인 역할을 했다. 그는 1997년 남양연구소에서 상트로의 전신인 MX(코드명)를 처음 봤던 순간을 이렇게 회고했다. "아토스(AtoZ) 기반의 클레이 모델을 처음 봤을 때

실망감을 느꼈다"며 "경영진에게 이 디자인은 인도에서 통하지 않을 것 같다는 의견을 피력했고, 후면 디자인 개선의 필요성을 주장했다"고 떠올렸다.

상트로는 현대차의 경차 아토스와 동일한 플랫폼에서 개발됐다. 아토스의 후면 디자인은 박스카 형태로 직선으로 뚝 떨어지는 스타일이다. 반면 상트로는 전고(차량의 높이)를 약간 낮추는 대신 후면 디테일에 곡선을 살려 후석 승객을 위한 공간을 확보했다. 인도는 작은 차에도 대가족이 꽉꽉 끼어 탄다. 현대차는 디자인을 변경해서라도 2열 좌석 공간을 조금이라도 더 확보해주는 편이 낫다는 판단을 내렸다. 비록 상트로가 아토스보다 전고를 살짝 낮췄지만 여전히 다른 브랜드의 경쟁모델보다는 전고가 높은 편이었기에 충분한 여유가 있었다. 터번을 자주 쓰는 인도인들은 전고가 높은 상트로를 '톨보이(tallboy)'라고 부르며 좋아했다.

현대차가 상트로 개발 과정에서 가장 신경 쓴 부분은 엔진과 에어컨 성능의 조화다. 열대 몬순 기후에 속하는 인도의 낮 기온은 대부분 섭씨 48도를 넘었으며, 도로 표면 온도는 55도에 달했다. 대도시도 도로 사정이 좋지 않은 데다 차량까지 많아서 교통 체증이 극심했다. 찜통 같은 도로 위에서 열기를 식히기 위해 에어컨을 세게 틀면 엔진의 움직임이 둔해졌고 연비도 나빠졌다. 이를 해결하기 위해 현대차는 기어의 변속을 최소화하면서도 충분한 힘을 낼 수 있는 엔진 개발에 몰두했다. 또 경차에는 상대적으로 넉넉한 크기인 135cc의 에어컨 컴프레셔를 표준화하며 에어컨 성능을 끌어올렸다.

소비자 조사에서 불거진 또 다른 문제는 1년 이상 탄 차량에서 두

드러지는 잔진동이었다. 도로 사정이 좋지 않은 지역에서 탄 차는 진동에 대한 불편함이 더했다. 이를 위해 현대차는 용접점 사이의 거리를 줄여 비틀림 강성을 높이고 차체의 변형을 최소화했다. 용접점 사이의 거리를 줄이려면 기존보다 용접 포인트를 두 배 이상으로 늘려야 했다. 시간과 비용이 드는 문제였다. 수부 전 사장은 "이 문제를 반드시 개선해야 한다는 의견이 팀 내 만장일치로 모아졌다"며 "이때부터 구성원 모두가 리더처럼 행동하기 시작했고, 우리가 잠재적인 승자가 될 수 있다는 확신이 생겼다"고 말했다.

1998년 데뷔한 상트로는 인도 소형차 시장 점유율 9%로 시작해 다음 해 25%까지 점유율을 늘렸다. 2000년에는 소형차 부문에서 경쟁차인 마루티 젠을 제치고 1위로 올라서는 기염을 토했다. 철저한 현지화는 개발뿐만 아니라 마케팅에서도 빛을 발했다. 발리우드(Bollywood)의 슈퍼스타 샤룩 칸을 브랜드 홍보 대사로 영입해 브랜드 인지도를 높였다. 덕분에 현대차는 인도 시장에 진출한 지 6개월 만에 점유율 2위 업체로 급부상했다.

현대차와 기아의 차별화 전략

"공장을 짓는 일보다 제품 차별화가 어려웠어요. 현대차가 이미 잘하고 있는 시장에서 어떻게 하면 서로 시너지를 낼 수 있을까 고민했죠. 기아에겐 다른 돌파구가 필요했어요."

10년 만에 인도에서 돌아온 박한우 전 사장은 기아로 소속을 옮기게 된다. 기아 재경 본부장을 지내고 2014년에는 대표이사로 선임됐다. 대표이사 재임 기간 그가 가장 공을 들인 프로젝트는 기아의 인도 진출이었다. 2019년부터 기아는 인도 안드라프라데시주 아난타푸르에 연간 30만 대 규모의 공장을 가동했다. 이곳에서 셀토스, 쏘넷, 카렌스 등 인도 현지 전략형 차량을 생산했다. 인도 내수뿐만 아니라 중동, 아프리카, 라틴아메리카로 수출 물량 생산도 병행했다.

공장을 설립하는 것은 어떤 면에서는 쉬웠다. 20여 년 전 현대차가 인도에 진출했을 당시 노하우를 전수받으면 되는 일이었다. 하지만 현대차와 브랜드 차별화를 두는 일은 생각보다 어려웠다. 현대차는 이미 점유율 2위 브랜드로서 시장 인지도나 제품력을 널리 인정받고 있었다. 이곳에서 기아는 브랜드 이미지와 제품군이 최대한 겹치지 않도록 전략적인 접근을 해야만 했다.

그래서 기아가 선택한 키워드는 '프리미엄'과 'SUV'였다. 현대차보다 고급화 전략을 펴고 SUV 위주로 진용을 갖췄다. 이를 위해 인도만을 위한 프리미엄 SUV인 셀토스를 선보였다. 셀토스는 세련된 디자인과 고급스러운 실내 마감, 첨단 인포테인먼트 시스템(상위 트림 터치스크린 10.25인치), 동급 수준의 최고 안전 사양 등을 갖춰 출시됐다. 마침 인도 소비자 선호도도 소형차, 경차에서 SUV로 옮겨가던 시기였다. 기아의 차별화 전략은 완벽하게 적중했다. 셀토스는 출시 두 달 만에 인도에서 가장 많이 팔린 SUV에 올랐으며, 기아는 이듬해인 2020년 점유율 6%를 넘어섰다. 모든 브랜드를 통틀어 최단기간에 세운 성과다. 박 전 사장은 "돌이켜보면 기아가 코로나19 팬데믹 직전인 2019년 인도에 진출한 타이밍도 매우 적절했다"며 "덕분에 폭발하는 시장 수요에 맞춰 두 브랜드 합산 점유율 20%를 달성할 수 있었다"고 평가했다.

현대차와 기아의
브랜드 전략

두 브랜드에 대한 고정관념

"1990년대와 2020년대의 현대차·기아의 이미지를 그려줘."

생성형 AI 챗GPT에 1990년대와 2020년대의 현대차·기아 브랜드에 대한 인상을 그림으로 그려달라고 요청했다. 1990년대 현대차를 나타낸 이미지에는 동글동글한 디자인의 세단 엑셀과 함께 '싼 가격, 무난함, 내수 중심, 실용성'이란 키워드가 등장했다.

2020년대에는 직선형 디자인이 강조된 전기 SUV 아이오닉 5가 중앙에 배치됐고 '혁신과 감성, 글로벌 프리미엄, 전기차·자율주행, 지속가능성' 등의 키워드가 그려졌다. 배경에는 차세대 모빌리티 수단인 미래항공교통(AAM)도 추가됐다.

챗GPT는 지난 30년간 기아의 이미지 변화도 단숨에 그려냈다 ([자료 2-6] 참조). 1990년대 기아를 나타낸 그림에는 대표 모델인 프

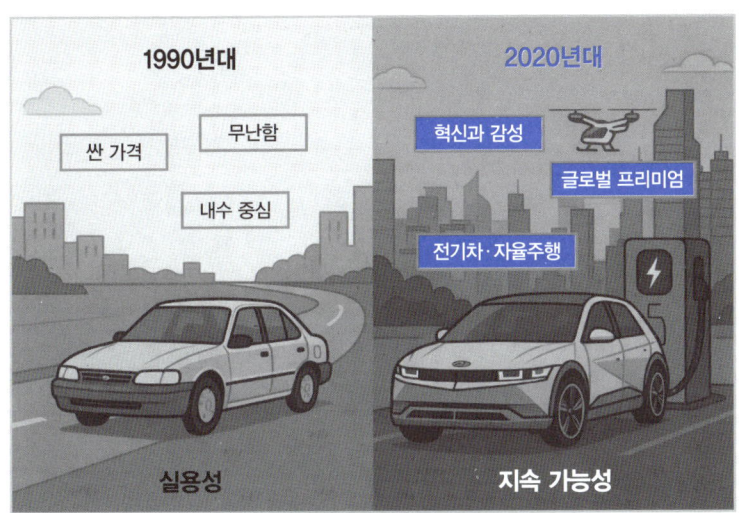

[자료 2-5] 챗GPT가 그린 현대차의 1990년대와 2020년대 브랜드 이미지

출처: 챗GPT를 활용해 저자 작성

라이드가 전면에 배치됐으며 배경은 공사장, 인물은 점퍼를 입은 중년 남성으로 표현됐다. 주요 키워드로는 '오래가는, 실용적인, 투박한' 등의 키워드가 따라왔다. 반면 30년 이후 기아의 이미지는 '혁신적인, 글로벌, 세련된' 등으로 키워드의 느낌이 완전히 바뀌었다. 2020년대 기아를 상징하는 대표 모델도 충전 중인 전기차 EV6로 변했으며, 등장인물은 초고층 건물을 배경으로 스마트폰을 손에 든 세련된 젊은 남성으로 묘사됐다.

AI가 가상 공간에서 정리한 지난 30년간 현대차·기아의 브랜드 위상 변화는 현실에서도 뚜렷하게 나타난다. 2024년 글로벌 브랜드 컨설팅업체 인터브랜드(Interbrand)가 발표한 가치평가에서 현대차의 브랜드 가치는 230억 달러로 최근 5년간 63% 상승했다. 전 세계

[자료 2-6] 챗GPT가 그린 기아의 1990년대와 2020년대 브랜드 이미지
출처: 챗GPT를 활용해 저자 작성

모든 브랜드 중에서 순위는 30위, 완성차 브랜드 중에서는 6위였다. 토요타, 메르세데스-벤츠, 테슬라 등에는 뒤졌지만 폭스바겐, 포르셰, 아우디, 포드 등 쟁쟁한 후보들을 제친 결과다. 같은 기간 기아는 86위로 100위권에 겨우 안착했지만 4년 연속 순위가 가파르게 올라오고 있다는 점에서 주목할 만하다. 2024년 기아의 브랜드 가치는 81억 달러로 4년 사이 39% 상승했다.

현대차는 브랜드 가치를 측정하는 자체 진단 시스템(툴)도 보유하고 있다. 40여 개국에서 표본을 추출해 브랜드 인식 조사를 시행하고 정량·정성적 평가를 실시한다. 지성원 현대차 브랜드마케팅본부 부사장은 "성별과 연령, 구매자 또는 구매 예정자 등 정교한 샘플링 작업을 거쳐 브랜드의 인식을 측정하는 조사를 꾸준히 시행하고 있

현대차		기아
기술 혁신을 주도하는 스마트 모빌리티	**브랜드 이미지**	혁신적 라이프스타일 브랜드
기술, 신뢰, 미래, 글로벌	**주요 키워드**	디자인, 젊음, 감성, 도전
혁신과 품질을 중시하는 프리미엄 수요층	**타깃**	실용적이고 감성적 소비자, 트렌드에 민감한 젊은 세대
아이오닉 전기차 브랜드, 고성능 전기차, 혁신 기술 탑재한 수소전기차	**전략적 제품군**	전기차의 대중화 이끄는 EV 라인업, 실용적 목적의 목적기반모빌리티(PBV)

[자료 2-7] 현대차와 기아의 브랜드·마케팅 전략 비교

다"며 "이를 통해 시장별 인식 차이, 또는 경쟁사와의 비교 등을 계량화해 추적한다"고 말했다.

현대차, 프리미엄·고성능·수소의 기술 혁신

현대차와 기아가 온·오프라인 미디어를 통해 대중에게 각인되는 이미지를 비교해 보자. 우선 현대차는 기술 리더십을 통한 혁신, 제네시스를 활용한 프리미엄 이미지를 강조하는 반면 기아는 대중적이고 실용적이며, 전기차 특화 브랜드를 표방한다.

현대차는 제네시스를 활용한 고급화 전략, 고성능 N 브랜드 강화, AAM과 로보틱스 등 미래 먹거리에 지속적인 투자 등을 강조한다. 이를 통해 첨단 기술 주도권을 확보한 혁신 브랜드의 이미지를 부각시키고 있다.

상위 브랜드인 제네시스를 독립 브랜드로 출범해 제네시스의 고

급화 이미지가 부각될수록 현대차에도 프리미엄 이미지가 따라오는 효과를 노렸다. 2015년 제네시스가 독립 브랜드로 탄생하기 이전까지 현대차는 가성비 좋은 차, 접근하기 쉬운 대중차로만 여겨졌다. 제네시스의 성공 이후 현대차는 고급차도 만들 수 있는 기술력 있는 기업으로 인정받게 된다. 특히 북미 시장에서 제네시스가 현지 품질조사(J.D.파워 신차품질조사)에서 수차례 1위를 차지하면서 자연스럽게 현대차의 기술적 위상도 올라왔다는 평가다.

현대차그룹은 새로운 혁신 기술을 제네시스에 가장 먼저 적용한다. 내비게이션과 연동된 어댑티브 크루즈 컨트롤, 방향 지시등을 켜면 자동으로 차선을 바꾸는 운전자보조시스템 등 첨단 기술이 제네시스 상위 차종에 가장 먼저 탑재됐다. 이를 통해 대외적으로 제네시스의 고급차의 이미지, 첨단 기술력을 강조한다. 같은 기술을 시간차를 두고 현대차 차종에도 적용함으로써 현대차에도 첨단 프리미엄 이미지를 입힐 수 있도록 했다.

제네시스와 현대차에 고성능 브랜드를 강조하는 것도 비슷한 기술 마케팅 전략의 하나다. 2015년 현대차는 고성능 브랜드 N을 론칭하고 본격적인 기술 홍보에 나섰다. 모터스포츠 우승 사례나 참가 모습을 대중에게 자주 노출시키면서 기술력이 있는 브랜드라는 인식을 심어줬다. 전기차 아이오닉 5의 고성능 버전 아이오닉 5 N, 전동화 고성능 콘셉트카인 RN 22e, 수소하이브리드 콘셉트카 N 비전 74 등 다양한 콘셉트의 고성능 친환경차를 만들었고, 제네시스에도 고성능 라인업을 만들어 모터스포츠 진출을 준비 중이다. 우수한 전동화 기술력을 자랑함과 동시에 현대차도 '운전의 즐거움'을 위한 재미있는 차를 만들 수 있다는 가능성을 보여주기 위해서다. 이 같은 투자는 곧 브랜드에 대한 팬덤으로 이어진다. 팬덤은 돈으로는 가치를 측정할 수 없는 브랜드 제고 효과를 불러온다.

현대차는 수소 에너지를 적극 활용해 지속가능성 분야에서도 브랜드의 차별화 포인트를 만들었다. 경쟁사 중에 수소 에너지를 전략적으로 활용하는 브랜드는 현대차와 토요타, 혼다 정도다. 이 중에서도 현대차는 가장 선두에서 글로벌 수소 생태계 조성을 주도하고 수소 사회를 이끄는 이미지를 구축하고 있다. 현대차는 단순히 수소전기차를 파는 자동차 브랜드가 아니라 수소의 생산, 운송, 유통, 저장, 활용까지 관여하는 수소 밸류체인을 아우르는 친환경 브랜드를 표방한다.

현대차는 기존의 연료전지 브랜드였던 'HTWO(에이치투)'를 현대차그룹의 수소 밸류체인 사업 브랜드로 확장했다. 그룹 계열사 각자가 수소 사업에서 하나씩 역할을 맡아 전반적인 수소 생태계를 이루겠다는 구상이다.

예를 들어 현대건설은 수전해 기반으로 수소를 생산하는 플랜트를 운영하고 충전인프라 또는 수소생산시설 설계·시공을 맡는다. 현대제철은 철강 공정에서 발생하는 부산물과 폐열을 활용해 블루·그레이수소를 생산하며, 현대글로비스는 수소를 액체 또는 고압 기체 형태로 안전하게 운송하는 역할을 맡는다. 현대차는 수소를 활용해 우리 실생활 이동에 활용할 수 있는 수소전기차를 만든다. 이 같은 전 계열사에 걸친 수소 생태계 조성은 현대차가 기후 위기 대응, 탄소중립 등 지속가능한 미래에 관심을 가진 친환경 브랜드라는 인식을 심어주게 된다.

기아, 대중·실용적 전기차 브랜드로

2021년 기아는 사명과 새로운 슬로건, 기업이미지(CI) 변경을 통해 브랜드의 재정립을 시도했다. 기아는 사명에서 '자동차(motors)'를 떼고 '기아(KIA)' 브랜드로 다시 태어났다. 1990년 기아산업에서 기아자동차로 사명을 바꾼 지 30년 만이다. 전통적인 완성차 비즈니스에서 벗어나 본격적인 모빌리티 솔루션 제공 기업으로 거듭나겠다는 의지를 밝힌 것이다. 기아는 슬로건도 '세상을 놀라게 하는 힘(The Power to Surprise)'에서 '영감을 주는 움직임(Movement that inspires)'으로 바꿨다. CI 로고도 기존의 동그란 테두리 안에 있던 빨간색 'KIA' 로고에서 'KIA'라는 영단어에 필기체 느낌을 가미한 로고로 바꿨다.

새로운 로고는 우연한 기회로 탄생했다. 기아는 2015년 무렵부터 브랜드 이미지에 변화를 주고자 했다. 거액을 들여 외부 자문기관의 컨설팅을 받기도 하고 오랜 기간 자체적인 조사도 거쳤다. 글로벌 시장에서의 이미지는 그나마 젊고 실용적인 편이었지만 문제는 국내 시장이었다. 국내에서 오히려 올드하다, 촌스럽다, 진부하다는 반응이 주를 이뤘다. 특히 기성세대에게 기아는 외환위기를 겪고 파산한 회사로 인식됐기에 쇠락과 몰락의 이미지가 강했다. 이를 타개하기 위해 기아 경영진은 수년에 걸쳐 브랜드 개편 작업을 진행하게 된다.

지금의 새로운 로고는 2019년 제네바 국제 모터쇼에 공개된 '이매진 바이 기아(Imagine by Kia)' 콘셉트카에서 시작됐다. 콘셉트카의 디자인은 일단 마쳤는데 기존의 동그란 타원형 안에 'KIA'가 쓰인 빨간 로고가 당최 어울리지 않았다. 유럽 디자인 연구소에서 콘셉트카에 어울리는 로고를 급하게 만들어 냈는데 생각보다 반응이 괜찮았다고 한다. 이후 기아가 브랜드 로고를 바꾸기 위해 많은 비용을 들여 컨설팅을 받아봤지만 마음에 쏙 드는 시안이 없었다. 그러다 제네바모터쇼 당시 만들었던 로고가 생각났고 실무자들이 경영진에 이를 보고했는데, 바로 오케이 사인이 떨어졌다. 이후 로고의 비율과 글자의 크기 등을 정교하게 수정해서 탄생한 결과물이 바로 지금 기아차 트렁크에 얹히는 필기체 스타일의 로고다.

브랜드 재정립 이후 기아는 전기차의 대중화를 선도하는 친환경

[자료 2-8] 2019년 제네바모터쇼에서 공개한 '이매진 바이 기아' 콘셉트카
출처: 기아

모빌리티 브랜드로 탈바꿈하게 된다. 특히 감성과 고객 경험을 중시하는 젊고 실용적인 브랜드 이미지를 강조했다. 이를 위해 고객 체험형 공간을 조성해 소비자와의 접점을 넓혔다. 기존에 대리점, 전시장으로 불리던 장소를 '기아 스토어'로 명명하고 따뜻하고 안락한 느낌을 주는 디자인 표준도 만들었다. 마치 미술관에서 자동차를 관람하듯 제품을 체험하고 둘러볼 수 있도록 했다.

패션브랜드 무신사, 글로벌 체인 커피전문점 스타벅스 등 다양한 최신 라이프스타일 브랜드와 공동 마케팅을 진행하고 MZ세대 사이에서 유명한 인디밴드 등 아티스트와 협업도 병행했다. 글로벌 스포츠 마케팅도 기아가 공들이는 분야다. 기아는 글로벌 테니스 대회 호주오픈(AO)을 24년간 후원해 온 최장기간 후원사다. 동시에 세계적인 테니스 스타 라파엘 나달을 글로벌 홍보대사로 적극 기용하기도 했다.

제품 마케팅의 측면에서 기아는 '대중적·실용적인 전기차'라는 메시지를 꾸준히 시장에 던지고 있다. 실구매가 3,000만 원대의 소형 EV3 출시를 시작으로 중형 세단 EV4, 엔트리급 SUV EV2까지 선보이며 전기차 라인업을 완성한다는 구상도 발표했다. 고객 맞춤형 상용 전기차인 목적기반차량(PBV) 사업을 확대하며 실용성을 내세운 전기차 보급 확대 전략을 세우고 있다.

제네시스의
성공 비결

의심 속에서 시작된 제네시스, 그리고 반전

제네시스는 글로벌 럭셔리 자동차 시장에서 가장 빠르게 성장한 브랜드다. 100만 대 누적 판매 목표를 달성하는 데 7년 8개월이 걸렸다. 같은 기록을 세우는 데 일본의 럭셔리 브랜드인 렉서스는 9년, 닛산의 상위 브랜드 인피니티는 14년이 소요됐다.

2015년 제네시스의 독립 출범 당시에도 내부에서는 회의적인 시각이 대부분이었다. 회장의 후계자인 정의선 당시 부회장이 제네시스의 독립을 적극 주장하면서, 어렵사리 브랜드 출범은 이뤄졌지만 성공 가능성은 그 누구도 장담하기 어려웠다.

럭셔리 브랜드로 독립의 성공 모델로 평가받는 토요타의 렉서스는 철저한 현지화 전략을 통해 미국 시장에 안착했지만, 닛산의 인피니티나 혼다의 아큐라 같은 럭셔리 브랜드들은 엇갈린 평가를 받았다. 당시 우리보다 앞서 있다고 여겨지던 일본 업체들조차 프리미엄 시장 진입에서 이처럼 상반된 결과를 얻고 있었기에, 당시에는 현대차가 해외 럭셔리 시장의 높은 벽을 과연 넘을 수 있을지 의문이 들 수밖에 없었다.

부정적인 분위기가 당연시되던 상황에서도, 정의선은 10년 후를 내다본 미래 경쟁력 확보를 위해서는 럭셔리 브랜드를 독자적으로 키우는 전략이 반드시 필요하다고 봤다.

기술력은 이미 객관적으로 검증을 받았다. J.D.파워 등 글로벌 평가 기관의 잇단 호평을 통해서다. 이제 현대차·기아 역시 '가성비 브랜드'라는 이미지를 벗고 한 단계 도약할 시점이라는 인식도 그 무렵부터 힘을 얻기 시작했다. 이는 제네시스는 물론, 현대차 브랜드 전반에 긍정적인 영향을 미칠 수 있다는 기대와도 맞닿아 있었다.

물론 초기 안착 과정은 순탄치만은 않았다. 제네시스는 2017년 J.D.파워 신차품질조사(IQS)에서 프리미엄 브랜드 1위를 기록하며 경쟁력을 입증했지만, 미국 시장의 높은 벽을 넘지는 못했다. 2016년 해외 진출을 시작했음에도 한동안은 미국 시장에서 존재감을 드러내지 못했고, 업계에서는 '한국 내수 시장에서만 팔리는 차', '내수용 차량 가격만 올린 브랜드'라는 비판도 이어졌다.

2020년 연간 판매량이 처음으로 10만 대를 넘어섰지만, 전체 판매의 81%가 한국 시장에 집중돼 있었다. 해외 판매 비중은 18% 수준에 그쳤다. 아직 한계는 뚜렷했지만, 상황을 반전하는 계기는 예상치 못한 곳에서 찾아왔다. 바로 세계적인 골프선수 '타이거 우즈'와 관련된 일화다.

타이거 우즈를 살린 제네시스

"회장님, 큰일 났습니다. 타이거 우즈가 사고를 당했어요."

장재훈 현대차그룹 부회장은 현대차 대표이사 재직 시절인 2021년 2월, 정의선 회장에게 급히 전화를 걸었다. 장 부회장은 세계적인 스포츠 스타 타이거 우즈가 제네시스의 대형 SUV GV80을 타고 가다가 전복 사고를 당했다는 내용을 긴급 보고했다. 제네시스는 물론, 현대차그룹 전체에 긴장감이 감돌았다.

타이거 우즈는 제네시스가 후원하는 골프 대회 '제네시스 인비테이셔널'의 호스트로 LA에 머물던 중 제네시스가 제공한 GV80을 타고 개인 일정을 위해 이동하다가 사고를 당했다. 우즈가 탄 차는 과속 상태에서 커브 구간에 진입했고 도로의 중앙 분리대를 들이받은 후 몇 바퀴를 굴러 길가 숲으로 떨어졌다. 차량이 심각하게 파손될 정도의 큰 사고였으나 우즈는 다리를 절뚝이며 걸어 나왔다. 사고 소식을 접한 순간 제네시스 측에서도 긴장할 수밖에 없었다. 만에 하나 사고의 원인이 차량의 기계적 결함으로 나온다면 글로벌 시장에서 제네시스는 물론, 현대차·기아의 안전성까지 모조리 의심받을 수 있었다. 게다가 사고의 당사자는 전 세계인의 주목을 한 몸에 받는 타이거 우즈였다.

사고 조사 결과가 나오자 상황은 반전됐다. 사고의 주된 원인이 과속이었고 차량 결함은 없었다는 사실이 밝혀지면서 오히려 제네시스는 안전성에서 긍정적인 평가를 받게 된다. 현지 언론과 대중은 '제네시스가 우즈의 생명을 구했다'며 일제히 찬사를 보냈다. 우즈 역시도 "살아 있다는 것에 감사하다. 걷게 된 것만으로도 기적"이라고 평했다. 현대차그룹은 이 사고와 관련해 어떠한 공식 입장을 내놓거나 별도의 기술적 설명을 한 적이 없다. 당시 현대차 내부에서도 '사고를 어떠한 마케팅의 도구로 삼지 말라'며 오히려 함구령을 내렸다는 후문이다.

결과만 놓고 보면 타이거 우즈의 사고는 제네시스 브랜드 이미지를 높이는 계기가 됐다. 제네시스가 독립 브랜드로서 미국 시장에 2016년 론칭한 이후 가장 가파른 성장을 보였던 해가 우즈가 사고를 겪었던 2021년이다.

직전 해인 2020년에는 글로벌 시장에서 13만여 대를 판매했지만, 2021년에는 처음으로 20만 대를 돌파했다. 국내외 판매 비중도 눈에 띄게 달라졌다. 2020년까지는 국내 판매 비중이 81%에 달했으나, 2021년에는 68%까지 낮아졌다. 2025년(10월 누적 기준)에는 국내 판매 비중이 54%에 불과하다. 해외에서 절반에 가까운 46%가 팔렸다는 의미다. 업계에서는 제네시스의 이 같은 비약적인 성장의 배경에 타이거 우즈 효과가 있었다고 해석한다.

첫 10년의 성공 비결과 다음 10년

"제네시스는 지난 10년간 무려 9개 차종을 출시했습니다. 이렇게 짧은 기간에 빠르게 라인업을 구축한 브랜드는 전 세계 어디에도 없습니다."

루크 동커볼케 현대차그룹 글로벌디자인본부장(CDO)이자 최고 크리에이티브 책임자(CCO)는 이렇게 말했다. 그는 제네시스 론칭 초기부터 함께한 멤버로, 제네시스를 두고 "본인이 낳은 자식 같은 브랜드"라고 표현할 정도로 각별한 애정을 보여왔다. 현재도 제네시스의 디자인과 브랜드 이미지를 총괄하는 크리에이티브 책임자로 활동하고 있다.

동커볼케 CCO는 지난 10년간 제네시스가 이룬 성과의 배경으로 아낌없는 투자와 성공에 대한 흔들림 없는 믿음을 꼽았다. 일반적으로 완성차 업체가 새로운 브랜드를 론칭할 때는 한두 개 모델을 내놓고 시장의 초기 반응을 살핀다. 이후에 시장 반응이 좋으면 추가 모델을 내놓으면서 초기 개발에 쏟아부은 자금을 나누어 상각하는 방식이 통상적이다.

하지만 제네시스의 접근은 달랐다. "성공할 수 있다"에서 나아가 "반드시 성공해야 한다"라는 확신을 바탕으로, 초기 단계부터 대규모 투자를 단행했다. 업계에서는 보통 하나의 차종이 개발부터 출시까지 걸리는 시간을 5년으로 보는데, 제네시스는 10년 동안 무려 9개의 차종을 출시했다. 거의 매년 새로운 모델을 선보이며 빠르게 풀라인업을 구축할 수 있었던 것도 이 같은 과감한 초기 투자 덕분이다.

이 과정에서 현대차 브랜드와의 차별화를 위해 아키텍처와 성능, 디자인은 물론 고객 접근 방식까지 모두 별도로 설계했다. 동커볼케 CCO는 "이 정도의 투자가 가능하다는 것 자체가 우리가 이 프로젝트에 얼마나 진지하게 임하고 있는지를 보여준다"며 "제네시스라는 브랜드에 대한 자신감의 또 다른 표현"이라고 강조했다.

지난 10년간 성장을 이룬 제네시스가 다음 10년을 내다보며 꺼내든 전략 키워드는 '럭셔리 고성능'이다. 이 시장은 기존의 럭셔리 자동차 시장보다 규모가 더 작다. 럭셔리함과 고성능을 동시에 요구하는 소수의 소비자를 만족시키기 위해 고려해야 할 요소 역시 그만큼 많다.

이미 시장의 상단에는 롤스로이스와 벤틀리, 애스턴마틴 등 내연기관 기반의 전통적인 강자들이 버티고 있고, 하단에서는 중국의 신생 브랜드들이 첨단 기술로 무장한 고성능 럭셔리 전기차를 잇달아 선보이며 빠르게 존재감을 키우고 있다.

이 치열한 시장에 도전하기 위해 제네시스는 고성능 럭셔리 브랜드 '제네시스 마그마(Genesis Magma)'를 출범시켰다. 2025년 11월, 브랜드 독립 출범 10주년을 맞아 마그마의 첫 양산형 고성능 전기차인 'GV60 마그마'를 공개하며 본격적인 행보에 나섰다.

이 자리에서 제네시스가 제시한 방향성은 단순했다. 빠르고 강력한 성능에 그치는 것이 아니라, 럭셔리 브랜드에 걸맞은 주행 감성과 디자인까지 함께 구현하겠다는 것이다. 즉, 성능과 감성의 균형을 핵심 가치로 내세웠다.

기존의 고성능 모델들은 대체로 공격적이고 파워풀한 주행 성능에 초점을 맞추는 경우가 많다. 그 과정에서 성능을 우선시하다 보면 승차감이나 편안함을 일정 부분 희생하는 것도 일반적이다. 그러나 제네시스 마그마는 성능과 승차감의 조화를 최우선 목표로 삼았다. 탁월한 성능을 구현하면서도 편안하고 안정적인 주행 감성과 고급스러운 승차감을 동시에 확보하겠다는 의도다.

　이러한 고성능 품질은 모터스포츠 무대를 통해 검증한다. 제네시스는 2025년 세계 최고 권위의 내구 레이스인 '르망 24시'에 프로토타입으로 출전해 LMP2 클래스에서 내구성을 입증했으며, 2026년에는 세계 내구 레이스 챔피언십(WEC)의 하이퍼카 클래스 출전을 앞두고 있다. 제네시스는 모터스포츠 참가를 통해 축적한 노하우를 바탕으로, 마그마 브랜드에 레이싱 DNA를 본격적으로 담아내겠다는 계획이다.

3장

소프트웨어 전환과
자율주행 도전

HYUNDAI'S PHYSICAL AI REVOLUTION

소프트웨어 전환의 시작, SDV란 무엇인가?

항공모함의 방향 전환

현대차·기아는 'SDV(소프트웨어 중심 차량)'라는 거대한 물결을 2019년부터 준비해 왔다. 이제는 전통적인 제조업의 틀을 벗어나 소프트웨어 기반의 미래 모빌리티 기업으로 전환을 본격화하고 있다.

테슬라·BYD와 같은 신생 업체들은 기존에 구축해놓은 레거시(전통)가 없다. 개발 자산과 설비 투자에 대한 감가상각뿐만 아니라 인력구조, 협력사와의 관계 등을 신경 쓰지 않고 아예 처음부터 시작할 수 있다. 따라서 신생 업체의 SDV 전환은 현대차·기아보다 빠를 수밖에 없었다. 신생 업체가 고속정이라면 현대차·기아는 항공모함이다. 항공모함의 뱃머리를 돌리기 위해서는 점진적이고 꾸준하며 세심한 변화가 필요하다. 거대한 글로벌 회사의 체질을 바꾸기 위해선 구체적이고 체계적인 계획이 있어야 한다는 의미다.

SDV란 무엇인가?

미국 라스베이거스에서 열린 2024 CES 현장. 송창현 당시 현대차·기아 SDV 본부장(사장)이 국내 취재진 앞에 섰다. SDV 전략의 핵심, 미래 로드맵, 기술 구현 방식 등 날카로운 질문이 그를 향해 쏟아질 것으로 예상됐다. 하지만 기자석에서 나온 첫 질문은 다소 의외였다. "SDV가 정확히 뭔가요? 개념부터 설명해 주세요." 엔진 구조, 변속기 설계, 전기차 배터리 스펙까지 줄줄 꿰는 자동차 전문 기자들에게도 '소프트웨어 중심 차량'이라는 개념은 아직 낯설었던 것이다. '차량을 소프트웨어로 제어한다'는 추상적인 내용은 어렴풋이 알고 있었지만 그것이 실제로 무엇을 의미하는지, 어떻게 구현되는지는 현장에서조차 감이 잡히지 않았다.

SDV의 개념을 묻는 질문에 현대차는 개발 단계에서 '하드웨어(HW)와 소프트웨어(SW)의 분리'부터 설명했다. 기존 자동차 개발은 보통 HW가 먼저 개발되면 그에 맞는 맞춤형 SW를 따로 만들어 얹는 방식으로 진행됐다. 차종이 바뀌면 SW 개발도 다시 처음부터 해야 했다. 구형 차량에 무선 소프트웨어 업데이트(OTA)를 통한 기능 추가를 한다 해도 그 범위가 제한적이었다. HW와 SW가 밀접하게 붙어있다 보니 개발 순서가 하나라도 어긋나면 과정도 복잡해졌다.

하지만 SDV의 개념을 도입해 HW와 SW 개발을 분리하면 개발 속도가 빨라지는 것은 물론 비용까지 줄어든다. HW는 표준화된 플랫폼을 '모듈 형태'로 설계해서 레고처럼 자유롭게 구성할 수 있도록 한다. SW는 SW대로 차량용 운영체제(OS) 위에서 애플리케이션 형태로 독립 개발된다. 이같이 개발 과정이 분리되면 새로운 디자인이나 새로운 플랫폼의 신차가 나오더라도 기존에 개발해 놓은 SW를 조합해 재활용할 수 있다. 또 HW를 덧대지 않더라도 SW 업데이트를 통해 새로운 기능들을 손쉽게 추가할 수 있다.

SDV로 소비자가 얻는 이득은?

HW와 SW 개발이 분리되면 소비자 입장에선 어떤 점이 좋을까? 일단 스마트폰처럼 SW 업데이트를 통해 기기(차량)를 최신 상태로 유지할 수 있다. SDV는 차를 새로 사지 않아도 OTA를 통해 새로운 기능을 추가하거나 성능 개선, 버그 수정 등이 빨라진다.

예를 들면 현재 운전자를 보조하는 '레벨 2+' 수준에 멈춰있는 자율주행 기술이 몇 년 후 레벨 5(완전 무인 자율주행)까지 발전한다고 가정해 보자. 레벨 2+ 단계에서 SDV 차량을 구매했다고 해도 수년 후 레벨 5의 자율주행 기술이 완성된다면 새 차를 사지 않아도 SW 업데이트만으로 완전 자율주행 기술의 혜택을 누릴 수 있게 된다.

또 소비자의 운전 습관이나 선호도 등에 맞춘 개인화된 차량 운영이 가능해지며, 실시간으로 보안 SW가 업데이트되면서 차량 보안이 강화되고 안전도 개선된다. HW의 교체 없이도 차를 최신 상태로 유지할 수 있기에 중고차 가격 하락 방어에서도 유리해진다.

SDV 시대, HW의 중요성

SDV가 SW 업그레이드로 모든 기능을 업데이트할 수 있다면 이제 섀시와 파워트레인, 전기·전자장치, 차량용 반도체 같은 HW는 개발할 필요가 없어지는 건가? 정답부터 얘기하자면 아니다. SDV가 SW 중심 차량을 지향한다 해서 HW의 중요성이 줄어드는 건 아니다. 오히려 폭넓은 SW 구현과 OTA 차량 업데이트를 가능하게 하려면 고성능 연산 능력과 유연한 인터페이스를 갖춘 HW 플랫폼이 필수적이다. 특히 HW를 모듈화하고 표준화해야 SW 재사용과 확장성을 높일 수 있다.

즉 HW를 한 번 만들 때 제대로 만들어야 다양한 SW에 적용한 기능들을 위에 얹어볼 수 있다는 얘기다. 고성능 사양을 갖춘 기본 플랫폼을 제대로 갖춰 놓으면 이후엔 조합만 잘하면 된다. 덕분에 개별 차종의 개발 시간이 크게 단축된다. 현재 현대차그룹은 고성능 컴퓨터를 갖춘 차세대 HW를 개발하는 일에 몰두하고 있다. 새로운 전자·전기 아키텍처의 핵심은 고성능 컴퓨터(High Performance Vehicle Computer, HPVC)와 존 컨트롤러(Zone Controller)의 도입으로 제어기의 수를 획기적으로 줄였다는 점이다.

최근 자동차가 빠르게 전장화(전기전자 장치화)되면서 수십 개 이상의 ECU(전자제어장치)가 필요해졌다. 지금은 파워트레인, 서스펜션, 인포테인먼트, ADAS(첨단운전자보조시스템) 등 기능별로 제어하는 컨트롤러가 각 부품에 따로 달려있는 형태다. 이를 사람에 비유하자면, 중앙에서 대뇌가 모든 것을 통합해 손발을 조종하는 게 아니라

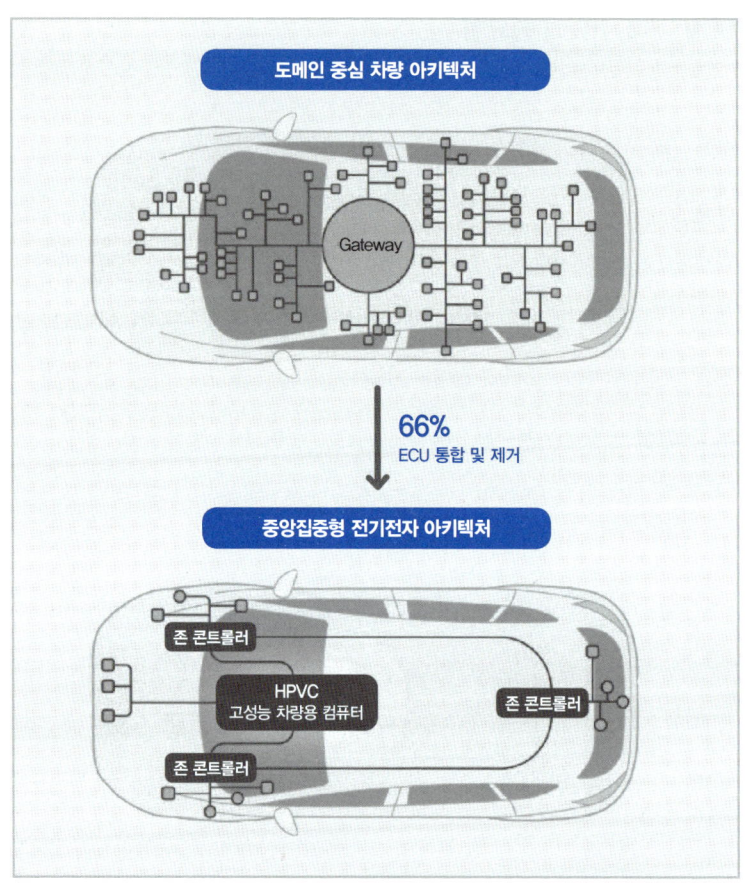

[자료 3-1] 현대차그룹 차량용 전기전자 아키텍처 변화

출처: 현대차그룹

각 부위를 움직이는 두뇌가 따로따로 달린 기형적인 구조다. 이 같은 구조로 설계한 차는 부품의 수가 늘어나고 배선이 복잡해질 뿐만 아니라 기능의 중복도 많아진다. 결국 비용적인 측면에서도 마이너스다.

자율주행, 커넥티비티(Connectivity) 등 첨단 기능이 급속도로 늘어난 미래차 분야에선 분산형 ECU 방식의 한계가 명확해졌다. 이를 극복하기 위해 현대차그룹은 차량 내 여러 ECU를 고성능 중앙 컴퓨터(HPVC)가 제어하도록 통합했다. 동시에 차량을 오른쪽, 왼쪽, 뒤쪽 등 세 구역(존)으로 나누어, 각 영역에 물리적으로 가까운 제어기를 총 3개의 컨트롤러로 통합했다(존 컨트롤러). 물리적으로 가까운 제어기를 활용하는 방식을 통해 부품 수가 48개에서 16개로 66% 감소했으며, 배선의 회로 수도 22% 줄어들었다. HPVC 아키텍처를 적용한 현대차·기아 차량은 2026년 3분기에 페이스카(pace car)가 공개되며, 2027년 하반기에는 양산이 시작될 것으로 보인다. 2028년에는 현대차그룹이 현재 개발 중인 모든 기술 역량을 쏟아부은 완성형 SDV가 출시된다. 누적 판매 목표는 2028년 700만 대, 2029년 1,400만 대, 2030년 2,200만 대다.

차량용 OS가 중요한 이유

SDV는 기본 주행 기능(가속, 브레이크, 조향)부터 ADAS, 배터리 관리, 인포테인먼트, 공조 시스템까지 차량의 모든 기능을 소프트웨어로 제어한다. 따라서 차량 내 여러 분산된 제어 장치와 컴퓨터를 하나로 묶어 관리하고 제어할 수 있는 차량용 운영체제(OS)의 중요성은 더욱 커지고 있다. 완성차 업체의 SDV 개발 역량을 평가하는 데 있어 차량용 OS 자체 개발 능력은 중요한 지표가 된다.

현대차그룹은 자체 개발한 차량 운영체제 '플레오스 OS'를 기반으로 시스템을 운영하면서도 인포테인먼트 시스템인 '플레오스 커넥트'는 구글의 안드로이드 오토(AAOS)와 연동되도록 했다. 이를 통해 외부 앱과의 호환성을 높이고 개발자 생태계를 확장하고자 시도했다.

경쟁사를 살펴보면 테슬라는 모든 차량 기능을 하나의 플랫폼에서 설계·운영하는 완전 자체 개발 통합형 OS를 보유하고 있다. 이 OS는 높은 완성도와 신뢰성을 자랑하지만 폐쇄형 구조이기에 외부 개발자가 테슬라 OS를 통해 차량용 앱을 개발하고 탑재하는 데는 한계가 있다. 반면 현대차그룹을 비롯한 독일·중국 완성차 업체들은 개방형 차량용 OS 개발에 적극 나서며 생태계 확장을 시도하고 있다. 특히 현대차그룹이 인포테인먼트에 구글 안드로이드 오토를 탑재한 건 개방성과 확장성을 강조한 선택으로 보인다.

서드파티 앱 개발자들은 구글 안드로이드 오토 개발 키트와 다양한 오픈소스 도구를 활용해 현대차·기아 차량에서 실행 가능한 앱을 자유롭게 개발할 수 있다. 개발된 앱은 현대차그룹 차량용 앱 마켓 '플레오스 플레이그라운드'에 등록돼 운전자들이 쉽게 다운로드하고 적용할 수 있다. 현대차그룹은 이를 통해 스마트폰 시장의 앱마켓처럼 풍부한 개발자 생태계를 구축하겠다는 비전을 그리고 있다.

흔들리는
자율주행 전략

다가오는 신종 위기, 자율주행

"현대차가 자율주행 역량을 확보 못 하면 스마트폰 시대에 피처폰만 고집한 제조사처럼 도태될 것이다."

"현대차는 전통 완성차 업체 중 SDV 전환 속도가 가장 빠르다."

현대차그룹의 소프트웨어 기술 전략에 대한 국내 자율주행 업계의 엇갈린 평가다. 얼핏 보면 두 주장은 상반된 평가 같지만 기저에 깔린 문제 인식은 동일하다. 현대차그룹은 업계의 선두 그룹보다 SDV 전환과 자율주행 기술 개발에서 한발 늦었다는 사실이다. SDV 전환과 자율주행은 매우 밀접한 연관이 있다. 소프트웨어로 차량을 제어할 수 있는 SDV 플랫폼 구축이 먼저 이루어져야 SDV 토대 위에 자율주행 기술을 펼쳐볼 수 있다. 즉, SDV의 킬러 콘텐츠가 자율주행이다.

최근 업계에서는 현대차그룹의 SDV 전략과 자율주행 기술 속도가 선두 그룹과의 격차를 좁히지 못하고 있다는 지적이 나온다. 양산차 분야에서는 레벨 3(운전자와 차량이 교대로 주행) 기술 적용이 지연되고 있으며, 로보택시 등 서비스 시장에서도 현대차그룹의 자율주행 합작 법인 모셔널의 기술 개발이 더딘 상황이다. 현대차그룹 SDV 및 자율주행 전략의 한계는 무엇이며, 선두권을 따라잡기 위해 어떤 특단의 조치가 필요한지 짚어볼 필요가 있다.

우선 현대차그룹 자율주행의 현주소를 알아보기 위해 글로벌 자율주행 시장의 현황부터 짚어보자. 2025년 현재 글로벌 자율주행 업계는 양산차(자가용) 분야에서 레벨 3, 로보택시 같은 모빌리티서비스 분야에선 레벨 4 수준에서 치열한 기술 경쟁을 벌이고 있다. 미국자동차공학회(SAE)는 자율주행 기술의 고도화를 레벨 0에서 레벨 5까지 6단계로 나눠 규정한다. 레벨이 높아질수록 완전자율주행에 가깝다. 레벨 3은 지역·상황에 따라 사람과 시스템이 나누어 운전하는 수준이다. 레벨 4부터는 운전석에 사람이 없어도 된다. 시스템이 전적으로 운전하되 특정 지역과 상황에서만 자율주행이 가능하다.

자율주행차 사고 책임 소재가 출시 지연의 주된 원인이라는 분석도 있다. 레벨 3 자율주행차부터는 운전의 주체가 사람과 자동차로 나뉜다. 평소엔 사람이 운전하고 자율주행이 허용된 특정 장소·상황에서는 차량이 운전을 도맡아 하는 식이다. 따라서 레벨 2 자율주행차까지는 모든 사고의 책임을 사람이 지지만, 레벨 3부터는 당시에 누가 운전하고 있는지를 따져서 운전자와 제조사가 책임을 나눈다. 따라서 기술적 완성도가 떨어지는 레벨 3 자율주행차를 출시했

구분	레벨 0	레벨 1	레벨 2	레벨 3	레벨 4	레벨 5
	운전자 보조 기능			자율주행 기능		
명칭	無자율주행	운전자 지원	부분 자동화	조건부 자동화	고도 자동화	완전 자동화
자동화 항목	없음	조향 또는 속도	조향·속도	조향·속도	조향·속도	조향·속도
내용	모두 사람이 통제	차선 유지 등 특정 기능 자동화 (항시 핸들 잡고 있어야 함)	차선 유지 및 조향 속도 자동화 (항시 핸들 잡고 있어야 함)	변수 발생 등 시스템 요청 시 운전자 개입	작동 구간 내 운전저 개입 불필요	전 구간 운전자 개입 불필요
자동화 구간	없음	특정 구간	특정 구간	특정 구간	특정 구간	전 구간

[자료 3-2] 자율주행 기술의 자동화 단계

출처: 미국자동차공학회

다가는, 제조사는 소비자 신뢰도 저하뿐만 아니라 엄청난 리콜·소송 리스크에 직면할 수 있다.

2025년 현재, '레벨 3' 수준의 자율주행 기능을 양산차에 실제 적용하고 가장 광범위한 상용화를 추진하는 업체로는 메르세데스-벤츠가 있다. 벤츠의 레벨 3 자율주행 시스템은 독일 현지에서 시속 95km까지 주행이 가능하도록 승인받았으며, 독일 아우토반 일부 구간에서는 운전자가 손과 시선을 모두 떼는 이른바 '핸즈오프·아이즈오프(hands-off·eyes-off)' 주행이 허용된다.

다만 적용 조건은 상당히 제한적이다. 맑은 날씨에서만 작동하며, 악천후나 공사 구간에서는 사용할 수 없다. 무엇보다 독일 아우토반이라는 특정 환경에 국한된다는 점에서 활용 범위에는 분명한 한계가 있다.

반면 양산차 자율주행의 실질적 활용도 측면에서 가장 앞서 있다는 평가를 받는 업체는 테슬라다. 테슬라는 기술적으로는 '레벨 2'를 표방하고 있지만, 실제 사용 가능 범위는 훨씬 넓다. 전 세계 도심과 복잡한 일반 도로 환경에서 작동하며, 목적지만 설정하면 신호등 인식, 교차로 좌·우회전, 보행자 인식, 자동 주차까지 대부분의 주행 과정을 시스템이 처리한다.

그럼에도 테슬라는 이 기술을 '레벨 2'로 규정하고 있다. 자율주행과 관련한 사고 발생 시 법적 책임과 소송 리스크를 운전자에게 남겨두기 위한 전략적 선택으로 해석된다. 이러한 흐름에 따라 다른 완성차 업체들 역시 ADAS의 기능을 고도화하면서도, 공식적으로는 '레벨 2' 또는 '레벨 2+'라는 표현을 사용하는 방향으로 움직일 가능성이 크다.

자율주행, 뒤처진 현실

2023년 기아는 대형 전기 SUV EV9에 고속도로 시속 80km로 주행 시 운전자가 손을 뗄 수 있는 '핸즈오프' 기능을 적용하려 했으나 결국 철회했다. 이 기능은 레벨 3 자율주행으로 가는 첫 관문이다. 기아는 신차 계약과 동시에 대대적으로 홍보했고, 대리점에서도 해당 옵션 주문을 받았다. 그러나 최종 양산 차량에는 이 기능이 빠졌다. 우천이나 야간 주행 시 안전성이 충분히 확보되지 않았다는 지적이 있었기 때문이다. 당시 대부분 국가가 '시속 60km 이하'로 허용하는 규제 환경 속에서 기아만 속도를 높이게 되면, 더 높은 안전성 검증이 필요하다는 판단도 작용했다.

경쟁사인 메르세데스-벤츠가 2025년부터 시속 95km까지 지원하는 레벨 3 자율주행 양산차를 출시했지만 자율주행 옵션 채택률은 낮은 것으로 평가된다. 해당 기능을 옵션으로 추가했을 때 편익 대비 가격이 너무 비싸다는 생각에서다. 쨍쨍한 맑은 날씨, 낮 시간대, 앞 차가 있는 고속도로 일부 차선에서만 사용 가능한 기능에 1,000만 원을 추가로 내야 한다면 아직 선택할 사람은 많지 않아 보인다.

게다가 '레벨 3'라는 이름을 달고 출시되는 순간, 사고 발생 시 완성차 업체와 운전자 간 책임이 모호해진다. 제조사 입장에서는 수많은 사고로 인한 소송 리스크를 감수해야 하는 셈이다. 이런 이유로 현대차그룹은 '최초의 레벨 3 양산차'라는 타이틀을 무리하게 노리기보다는 안전성을 우선한 선택을 한 것으로 보인다. 당분간 글로벌 완성차 업체들은 '레벨 2+'라는 이름 아래 자율주행 기능을 조금씩 확장해 나가면서도, 사고 책임은 운전자에게 남겨두는 전략을 이어갈 것으로 보인다.

로보택시로 대표되는 자율주행 서비스 시장은 양산차 시장보다 더욱 빠르게 발전하고 있다. 선두주자는 미국 웨이모(구글)와 중국 바이두 같은 테크 기업들이다. 이 분야에서도 현대차그룹은 선두권에서 멀어지고 있다.

매년 자율주행 종합 순위를 집계하는 가이드하우스 인사이트에 따르면, 현대차그룹의 자율주행 합작 기업 모셔널은 2024년 순위에

순위	2023년	2024년
1	모빌아이(인텔)	웨이모(구글)
2	웨이모(구글)	바이두
3	바이두	모빌아이(인텔)
4	크루즈	엔비디아
5	모셔널(현대차)	오로라
⋮	⋮	⋮
15		모셔널(현대차)

[자료 3-3] 가이드하우스 인사이트 자율주행 기술 종합 순위

출처: 가이드하우스 인사이트

서 전년 대비 10계단 하락한 15위로 추락했다. 이 조사에서 모셔널
은 2020년 이후 줄곧 5~6위권에서 상위권을 유지하다가 2024년 갑
자기 10위권 밖으로 밀려났다. 사업 환경이 어려워지면서 상용화 서
비스가 지연된 영향이다. 현대차와 공동 투자했던 앱티브가 2024년
모셔널에 추가 투자 중단을 선언했고, 모셔널은 CEO 교체와 함께
500명이 넘는 인력 구조조정을 단행했다. 미국 라스베이거스에서
운행하던 로보택시 시범 서비스도 중단됐다.

2020년 초반까지만 해도 이 항목의 선두그룹엔 GM, 포드, 폭스
바겐 등 완성차 업체가 대거 포진해 있었다. 하지만 몇 년 사이 판도
가 완전히 바뀌었다. 2024년 선두권에는 웨이모(구글), 바이두, 모빌
아이(인텔), 엔비디아 등 빅테크(대형 정보기술 기업)들이 자리를 잡고
있다. 가이드하우스는 기업 비전과 시장진입 전략, 사업 파트너, 상
품전략, 기술력, 규제 준수, 혁신성 등 다양한 기준을 바탕으로 순위
를 매긴다. 2024년 모셔널은 사업 파트너와 시장진입 분야(상용화)

전략에서 최하위 수준의 점수를 받았다.

SDV 플랫폼 구축에서도 현대차는 테슬라나 BYD 같은 신생 업체보다 한발 늦었다는 평가다. 현대차그룹은 2024 CES에서 고성능 컴퓨터를 탑재한 중앙집중형 전기·전자(E/E) 아키텍처 구축 비전을 제시했다. 시범용 차량을 2026년 3분기 출시하고 본격 양산은 2027년부터 시작하기로 했다. 또한 레벨 2+ 수준의 ADAS를 적용한 차를 2027년 내놓는다는 목표를 세웠다.

문제는 현대차·기아가 2027년 내놓을 신호등 인식, 정차 차량 추월 등 기능을 테슬라나 중국 업체들은 이미 완성했다는 점이다. 현대차그룹의 SDV 전환을 이끄는 소프트웨어 개발 계열사인 포티투닷(42dot)의 관계자는 "중국은 실제 환경에서 동작하는 서비스를 만들어냈다는 자체로 우리보다 더 앞서 있다"며 "다만 주행 편의성이나 안전성 측면에서는 우리가 더 나은 서비스를 제공할 수 있다"고 항변했다.

새로운 비전 발표에도 불구하고 시장의 반응은 시큰둥하다. 현대차가 2026년에 내놓을 예정인 E/E 아키텍처는 시장 변화를 이끌어낼 혁신 신기술은 아니기 때문이다. 테슬라가 이 아키텍처를 2019년 업계 최초로 도입했고, BYD는 이미 2023년부터 적용해 차종을 늘려가고 있다. 현재 개발 중인 고성능 아키텍처의 사양 수준도 신생 업체와 비교하면 크게 떨어진다. 현대차·기아는 현재 200TOPS(1초당 200조 번의 연산 처리 능력)의 신경망처리장치(NPU)의 연산 수준을 2030년 800TOPS까지 점차 끌어올린다는 계획을 밝혔는데, 2025년 현재 시장에 출시된 테슬라나 중국 스마트카의 컴퓨팅 하드웨어 수준은 이미 500TOPS 수준까지 올라왔다. 업계에서는 현대차그룹이 지나치게 보수적이며 늦은 대응을 하고 있다는 지적이 나온다.

국내까지 파고 들어온 테슬라 FSD

TESLA Full Self-Driving(FSD) Supervised

NEXT destination: Korea

Coming soon.

테슬라 감독형 FSD

다음 목적지: 한국

곧 출시

2025년 11월 테슬라가 자사 X(옛 트위터) 계정에 올린 3줄의 문장은 국내 완성차 및 자율주행 업계에 상당한 파장을 일으켰다. 자율주행 기술에서 한발 앞서 있다는 평가를 받아온 테슬라가 감독형(supervised) FSD(Full Self-Driving)를 한국 시장에 전격 도입하겠다고 공식화했기 때문이다.

특히 현대차·기아가 운전대에서 손을 놓고 주행하는 핸즈오프 기능의 국내 적용을 두고 신중한 태도를 유지하던 상황에서, 핸즈오프 뿐만 아니라 신호등 인식, 능동적인 자동 차선 변경, 교차로에서 자동 좌우 회전 등 한발 앞선 테슬라의 FSD가 도입되면서 국내 완성차 및 자율주행 업계에는 바로 긴장감이 확산됐다.

테슬라는 미국, 캐나다, 중국, 멕시코, 호주, 뉴질랜드에 이어 FSD
를 도입할 7번째 국가로 한국을 선택했다. 이는 한국 시장을 단순한
판매처가 아닌, 기술 경쟁의 핵심 무대로 보고 있다는 신호로 해석
된다.

테슬라가 한국 시장에 감독형 FSD를 빠르게 도입할 수 있었던 배
경에는 2025년 10월 타결된 한미 관세 협상의 부속 조항이 있다. 양
국은 이 협상에서 비관세 장벽을 철폐하는 데 합의했고, 그 과정에
서 자동차 안전 규정 역시 대폭 완화됐다.

기존 한미 FTA 체제에서는 브랜드별 연간 5만 대까지 미국 안전
기준(FMVSS)을 충족한 차량에 한해 한국의 안전·인증 기준을 만족
한 것으로 간주해 왔다. 그러나 이번 협상을 통해 이른바 '브랜드별
연 5만 대 상한선'이 완전히 폐지됐다. 이제 미국에서 인증을 받은
차량이라면 별도의 추가 인증 없이도 한국 시장에 사실상 물량 제
한 없이 수입·판매할 수 있게 된 것이다. 이 조항이 발효되자 테슬
라와 GM 등 미국 완성차 업체들은 즉각 미국 본토에서 적용 중이던
ADAS를 한국 시장에 들여오기 시작했다.

우선 2025년 10월, GM이 핸즈오프 기술이 적용된 '수퍼크루즈
(Super Cruise)' 기능을 국내에 도입하겠다는 의사를 처음 밝혔다. 다
만 국내에서 수퍼크루즈로 주행 가능한 구간은 극히 제한적이다. 룰
베이스 기반(미리 정한 규칙으로 인지-판단-제어를 수행하는 방식)의 수퍼
크루즈는 고속도로와 간선도로 등 GM이 고정밀 지도(HD맵)을 구축
한 지역에서만 손을 놓고 운전할 수 있다.

GM은 국내 고정밀 지도 구축에 100억 원 이상을 투입했다. GM

을 비롯한 기존 완성차 업체들은 자율주행의 안전성을 최우선으로 할 수밖에 없다. 기술의 발전이나 '세계 최초'의 성과도 중요하지만, 안전을 잃어버린다면 수십 년간 쌓아온 브랜드 신뢰도가 한순간에 무너질 수 있기 때문이다. 따라서 GM은 고정밀 지도와 GPS 정보, 카메라, 레이더, 라이다 등 복합적인 체계를 구축해 제한된 구역에서만 핸즈오프 주행을 허용한다. 다만 이를 위해서는 막대한 비용이 필요하다. 레거시 업체들이 자율주행 기술 적용에 대해 보수적으로 접근할 수밖에 없는 이유다.

반면 신생 업체인 테슬라는 접근 방식부터가 다르다. 테슬라는 외부 인식 수단을 사실상 '카메라(비전)' 위주로 집중하고, 주행 판단과 의사결정은 차량 내부의 AI 신경망이 실시간으로 처리하도록 설계했다(E2E 방식).

테슬라의 기본 명제는 명확하다. 전 세계의 모든 도로를 고정밀 지도로 만드는 것은 현실적으로 불가능하다는 것이다. 물론 GPS나 내비게이션, 네트워크 정보도 보조적으로 활용하지만, 핵심 판단은 통신에 의존하지 않는다. 통신은 언제든 끊길 수 있고, 돌발 상황에는 한계가 있기 때문이다. 대신 테슬라는 차량 자체에 고성능 컴퓨팅 시스템을 탑재해 외부 연결 없이도 즉각적인 판단이 가능하도록 했다.

외부 환경 정보를 받아들이는 방식 역시 사람의 인지 메커니즘을 최대한 닮도록 설계했다. 마치 사람의 눈처럼 카메라로 모든 정보를 인식하고, 사람의 뇌처럼 차량 내부의 고성능 컴퓨터가 이를 실시간으로 처리·제어하는 구조다. 테슬라의 지향점은 '기계가 운전하는 자동차'가 아니라, 사람의 판단 방식을 차량 안에 그대로 옮겨놓는 일이다.

이 같은 구조 덕분에 테슬라의 FSD는 고속도로처럼 사전에 정의된 구간을 넘어, 골목길과 도심 이면도로 등에서도 작동할 수 있는 조건을 갖출 수 있게 됐다. 여기에 전 세계 수백만 대의 테슬라 차량에서 수집되는 주행 데이터가 클라우드로 축적되고, AI가 이를 학습할수록 정확도는 빠르게 높아진다. 이 선순환 구조가 자율주행 업계가 테슬라를 가장 경계하는 이유다.

2025년 12월 기준, 국내에서 구독형 FSD는 모델 S·X 등 고가 모델과 하드웨어 '버전 4'가 탑재된 미국산 신형 모델 중심으로 허용되고 있다. 하지만 만약 테슬라가 보급형 차종인 모델 3까지 업데이트 범위를 늘린다거나, 향후 출시될 저가형 전기차 '모델 2'를 미국에서 생산해 들여온다면 이야기는 달라진다.

만약 테슬라가 한국 시장에서 현대차·기아보다 합리적인 가격

룰베이스 자율주행	구분	E2E 자율주행
첨단운전보조시스템(ADAS), GM 슈퍼크루즈	대표 사례	테슬라 FSD, 포티투닷
카메라·라이다 인식 후 규칙 적용	인지 방식	센서 데이터를 단일 AI 모델로 처리
인지·예측·제어 단계 분리	의사결정	인지~제어 전 과정 통합
고정밀 지도(HD맵) 필수	지도 의존도	HD맵 의존 낮음
규칙 업데이트 중심	학습 방식	실제 주행 데이터 기반 학습
지역·상황별 한계	확장성	이론상 확장성 높음

[자료 3-4] 자율주행 기술 방식별 비교
출처: 언론 종합

으로 자율주행 기술이 탑재된 차량을 공급할 수 있게 된다면? 현대
차·기아가 지켜온 자국 내수 시장의 점유율 70%의 벽도 흔들릴 수
있다.

갈림길에 선 자율주행 전략

테슬라의 FSD 국내 도입과 맞물려 현대차·기아의 SDV 및 자율주행
전략을 상징적으로 보여주는 사건이 있었다. 송창현 AVP(첨단차량플
랫폼) 본부장 겸 포티투닷 대표의 사임이다. 이를 두고 그룹 안팎에서
는 2021년 이후 가시적인 성과를 만들어내지 못한 데 따른 문책성 인
사라는 해석과, 현대차·기아 연구소의 폐쇄적인 의사결정 구조와 사
내 정치 속에서 프로젝트가 끝내 완성되지 못했다는 시각이 엇갈리
고 있다.

현대차그룹은 자율주행 분야에서 두 개의 축을 중심으로 한 전략
을 유지해 왔다. 미국에서는 로보택시 개발을 목표로 한 독립 법인
모셔널이 이를 주도해 왔고, 국내에서는 현대차 남양연구소의 AVP
본부와 그룹의 소프트웨어 계열사 포티투닷이 협업하며 양산차 자
율주행 기술 개발을 담당해 왔다.

나는 송 사장의 인사 성격 자체를 논평하고 싶지는 않다. 다만 이
번 인사는 그 자체로 중요한 상징성을 지닌다. 정 회장의 미래 구상
에서 '양산차 자율주행'의 우선순위가 후순위로 밀렸음을 보여주는
신호로 읽히기 때문이다. 그 자리는 AI와 로보틱스를 중심으로 한

이른바 '피지컬 AI'가 채울 가능성이 커 보인다.

하지만 간과해서는 안 될 점이 있다. 자율주행 기술의 내재화에 실패한다면 로보틱스, 특히 휴머노이드 기술 역시 성공하기 어렵다는 사실이다. 자율주행과 로보틱스는 모두 인지 - 판단 - 제어라는 동일한 기술적 로직 위에서 작동한다. 결국 로봇에 자율주행 기술을 확장·접목한 것이 AI 로봇, 즉 휴머노이드라고 볼 수 있다.

지난 5년간 송 사장은 현대차그룹의 SDV 전환과 자율주행 개발을 상징하는 인물이었다. 특히 2024년 현대차·기아가 연구소의 개발 체계를 SW와 HW로 분리하면서, 이를 기계공학 중심의 기존 패러다임에서 IT·컴퓨터공학 중심의 새로운 프레임으로의 전환으로 해석하는 시각도 적지 않았다.

이 과정에서 정 회장은 "이제 우리는 IT 기업보다 더 IT스러워져야 한다"는 메시지를 반복적으로 강조하며 송 사장에게 힘을 실어줬다. 그러나 송 사장이 가시적인 성과를 보여주기도 전에 사임 의사를 표명하면서, 지난 5년간 자율주행에 투입된 시간과 노력에 비해 뚜렷한 결과를 보여주지 못했다는 비판은 피하기 어려워 보인다.

현대차그룹은 그동안 자율주행 분야에서 투트랙 전략을 취해왔다. 모셔널에는 누적 약 5조 원, 포티투닷에는 2조 원이 넘는 자금이 투입된 것으로 알려져 있다. 합산 누적 투자액 6~7조 원은 결코 적지 않은 금액이다. 다만 테슬라(약 100억 달러·14조 원), 웨이모(약 111억 달러·16조 원) 등 글로벌 선두 업체들과 비교하면 투자 규모 면에서 격차가 존재하는 것도 사실이다.

그러나 "투자를 절반만 받았으니 기술 수준도 절반이면 된다"는 식의 논리는 면책 사유가 될 수 없다. 결국 핵심은 한정된 자원을 얼마나 명확한 목표 아래 일관되게 배분하고 집행했는지에 있다. 그 판단은 이제 주주와 시장의 몫이다.

현재 현대차그룹의 자율주행 개발은 모셔널(로보택시)과 포티투닷(양산차)이라는 두 축으로 진행되고 있다. 문제는 두 조직이 채택한 기술적 접근 방식과 지향점이 근본적으로 다르다는 점이다. 모셔널은 안전을 최우선 가치로 두고 고가의 다중 센서를 활용해 모듈별 완벽한 제어를 추구한다(룰베이스 중심 방식). 반면 포티투닷은 테슬라와 유사하게 카메라와 AI를 기반으로 한 E2E 방식으로 인지와 제어를 통합하려는 전략 노선을 걷고 있다.

서로 다른 기술 노선을 병행하는 전략 자체가 반드시 잘못된 것은 아니다. 그러나 막대한 자본과 시간이 요구되는 자율주행 기술의 특성을 고려하면, 이제는 선택과 집중이 필요한 시점이라는 지적이 힘을 얻고 있다. 특히 기술 방식의 우열을 논하기 이전에, 현대차그룹이 자율주행을 통해 궁극적으로 어떤 가치를 만들어 내려는지에 대한 전략적 목표부터 재정립해야 한다는 지적이 커지고 있다.

자율주행 전략은 어디서 막혔나?

SDV 전환과 자율주행 기술 개발을 둘러싼 현대차그룹의 문제점은 총체적이다. 우선 그룹 차원에서 신기술에 대한 투자가 지나치게 분산돼 있다. SDV와 자율주행뿐만 아니라 로보틱스, 미래항공모빌리티

(AAM), 수소에너지 등 투자해야 할 신산업의 가짓수가 너무 많다.

시험에 비유하자면 국·영·수를 포함해 여러 과목에서 뒤처지지 않기 위해 두루 공부를 해뒀지만 정작 1등 하는 과목은 없는 처지다. 차라리 가장 가시적인 성과를 낼 수 있는 SDV, 자율주행 같은 과목에 집중 투자하고 돈과 시간을 쏟아부었다면 지금쯤 현대차그룹이 독보적인 자율주행 선도 기업이 되었을지도 모를 일이다.

투자뿐만 아니라 현대차그룹 내의 자율주행 기술 역량과 인력도 여러 군데로 분산돼 있다. 그룹 내에서 자율주행 연구 조직은 로보택시 서비스를 개발하는 미국의 모셔널과 현대차·기아 남양연구소 AVP 본부, 그룹 소프트웨어 담당 계열사 포티투닷으로 나뉘어 있다. 인력과 기술 역량이 하나로 통합되지 못하면서 개발에 속도가 나지 않는다는 지적도 있다.

또 다른 문제점은 현대차그룹의 완벽주의다. 현대차그룹은 품질과 안전을 최우선 가치로 삼아왔으며, 그동안 쌓아온 신뢰도와 내구성 등을 포기할 수 없는 핵심 자산으로 여긴다. 이러한 가치는 지금의 현대차그룹을 글로벌 업계 3위까지 끌어올린 동력이 됐다. 그러나 남들이 가지 않는 길을 개척하는 혁신에는 반드시 시행착오가 수반된다. 미국과 중국 기업들이 실패를 거듭하며 기술을 빠르게 보완해 나가는 사이, 실패를 용납하지 않는 현대차그룹의 태도는 오히려 혁신의 속도를 늦추는 결과를 낳았다.

혁신 기업으로 평가받는 테슬라의 사례를 살펴보자. 테슬라는 완성도가 높지 않은 자율주행 기술을 소수의 운전자에게 무료로 배포해 안전성을 검증한다. 이 과정에서 결함이나 문제점이 발견되면 이를 반영해 다음 버전의 소프트웨어를 업데이트한다. 데이터를 꾸준히 수집하고 실패 사례를 개선하며 발전하는 구조다. 데이터 공유에 동의하는 운전자가 많을수록 기술은 더욱 빠르게 진화한다. 테슬라는 실패를 통해 성장하는 선순환 구조를 만든 셈이다.

BYD를 비롯한 중국 완성차 업체도 비슷한 전략을 취한다. BYD는 최근 저가형 모델을 포함한 모든 차량에 자사 ADAS '신의 눈(天神之眼, God's Eye)'을 기본 탑재하겠다고 밝혔다. FSD 기능을 선택 옵션으로 제공하는 테슬라보다 훨씬 더 공격적인 정책이다. 더 나아가 BYD는 '신의 눈' 기능을 사용하다가 사고가 발생하면 제조사가 전적으로 책임지고 보상하겠다는 파격적인 방침도 내놨다. 실패와 실수를 인정하면서도, 방대한 데이터 수집을 통해 기술을 빠르게 발전시키겠다는 강력한 의지를 보여준다.

마지막은 패스트 팔로어(fast follower)로서 속도가 현저히 떨어졌다는 점이다. 과거 빠른 추격자로서 현대차그룹은 누구보다 속도전에 강한 조직이었다. 독자 엔진인 알파 엔진을 9년 만에 만들었고, 전기차 전용 플랫폼도 5년여 만에 완성했다. 내연기관에서 전기차로 전환은 누구보다 빠르게 성공했지만, 소프트웨어 기업으로의 전환은 조직 체질 자체를 바꿔야 하는 과제다.

반면 신생 기업인 테슬라와 중국 전기차 업체들은 무서운 속도로 치고 나가고 있다. 이들은 과거 개발해 놓은 내연기관이나 하이브리드 같은 기존 자산이 없다. 따라서 개발 비용이나 설비 투자에 따른 감가상각 부담을 고려할 필요가 없다. 처음부터 새로 시작할 수 있었기에 혁신적인 플랫폼을 과감하게 도입할 수 있었다. 이들과 비교하면 현대차그룹은 거대 조직이다. 이미 축적해 놓은 자산과 시스템이 발목을 잡는 탓에, 기존의 체계를 모두 버리고 처음부터 다시 시작하기는 사실상 불가능하다.

인재·규제·데이터 장벽, 그리고 자율주행이 더딘 이유

하늘의 별 따기만큼 어려운 SW 인재 구하기

SDV 전환과 자율주행 개발이 글로벌 완성차 업계의 화두로 떠오르고 있다. 현대차그룹 역시 이 흐름에 발맞추고 있지만 과정에는 여러 도전 과제가 뒤따른다. 앞에서 내부적인 문제점들을 짚어봤다면, 이번에는 현대차를 비롯한 'K자율주행' 업계 전반이 안고 있는 구조적 문제를 살펴본다.

업계에서는 가장 시급하고 근본적 원인을 '인재 확보'에서 찾고 있다. SW 전문가 부족으로 글로벌 완성차 업체들이 발 빠르게 추진하는 SDV 전환 속도에서 현대차가 다소 뒤처질 수 있다는 우려가 나오는 상황이다.

국내 차량용 SW 전문가 풀은 매우 제한적이다. 자동차와 소프트웨어를 모두 이해할 수 있는 융합형 SW 인재는 더욱 드물다. 경력직 확보가 필수적인 SDV 분야에서는 경험 있는 전문가를 찾기조차 쉽지 않다. 제한된 인력 풀에서 경험과 역량을 모두 갖춘 인재를 확보하는 일이 얼마나 어려운지 단적으로 보여준다.

지은희 소프트웨어정책연구소 연구위원이 펴낸 〈미래형 자동차 산업의 SW 인력 양성 연구〉 보고서에는 이 같은 업계의 고충이 그대로 드러나 있다. 보고서는 미래형 자동차 관련 산업을 영위하는 완성차 및 부품 제조 기업(엔지니어링 서비스 기업 포함), ICT 기업(HW·SW 서비스), 인프라 기업(통신·도로 교통·충전 기업) 등 국내 2,485개 기업을 대상으로 조사를 실시했다.

조사 결과 우리나라 미래차 SW 전문가는 많게는 2만 5,000명, 적게는 4,000여 명 수준으로 추산된다. 다른 나라의 경우에도 미래차 SW 전문가의 숫자는 수만 명으로 추정되지만, 정확한 집계가 어렵다는 점은 공통된 문제다. 보고서가 추정한 2024년 기준 미래차(자동차·부품·ICT·인프라 업계 통합) 인력은 19만 8,600명이다. 직종별로 보면 차량 부품 조립 및 생산(44.3%)과 기계 엔지니어(14.0%)가 높은 비중을 차지하는 반면, SW 인력 비중은 13.3%(2만 5,000여 명)에 불과하다. 여기에서 ICT와 인프라 업계에 재직 중인 차량용 SW 전문가는 제외하고 오롯이 자동차 및 부품 산업으로 영역을 좁혀 보면, SW 엔지니어의 비중은 2.5%(4,100여 명)에 불과하다. 반면 미래차 산업 내 부족 인력은 약 14,600명으로 추정되며, 이 중 SW 개발자가 48.1%로 가장 큰 비중을 차지했다. SW 개발자의 부족률은 21.0%로 전체 직종 부족률(6.8%)보다 월등히 높게 나왔다.

주요 기업에 SDV 전환에서 가장 어려운 점을 묻자, 가장 많은 기업이 '숙련된 인력의 부족(47.5%)'이라고 답했다. 지 연구원은 SDV 시대에 전통 제조업체인 자동차 산업이 살아남기 위해서는 IT 산업과 장벽을 허물고 인적·물적·기술적 자원을 통합해야 한다고 강조했다. 하지만 동시에 이들 산업 간 협업이 어려운 이유에 대해서도 언급했다. 기업들은 산업 문화와 조직적 차이(37%), 기술적 전문성과 언어의 차이(35.7%)를 이유로 꼽았다. 지 연구원은 "자동차 산업은 안정성과 신뢰성을 중시하는 보수적이고 장기적인 접근 방식을 갖고 있는 반면, IT 산업은 혁신·속도·유연성을 중시하는 단기 개발 중심의 방식을 선호한다"며 "이로 인해 두 산업 간의 조직 문화차이가 협력을 어렵게 만든다"고 진단했다.

자동차와 게임업계의 개발 환경을 비교해 보자. 차량용 SW와 게임용 SW는 개발 목적부터 개발 환경, 안전성과 품질 요구 수준, 인력별 성과 평가까지 모두 다르다. 차량용 SW는 운전·주행 등 직접적인 안전과 직결되기 때문에 매우 높은 신뢰도가 요구된다. 개발의 과정이 적어도 5년 이상으로 길고 제품으로 최종 출시가 된다고 해도 인력별 기여도를 따지기가 어렵다. 반면 게임용 SW는 사용자 경험이나 그래픽 퍼포먼스, 창의적인 아이디어 등에 의존한다. 업데이트 주기가 빠르고 상대적으로 자유롭고 유연한 개발이 가능하다. 이로 인해 소수의 뛰어난 개발자 아이디어가 성과에 큰 영향을 줄 수 있다. 인력 성과 측정 및 보상이 상대적으로 명확하다는 의미다. 차량용 SW 업계 관계자는 "제품 출시와 개발 주기가 빠르고 자유로운 환경을 중시하는 젊은 개발자들은 자동차 기업보다는 IT 기업을 선호하는 경향이 있다"며 "높은 연봉을 제시해서 데려온다고 해도 업무의 경직성을 견디지 못해 IT 업계로 다시 돌아가는 사람이 많다"고 귀띔했다.

현대차그룹의 호봉제 중심의 임금 체계도 우수 SW 인재 영입의 걸림돌로 작용한다. 현대차와 기아뿐만 아니라 주요 계열사들도 여전히 호봉 테이블을 유지하고 있다. 유능한 인재를 고액 연봉을 제시하며 영입하고 싶어도, 현재의 호봉체계 안에서는 한계가 있다. 이에 현대차는 연구개발(R&D) 직군을 대상으로 성과연봉제 도입을 추진하고 있으나, 노동조합의 반발에 부딪혀 수년째 논의는 진전이 없는 상태다. 업계에서는 성과·직무 중심의 임금체계 개편이 이루어지지 않는다면 IT 업계에서 핵심 인재나 스타 개발자를 영입하는 일은 사실상 불가능하다고 지적한다.

발목 잡는 규제와 사회적 인식

SW가 주도하는 모빌리티인 자율주행 기술의 발전은 규제와 사회적 인식에 크게 영향을 받는다. 사회적 수용성이 높아져야 규제 완화가 가능하고, 규제가 풀려야 기술 개발에 속도가 붙는다. 규제와 인식이 맞물려 있어, 업계에서는 자율주행 발전을 두고 '닭이 먼저냐, 달걀이 먼저냐'는 논의가 끊이지 않는다.

현재 양산차에 적용되는 자율주행 기술은 레벨 2에서 레벨 3으로 넘어가는 과정에서 제도적·법적 한계에 부딪혀 있다. 레벨 2까지는 사고 책임이 운전자에게 있지만, 레벨 3부터는 운전자와 차량 간 책임 소재가 불분명해져 규제 설계의 중요성이 커진다. 운전자가 도로를 보지 않고 핸들에서 손을 뗀 상태에서도 주행이 가능한 수준의 기술을 확보했으나, 제도적 기반 마련이 늦어 실제 적용은 쉽지 않다고 업계는 주장한다. 반면 국토부 등 규제 당국은 어떠한 상황에서도 안정성이 확보돼야 하고, 보완 장치 마련이 선행돼야 규제를 완화할 수 있다는 입장이다.

정부가 신중한 태도를 보이는 데에는 우리 사회의 낮은 기술 수용성 때문이라는 분석도 있다. 미국에서는 GM의 자율주행 자회사 크루즈가 무인 로보택시 운행 과정에서 사고가 발생하자 규제 강화와 여론 악화로 사업을 중단한 사례가 있다. 국내에서도 비슷한 사고가 발생한다면 우리 기업과 정부는 훨씬 더 큰 압박을 받을 가능성이 크다. 이 때문에 결국 국내 자율주행 산업은 기술과 규제가 동시에 병목 현상에 직면해 있다고 본다. 교착 상태를 풀기 위해서는 정부·업계·사회가 참여하는 중재와 합의 과정이 필요하다.

사회적 수용성 문제는 자율주행 기술의 핵심인 '데이터'와도 연결된다. 자율주행 기술의 고도화를 위해서는 방대한 주행 데이터가 필요한데, 문제는 이 데이터를 얼마나 많은 운전자가 공공재로 제공할 수 있느냐 하는 점이다. 주행 데이터의 공공화는 여전히 찬반 논쟁이 있지만, 자율주행 같은 신산업 발전을 위해 데이터의 공공재화가 불가피하다는 의견이 힘을 얻고 있다. 실제로 미국과 유럽 등 주요 선진국들은 자율주행 기술 발전을 위해 주행 데이터와 정밀 지도 데이터를 공유하며 이를 산업 발전의 핵심 자원으로 활용하고 있다. 다만 개인정보 보호와 데이터 악용 범죄를 방지할 수 있는 사회적·

기술적 장치 마련은 필수다.

최근 우리나라에서도 자율주행을 위한 양산차 데이터 수집을 제도적으로 허용하기 위한 정비가 진행되고 있다. 테슬라처럼 판매된 양산차에서 주행 데이터를 수집·활용할 수 있도록 제도적 기반을 마련하겠다는 취지다. 이를 위해 2025년 11월 국토교통부를 포함한 관계부처는 경제관계장관회의 겸 성장전략 TF에서 자율주행차 산업 경쟁력 제고 방안을 논의하며, 양산차 데이터 수집 방안을 주요 의제로 다뤘다. 정부는 우선 차주의 명시적 동의를 전제로 한 양산차 데이터 수집을 허용하기로 했다.

완전자율주행을 향한 기술 내재화

테슬라가 정답은 아니다

테슬라의 국내 FSD 도입을 계기로, 현대차의 자율주행 기술 전략을 재정립해야 한다는 목소리가 높아지고 있다.

하지만 나는 현대차가 테슬라를 반드시 따라잡아야 한다고 보지는 않는다. 두 회사를 동일 선상에서 비교하는 것 자체에도 무리가 있기 때문이다. 테슬라는 태생부터 IT 기업 성격이 강한 스타트업이고, 현대차는 제조업 기반의 대표적인 전통 완성차 업체다.

두 회사는 수익을 창출하고 투자 재원을 확보하는 방식부터 다르다. 테슬라는 미래 기술 비전을 제시하고 이를 바탕으로 대규모 투자를 유치하는 구조다. 미국이라는 거대한 자본시장을 기반으로 빠르게 기술 방향성을 제시하고 시장의 기대를 관리하는 것이 무엇보다 중요하다. 생산·판매를 통한 실질적 수익도 중요하지만, 완성도가 높지 않더라도 빠른 기술 개발 속도를 유지하며 시장을 선도한다는 이미지를 만드는 일이 중요하다. 일론 머스크 CEO가 개인 SNS를 통해 꾸준히 메시지를 내며 주가를 관리하는 것 역시 이러한 전략의 연장선에 있다.

반면 현대차그룹은 연간 700만 대 이상의 판매를 전제로 움직이는 기업이다. 고부가가치 차량을 전 세계 시장에 대량으로 판매해 이윤을 남기고, 자동화와 제조 고도화를 통해 생산 효율을 극대화하는 것이 핵심 경쟁력이다. 기술 리더십도 중요하지만, 대규모 양산을 전제로 한 정밀하고 안정적인 개발·생산 체계가 무엇보다 요구된다. 전통 완성차 업체인 현대차가 자율주행 시장의 기술 성숙도를 지켜본 뒤 한발 늦게 진입해도 된다는 인식이 나오는 이유다. 다만 레거시 완성차 업체들 가운데 현대차가 상대적으로 앞서 있다는 점은 분명하다.

실제로 주요 글로벌 완성차 업체들은 자율주행에 대해 속도 조절에 들어간 모습이다. 포드는 일찌감치 자율주행 자체 개발을 포기했고, 폭스바겐과 공동 투자했던 아르고 AI(Argo AI)에 대한 투자를 2022년 종료했다. 상용화 시점이 불투명한 가운데 천문학적인 비용 부담을 감당하기 어렵다고 판단했기 때문이다. 관련 기술은 폭스바겐 내부 소프트웨어 조직인 '카리아드'로 이관됐지만, 이 조직 역시 대규모 구조조정에 들어가며 외부 협력을 강화하는 방향으로 선회했다.

메르세데스-벤츠는 독자 개발 대신 엔비디아 플랫폼에 대한 의존도를 높이고 있으며, GM 역시 로보택시 사업부 크루즈에 대한 투자를 중단하고 레벨 2 수준의 양산차 기술에 집중하기로 했다. 레벨 4 이상의 로보택시 사업이 기술적·사회적 리스크를 동시에 안고 있다는 판단에서다.

이 같은 흐름을 감안하면, 현대차 역시 지나치게 높은 목표를 설정하기보다 현실적인 전략 재정립이 필요하다는 주장이 설득력을 얻는다. 자율주행은 기본적으로 막대한 자금이 투입되는 분야이며, 단순히 돈을 많이 쏟아붓는다고 성공이 보장되는 영역도 아니다.

무엇보다 중요한 것은 소프트웨어와 하드웨어의 융합이다. IT 역량만으로도, 전통적인 기계공학만으로도 완성도 높은 자율주행 기술을 구현하기는 어렵다. 두 영역을 모두 이해하고 조율할 수 있는 리더십이 없다면 완성된 결과물을 만들어내기 어렵다. 최근 현대차 자율주행 전략을 둘러싼 논란 역시, 통합적 사고를 구현할 리더십이 부족했다는 평가도 나온다.

과거 업계에서 자율주행차 및 SDV를 '바퀴 달린 스마트폰'이라 표현했지만, 이는 자동차의 본질을 간과한 인식이라는 지적도 많았다. 스마트폰의 오류는 생명과 직결되지는 않는다. 하지만 자동차는 다르다. 물리 세계에서 작동하는 기계 시스템에 대한 깊은 이해 없이는 안전성과 신뢰성을 확보할 수 없다.

10년 만에 좌초된 애플카 프로젝트 역시 시사하는 바가 크다. 세계 최고의 IT 기업인 애플도 막대한 자금과 시간을 투입하고도 자율주행차 개발을 포기했다. 업계에서는 그 원인으로 지나치게 높은 목표 설정과 IT 중심 의사결정 구조를 꼽는다. 자동차 전문가들의 목소리가 상대적으로 약해지면서, 기술의 융합이 제대로 이뤄지지 않았다는 분석이다.

이 같은 맥락에서 업계에서는 "현대차가 테슬라 뒤를 바짝 쫓아가는 수준만 유지해도 성공"이라는 진단도 나온다. 다소 자존심이 상할 수 있는 표현이지만, 전통 완성차 업체로서 현대차그룹의 현실을 고려하면 충분히 합리적인 주장이다.

자율주행 업계 전반에서는 이미 '완전자율주행(레벨 5)' 구현에 대한 환상이 상당 부분 사라졌다. 무제한적인 기술 경쟁보다는 투자 대비 효율을 따지는 국면으로 접어들었고, 양산차에 적용되는 자율주행 기술 역시 일정 수준에 이르면 업체 간 격차가 빠르게 좁혀질 가능성이 크다. 완성차 업체들이 '레벨 2+' 수준에서 제공할 수 있는 ADAS의 기술 차이도 결국 고만고만한 수준으로 수렴할 것이라는 의미다. 이후 경쟁의 초점은 기술 그 자체보다 가격, 신뢰성, 그리고 양산 품질로 옮겨갈 가능성이 높다.

학계 역시 비슷한 시각을 보인다. 테슬라보다 2~3년 뒤처진 기술 수준을 유지하는 것만으로도 레거시 완성차 업체로서는 충분한 성과라는 진단도 있다. 완전자율주행이라는 이상보다, 현실적인 기술 목표와 투자 효율을 중시해야 한다는 지적이다.

결국 현대차의 자율주행 과제는 테슬라와 중국 업체들과의 기술 격차를 과도하게 벌리지 않으면서, 전통 완성차 업체 중에서는 가장 앞선 위치를 유지하는 것이다. 이를 통해 기존 완성차 시장 내 점유율을 확대하는 전략이 현실적인 해법이 될 수 있다.

자율주행 기술은 분명 향후 자동차 시장의 판도를 바꿀 중요한 요소다. 다만 소비자 선택의 최우선 기준으로 자리 잡기까지는 시간이 더 필요해 보인다. 전기차 시장이 그랬듯, 초기 혁신 수요층이 빠르게 시장을 형성한 이후에는 확산 속도가 둔화되는 캐즘 구간이 나타나기 마련이다.

실제로 2020년대 초반까지만 해도 전기차는 기존 내연기관차를 빠르게 대체하며 시장을 장악할 것처럼 보였다. 전기차 전환에 뒤처지는 완성차 업체는 도태될 것이라는 불안도 이어졌다. 그러나 초기 수요가 상당 부분 충족된 이후, 충전 인프라와 가격 부담, 사용 편의성 등의 현실적인 문제에 직면하며 시장은 빠르게 과도기에 들어섰다. 신기술 도입에 보수적인 대중 소비자층으로 확산되기까지는 예상보다 긴 시간이 필요하다는 점이 확인된 셈이다.

자율주행 역시 이와 유사한 경로를 밟을 가능성이 크다. 기술 자체의 진보보다, 이를 얼마나 합리적인 가격과 안정적인 품질로 제공할 수 있는지가 대중화의 관건이 될 것이다.

따라서 현대차가 가장 앞선 기술이 아니더라도 운전자의 부담을 실질적으로 줄여주는 ADAS를 합리적인 가격에 제공하고, 여기에 디자인·안전성·제품 완성도를 더한다면 충분한 승산이 있다. 시장 점유율을 지키면서도 감당 가능한 기술 목표를 설정하는 것. 이것이 지금 현대차 자율주행 전략의 핵심 과제가 될 것이다.

기술 내재화는 포기하지 않는다

그렇다면 현대차가 완전자율주행을 향한 기술 내재화를 포기해야 한다는 의미일까? 결코 그렇지 않다. 현대차는 양산차 부문에서 기술 도입 속도를 높이기 위해 외부 협력이나 M&A를 통한 기술 이식을 적극 활용할 수 있다. 다만 핵심 기술만큼은 자체 개발의 끈을 놓아서는 안 된다.

과거 정주영 선대회장 시절, 1970년대 추진된 엔진 국산화는 당시 기술 수준과 산업 환경을 고려할 때 현실적으로 불가능하다는 평가가 지배적이었다. 그러나 현대차는 이를 포기하지 않고 약 20년에 걸친 자체 개발과 시행착오 끝에 결국 독자 엔진 개발에 성공했다.

정몽구 명예회장 시절에도 상황은 비슷했다. 하이브리드 기술을 자체 개발하기보다 일본 기술을 도입하는 편이 합리적이라는 주장도 적지 않았지만, 현대차는 장기 경쟁력을 위해 독자 노선을 선택했다. 그 결과 오늘날 현대차만의 고도화된 하이브리드 기술이 정립됐고, 이는 현재 그룹의 핵심 수익원이 됐다.

자율주행 역시 다르지 않다. 단기간의 성과에 집착하기보다, 외부 협력을 활용하되 자체 기술 내재화를 병행하는 장기적인 접근이 필요하다.

그렇다면 자율주행 시대에 현대차그룹이 선택해야 할 전략은 무엇일까? 전통 완성차 업체로서의 강점을 최대한 살리면 된다. 자율주행 기술의 발전에서 무엇보다 중요한 요소는 방대한 주행 데이터를 기반으로 한 반복적인 테스트와 학습이다. 이 지점에서 현대차·기아는 다른 어떤 업체보다 강력한 잠재력을 갖고 있다.

핵심은 연간 700만 대가 넘는 판매량이다. 글로벌 시장에서 더 많은 차량을 판매할수록, 확보할 수 있는 주행 데이터의 규모는 기하

급수적으로 늘어난다. 이는 자율주행 기술에서 '퀀텀 점프'를 이끌 수 있는 결정적 자산이다.

실제로 2024년 글로벌 시장에서 현대차·기아는 약 720만 대의 차량을 판매했다. 같은 기간 테슬라의 판매량(약 180만 대)을 크게 웃도는 수치다. 보수적으로 가정해 연간 판매량의 절반 수준인 350만 대의 차량만 자율주행 데이터 수집에 활용하더라도, 학습에 필요한 데이터 규모는 압도적이다.

각국이 자국 데이터를 보호하기 위해 장벽을 세운다면 어떨까? 이 경우에도 한국 시장만으로 충분히 의미 있는 데이터를 확보할 수 있다. 2024년 기준 국내 시장에서 현대차·기아의 판매량은 약 120만 대로, 시장 규모와 인구를 감안하면 결코 작은 수치가 아니다. 교통량이 많고 도로 환경이 복잡하며 통신 인프라가 잘 갖춰진 한국은 자율주행 학습에 적합한 고품질 데이터를 확보할 수 있는 환경을 갖추고 있다. 같은 기간 중국에서 BYD는 427만 대, 독일에서는 폭스바겐그룹이 112만 대, 미국에서는 테슬라가 약 60만 대 수준의 판매량을 기록했다.

30년 가까이 자동차 산업을 분석해 온 고태봉 iM증권 리서치센터장은 "택시를 포함해 매년 판매되는 현대차·기아 차량의 일부만 데이터 수집을 허용하더라도, 국내 자율주행에 필요한 지도 데이터의 상당 부분은 확보할 수 있다"며 "앞으로는 이를 수집해 AI 학습에 활용할 수 있는 데이터센터 구축이 시급한 과제"라고 말했다.

정부와 현대차그룹 역시 이미 움직이고 있다. 정부는 차주의 명시적 동의를 전제로 양산차 주행 데이터 활용을 허용하는 방향으로 제도 정비를 추진하고 있다. 현대차그룹도 수집된 데이터를 가공·분석·처리·학습할 수 있는 데이터센터 구축을 논의 중이다.

특히 현대차는 엔비디아와의 협력을 통해 국내 데이터센터 설립을 포함한 소프트웨어 플랫폼과 인프라 협력 강화를 공식화했다. 약 30억 달러 규모의 투자를 통해 엔비디아 AI 기술 센터, 현대차그룹 피지컬 AI 애플리케이션 센터, 국내 데이터센터 설립 등을 추진하겠다는 계획이다. '피지컬 AI'의 대표적 적용 분야인 자율주행에서 두 회사의 협력이 어떤 변화를 만들어낼지 업계의 관심이 쏠리고 있다.

4장

내부 위기와
구조적 한계

HYUNDAI'S PHYSICAL AI REVOLUTION

현대차그룹
지배구조 진단

한전 부지 인수, 그 후 10년

2014년 현대차그룹은 서울 삼성동 한국전력 본사 부지 입찰의 최종 낙찰자로 선정됐다. 낙찰 가격은 무려 10조 5,500억 원. 부지 감정가격의 3배에 달하는 그야말로 '통 큰 투자'였다. 현대차그룹은 이곳에 정몽구 명예회장의 숙원 사업인 통합 그룹 사옥을 건설하겠다는 청사진을 제시했다. 또한 삼성동 일대를 대한민국 랜드마크로 개발하고 스마트 시티를 표방하는 혁신 거점으로 만들겠다는 포부도 밝혔다.

하지만 시장의 반응은 싸늘했다. 현대차그룹의 낙찰 가격이 부지 감정가를 크게 웃도는 데다 경쟁자인 삼성이 써낸 입찰가격(5조 원대 초반)보다도 두 배 이상 비쌌기 때문이다. 당시 외국인 투자자들은 IR 담당자와 국내 애널리스트에게 전화를 걸어 "현대차가 한국전력을 사서 전력 사업에 진출하는 거냐"고 물었다. "아니다. 땅값만 10조 원"이라는 대답이 돌아오자 이들은 기업의 의사결정 구조에 의문을 제기하며 비판의 목소리를 높였다. 이후 분노의 기관 투매가 시작됐다. 현대차그룹은 한전 부지 인수를 위해 10조 5,500억원의 현금을 썼지만 시장의 신뢰를 잃은 대가로 그보다 더 많은 비용을 지불해야만 했다. 낙찰 결정 이후 현대차·기아·현대모비스 등 주요 계열사의 시가 총액이 일주일 만에 11조 원 이상 증발했기 때문이다.

그로부터 4년 뒤인 2018년. 현대차그룹은 지배구조 개편을 추진했다. 정부와 시장이 오랫동안 지적해 온 순환출자의 고리를 끊기 위해서였다. 고민 끝에 현대모비스를 투자·핵심부품 사업과 모듈·AS 사업으로 나누고 캐시카우인 현대모비스 모듈·AS 사업을 현대글로비스와 합병하는 내용의 개편안을 내놨다. 이 계획에 대해 정부도 '오케이 사인'을 줬지만 시장이 반대했다. 시장은 현대모비스 분할 부문과 현대글로비스의 합병비율이 공정하지 않다고 지적했다. 당시 제시한 합병비율은 0.61 대 1. 기관 투자자들은 이 비율이 총수 일가의 지분율이 높은 현대글로비스 주주에게 유리하고 현대모비스 주주에겐 불리하다며 반기를 들었다. 정의선 회장이 미국으로 건너가 직접 해외투자자 설득까지 시도했지만 시장의 반대 입장은 견고했다. 결국 현대차그룹은 두 달 만에 개편안 추진을 철회하게 된다.

두 사건은 현대차그룹의 시장과의 소통 방식에 큰 변화를 불러왔다. 과거엔 일방적인 의사결정 이후 시장에 통보하는 식이었다면, 이제는 항상 시장의 반응을 살피고 소통하게 됐다. 2018년 이후 현대차는 현직 애널리스트를 IR 담당자로 임명하고 자본시장 출신 사외이사를 적극 영입했다. 최고 의사결정기구인 이사회에 주주 친화적인 인물을 영입해 시장과의 접점을 늘리기 위해서다.

2025년 2월 기준 현대차의 이사회 구성(3월 주주총회 이후 기준)은 사내이사 5인, 사외이사 7인이다. 이 중 3분의 1이 여성(4명)이고 외국인 2명, 금융시장 출신 전문가 2명이 포진됐다. 특히 새로운 이사회 구성에서는 글로벌 금융투자업계의 큰손인 연기금 출신 인사 2명이 충원됐다는 점이 눈길을 끈다. 김수이 전 캐나다연금투자위원회(CPPIB) 글로벌 PE 대표는 세계 10대 연기금 중 하나인 CPPIB의 시니어 매니징 디렉터 출신이다. 글로벌 PE 업계에서 한국인 중 가장 영향력 있는 인물로 꼽힌다. 또 다른 사외이사 후보인 벤자민 탄 싱가포르투자청(GIC) 매니저는 세계적인 연기금인 GIC에서 아시아 지역 포트폴리오 관리를 담당해 왔다. 이들은 풍부한 글로벌 자본시장 경험과 네트워크를 살려 글로벌 시장 투자자와 소통을 강화하는 역할을 맡게 될 것으로 보인다.

현대차의 주주권익 보호 사외이사는 수시로 거버넌스 기업설명회(NDR)를 개최하고 국내외 투자자들을 만난다. 2024년 8월에는 총 주주환원율(TSR) 35%를 달성하겠다는 밸류업 정책도 내놨다. 이 밸류업 정책에 대해 한국기업거버넌스포럼은 'A-'학점을 부여했다. 거버넌스포럼은 기업 거버넌스 개선을 통해 자본시장 선진화를 추구하는 비영리단체다. 기관 투자자부터 학계, 변호사, 회계사, 금융 전문가들이 참여해 기업 거버넌스에 대한 점수를 매긴다. 포럼이 현대차에 삼성동 부지와 KT 보유지분 등 유휴자산 매각을 요구하긴 했지만, 현대차가 받은 A-학점은 ㈜SK D학점, LG전자 D학점, SK

하이닉스 C학점 등 대기업 평균보다 높은 편이다.

시장에서 보는 현대차그룹 거버넌스에 대한 총평은 어떠한지, 고태봉 iM증권 리서치본부장(이하 고태봉), 가치투자펀드운용사 대표(이하 가치), 행동주의펀드운용사 대표(이하 행동) 등 현대차그룹에 정통한 자본시장 관계자 3인의 이야기를 들어봤다(2025년 2월 기준).

Q. 시장에서 보는 현대차의 이미지는 어떠한가?

행동 주주가치 제고의 측면에서 보면 국내 대기업 중에서는 가장 낮다고 생각한다. 보통 시장에서는 대부분의 대기업에 대해 (주주가치 제고 측면에서) 부정적인 뷰를 가지고 있는데, 현대차에 대해서는 그나마 긍정적인 편이다. 적어도 대놓고 주주가치를 훼손하는 물적 분할, 동시 상장 등 이런 일은 하지 않을 것이라는 믿음이 있다. 특히 2018년 엘리엇의 문제 제기 이후에 분위기가 많이 바뀐 것 같다. 최근 현대차증권의 대규모 유상증자, 현대차 인도법인의 구주매출 상장 등 크고 작은 논란거리는 있었지만 100% 완벽한 기업은 없지 않겠나.

고태봉 예전과 비교하면 현대차의 이미지나 위상은 확실히 많이 달라졌다. 현대차는 자체 엔진 기술을 내재화한 사실상 마지막 글로벌 완성차 업체다. 트렌드를 파악하고 빠르게 움직일 수 있는 패스트 팔로어로서의 열정과 패기가 있다. 다만 최근 시장이 빠르게 변화하면서 자율주행 분야에서 약간의 보틀넥(bottleneck, 병목 현상)이 있다. 엔진 개발을 위한 기계공학 분야는 개발 당시에도 기반이 어느 정도 갖춰져 있던 상황이지만, AI 시대를 대비하기에 아직 소프트웨어 기술에서는 우리가 기반이 너무 없다는 점에서 걱정이다.

Q. 기업 총수(경영자)에 대한 평가는?

행동 기업인을 평가하는 핵심은 성장과 분배라고 생각한다. 기업의 비전을 얼마나 잘 제시하고 성과를 얼마나 공정하게 배분하는가다. 이러한 관점에서 보면 정의선 회장은 그래도 재벌 총수 중에선 가장 낫다. 본인이 리스크를 지고 대외적으로 나서는 경영자로서의 모습을 보이고, 시장의 피드백을 받아 소통하려고 하지 않나. 그래도 국내 패밀리 비즈니스 중에서는 가장 모범사례로 본다. 보통 대기업에 대한 시장의 분위기가 부정적 인식이 90, 긍정이 10이라면 그나마 현대차에 대해서는 50대 50이다. 한국의 실질적인 독점사업자로서 국민과 주주의 희생과 도움을 받아 글로벌 3위까지 갔다는 건, 그래도 (국가적인 차원에서) 할 일은 다 했다고 본다.

가치 여의도에서 정 회장에 대한 평가는 좋다. 이미 지나간 실적이라고 해도 지난 3년간 현대차가 전통 완성차 업체 중에 가장 잘한 건 사실이다. GM이나 폭스바겐 등 전 세계 완성차 회사를 통틀어 가장 좋고 빠른 의사결정을 했기에 그 점에서는 굉장히 높게 평가한다. 다만 중국차가 너무 빠르게 치고 올라오면서 현대차가 밀린다는 지적도 있다. 산업의 변화가 지나치게 빠른 바람에 오히려 정 회장의 경영 능력이 평가 절하되는 측면도 있다고 본다.

Q. 한전 부지 인수, 보스턴다이내믹스와 모셔널, 포티투닷 투자 등 현대차그룹의 투자에 대해서도 논란이 많았다. 투자 방향성에 대해서는 어떻게 보나?

행동 2014년 한전 부지 인수 당시 "차라리 그 돈으로 애스턴 마틴을 사라" 혹은 "R&D에 투자해라"라는 말도 많았다. 당시엔 굉장히 부정적인 인식이었는데 지금 지나고 보니 토지 가치만 3~4배 오른 것 아닌가. 개인적으론 현대차그룹이 대한민국의 센트럴 파크를 샀다고 생각한다. 보스턴다이내믹스 같은 경우도 인수 당시에는 논란이 있었는데, 지금 비상장 주식 지분 가치가 10배 가까이 올랐고 상장도 고려한다고 들었다.

고태봉 보스턴다이내믹스, 모셔널 등 신기술을 위한 굵직한 투자는 잘해왔다고 본다. 지금 시점에서 가장 필요한 것은 AI 시대에 대비한 데이터센터 투자다. 이미 그룹사 차원의 데이터센터가 있지만 AI 기술을 본격적으로 활용하기 위해서는 조 단위의 대규모 투자가 수반돼야 한다. 한국 영토를 돌아다니며 수집한 리얼 데이터를 활용하고 처리할 수 있는 데이터센터가 절실한 상황이다.

1년에 현대차·기아가 국내 시장에 판매하는 신차가 120만 대 정도다. 이는 대한민국 자동차 누적 등록 대수의 20분의 1 정도는 된다. 여기다 새롭게 자율주행 시스템을 장착해 데이터를 모은다고 가정해 보자. 결코 적은 숫자가 아니다. 전 세계에서 자국 내수 점유율이 70% 이상인 완성차 브랜드는 현대차·기아밖엔 없다. 한국은 휴전 국가이자 좁은 땅덩어리에 빽빽하게 모여 사는 나라다. 한국의 곳곳을 다니면서 모은 데이터는 한국에서 관리하고 개발할 수 있는 토대를 만들어야 한다.

Q. 그밖에 현대차그룹 거버넌스에 대해 궁금한 점이 있나?

행동 현대차와 기아의 자원배분 문제다. 똑같은 완성차 사업을 영위하는 현대차와 기아가 같은 지붕 아래에 있는데 인재 영입이나 특허, 자산 배분 등의 의사결정을 어떻게 하는 건지 궁금하다. 특히 R&D의 경우 같이 비용을 분담하고 생각도 함께하는 구조일 것이다. 그에 대한 비율이나 의사결정이 그룹사적인 차원에서 어떻게 이뤄지는지 궁금하다. 이를 통해 두 회사의 차별화 포인트를 어떻게 가져갈 것인지도 확실히 알려줬으면 좋겠다.

Q. 현대차그룹이 본격적으로 주주가치 제고를 신경 쓰게 된 계기는 2018년 지배구조 개편의 실패가 아닐까 싶다. 향후 현대차그룹의 지배구조 개편에 대해서는 어떻게 예상하나?

가치 2018년 개편 무산 이후에는 어떠한 조짐도 없이 불확실성으로만 남아있다. 사실 현세대(3세)에서는 지금의 구조가 최적이다. 정 회장이 자녀들에게 경영권을 물려주는 4세 경영까지 생각하지 않으면 굳이 막대한 자금을 들여서 홀딩스 체제를 만들 필요가 없다고 본다. 차세대 경영권 확보를 위해 지배구조 개편을 할 수는 있지만, 삼성처럼 4세에게 경영권을 물려주지 않겠다 하면 지금 체제를 유지하는 게 나을 수도 있다. 자녀들에게 (경영권 상속의) 선택권을 주지 않을까.

고태봉 현시점에서 무리해서 지배구조 개편을 추진하기보다는 명예회장이 고령인 점을 감안할 때 상속으로 가지 않겠나 보고 있다. 상속으로 주요 계열사의 지분율이 낮아지더라도 순환출자 고리 밖에 있는 계열사의 지분을 매각해 재원으로 활용하는 등 여러 방법이 있다.

인력 재편을 둘러싼
딜레마

현대차 노조가 달라졌다

매년 여름부터 추석까지 이어지는 임금 및 단체협약(임단협) 시즌은 노동계에서 흔히 '하투(夏鬪)' 기간으로 불린다. 이 시기 노동계의 흐름을 가늠하는 데 있어 현대차 노조는 여전히 중요한 기준점이다. 현대차 노조는 금속노조 내에서도 핵심적인 영향력을 가진 조직으로, 임단협 기조와 주요 의제 설정에서 상징적 역할을 해왔다. 최근 10년간 금속노조 위원장 상당수가 현대차지부 출신이라는 점은 이러한 위상을 단적으로 보여준다.

우리나라 노동계를 대표하는 조직으로서 현대차 노조의 상징성은 크다. 현대차 노사 관계는 종종 우리나라 제조업 전반의 '풍향계'로 여겨진다. 실제로 현대차의 임단협 결과는 기아, 모비스 등 현대차그룹 계열사의 노사 협상에 중요한 기준점으로 작용해 왔다.

과거 현대차 노조는 대표적인 강성 노조로 인식돼 왔다. 그러나 최근 들어서는 사회적 여론을 의식하지 않을 수 없는 상황이 됐다. 생산직과 사무직이 함께 속한 거대 조직인 만큼, 파업을 둘러싼 내부 여론도 예전처럼 하나로 모이기 어려워졌다. 파업 찬반을 둘러싼 다양한 목소리가 공존하고 있고, 사회적 파급력이 큰 조직이라는 점에서 의사결정 자체가 신중해질 수밖에 없다.

여기에 더해 현대차 생산직의 연공서열 중심의 높은 연봉이 널리 알려지면서 '킹산직', '귀족 노조'와 같은 신조어까지 등장했다. 이제 현대차 노조가 단순히 임금이나 복지 향상을 이유로 파업을 강행하기에는 대의명분이 약해졌다는 평가가 나온다. 임금 수준만 놓고 보면 현대차 노조는 이미 우리 사회에서 기득권에 가까운 위치에 올라섰다는 인식이 확산되고 있기 때문이다.

이러한 배경 속에서 현대차와 기아의 노사 관계는 과거에 비해 상당 부분 안정화됐다는 평가다. 다만 '부품사 파업'이라는 또 다른 리스크는 여전히 존재한다. 자동차 산업은 수만 개의 부품이 맞물려 돌아가는 구조이기 때문에, 단 하나의 부품이라도 공급에 차질이 생기면 완성차 생산 라인 전체가 멈출 수 있다. 특히 현대차·기아는 재고 부담을 최소화하기 위해 JIT(Just in Time, 적기 생산) 방식을 채택하고 있어, 부품 재고를 많이 쌓아두지 않는다. 이 때문에 부품사 노조의 파업은 곧바로 완성차 생산 차질로 이어질 가능성이 크다.

이 같은 리스크를 줄이기 위해 현대차·기아는 국내 공장 전반의 자동화를 적극적으로 추진할 수밖에 없는 구조다. 그러나 자동화와 로보틱스 도입 과정에서 노조의 반발 역시 만만치 않다. 더군다나 현대차 노조는 우리나라 노동계를 대표하는 상징적 조직이기에, 기업 입장에서도 국내 고용과 경제에 미치는 충격을 고려하지 않을 수 없다.

현대차 노조에 따르면 2021년부터 2030년까지 현대차에선 매년 약 2,000명 수준의 퇴직자가 발생할 것으로 예상된다. 베이비붐 세대를 중심으로 대규모 퇴직이 매년 이어지고 있다. 현대차 〈지속가능성 보고서〉에 따르면, 2024년 기준 글로벌 임직원 약 12만 6,000명 가운데 절반에 가까운 48.9%(6만 1,856명)가 기술·생산직군이며, 이 중 3만 명 이상이 국내 공장 생산직으로 추정된다.

실제로 2020년 약 5만 명에 달했던 현대차 국내 사업장 노조 가입자 수는 지속적으로 감소해 2024년에는 3만 9,000명 수준까지 줄었다. 베이비부머 세대 위주로 퇴직이 누적된 결과다. 여기에 전기차 시대로 접어들면서 필요한 부품 수가 내연기관 대비 약 30%가량 줄어들 것으로 전망된다. 이는 곧 부품 공장과 필요 인력의 구조적 감소로 이어질 수밖에 없다.

이 같은 흐름을 감안하면, 앞으로 현대차의 국내 공장 인력과 생산 비중은 점진적인 축소가 불가피하다. 기업 입장에서 보면 국내 공장은 글로벌 생산기지 중에서도 인건비가 가장 높은 데다 노조 리스크 역시 가장 큰 곳이기 때문이다. 자동화와 로보틱스 등 신기술 도입을 통해 인력 의존도를 단계적으로 낮추는 것은 불가피한 선택일 수밖에 없다. 다만 그 과정에서 국내 경제와 고용에 미치는 충격을 최소화하며 연착륙하는 것이 현대차의 최대 과제가 될 것으로 보인다.

이유 있는 미국행, 노조도 못말리는 까닭은?

"경쟁사는 미국에서 만들어 싸게 파는데 우리만 한국 생산을 고집하다간 경쟁에서 밀려 시장 점유율이 크게 떨어질 수 있습니다. 자칫하면 수출 길이 아예 막힐 수도 있다는 점을 노조도 알고 있죠."

현대차 내부 사정에 정통한 관계자는 이렇게 말했다. 도널드 트럼프 2기 미국 정부가 수입 완성차에 대한 고율 관세 부과 방침을 밝히자, 현대차그룹은 미국 내 생산 확대라는 카드를 꺼내 들었다. 2024년 10월 미국 조지아주에서 가동을 시작한 '현대차그룹 메타플랜트 아메리카(HMGMA)'의 생산 능력을 기존보다 20만 대 늘려 연간 50만 대까지 끌어올리겠다는 계획이다.

이를 통해 현대차·기아의 미국 내 총생산 능력을 현재 약 70만 대에서 120만 대 수준으로 확대한다는 구상이다. 생산 능력을 70%가량 늘리는 파격적인 발표였지만, 현대차 노동조합의 반응은 의외로 차분하다. 불과 2~3년 전만 해도 해외 생산 확대나 수출 차종의 생산지 이관과 관련된 논의가 나오기만 하면 노조는 강하게 반발하곤 했다.

실제로 2021년 현대차가 미국 시장에서 인기를 끌던 대형 SUV 팰리세이드의 미국 생산 확대를 추진했을 당시, 노조는 강경한 반대 입장을 밝혔다. '해외 신차 배정과 공장별 물량 조정은 노사공동위원회에서 논의해야 한다'라는 단체협약 조항을 근거로 미국 공장 증산에 제동을 걸었고, 결국 팰리세이드는 국내 공장에 생산 라인을 추가하는 방향으로 결론이 났다.

하지만 최근 현대차그룹이 4년간 31조 원을 투자해 미국 현지 생산을 대폭 늘리겠다는 계획을 내놨음에도 노조는 비교적 조용한 모습이다. 현대차그룹이 미국 시장에 사활을 걸고 있으며, 현지에서의 성패가 기업의 생존과 직결된다는 점을 노조 역시 인식하고 있기 때문이라는 분석이다. 과거처럼 해외 공장과 '밥그릇 싸움'을 벌이다가는 공멸로 이어질 수 있다는 공감대가 형성되고 있다는 것이다.

현대차·기아의 생산 현지화 전략은 선택이 아닌 불가피한 흐름이다. 미국이 완성차뿐 아니라 부품에도 15%에 달하는 고율 관세를 부과하면서, 현지 생산이 아니면 수익을 내기 어려운 구조로 바뀌고 있기 때문이다. 게다가 글로벌 판매 비중을 보면 현대차·기아는 한국보다 미국에서 더 많은 차량을 판매하고 있다. 판매가 많은 시장에 생산이 따라가는 것은 어찌보면 기업으로선 아주 자연스러운 선택이다.

다만 우려되는 부분은 국내 공장의 공동화 현상이다. 현대차·기아 국내 공장은 2024년 기준 약 100만 대의 차량을 생산해 미국으로 수출해 왔다. 그러나 미국 조지아주 HMGMA 신공장의 가동률이 높아지고 미국 현지 생산 비중이 확대될수록, 국내 공장의 역할은 줄어들 수밖에 없다. 게다가 내수 시장은 최근 10년 이내 최저 수준인 170만 대 규모에 머물러있다. 이에 현대차와 기아는 한국 공장에서 생산한 물량을 유럽, 아세안, 중동 등으로 수출 지역을 다변화하겠다는 대책을 내놨다.

문제는 이들 신흥시장에서 중국 업체들이 가성비를 앞세워 빠르게 점유율을 높이고 있다는 점이다. 중국 업체들과의 가격 경쟁에서 살아남기 위해서는 국내 공장의 높은 인건비 구조를 개선해야한다는 필요성이 커지고 있다. 결국 현대차·기아가 스마트팩토리 도입 등 자동화를 적극 추진할 수밖에 없는 이유다. 이 과정에서 노사 갈등이 다시 격화되지 않도록, 점진적인 변화와 함께 충분한 소통이 병행되는 것이 중요하다는 지적이 나온다.

온라인 판매는
왜 더딘가?

캐스퍼는 되는데 팰리세이드는 안 되는 이유

'450조 원 vs. 5조 8,000억 원.'

온라인 자동차 구매의 글로벌과 국내 시장 규모를 비교한 수치다. 시장 조사기관 코히런트 인사이트에 따르면, 2024년 글로벌 온라인 자동차 구매 시장 규모는 3,289억 달러(약 450조 원)로 추산된다. 온라인 판매 시장은 향후 연평균 12.5% 성장, 2031년에 7,518억 달러(약 1,029조 원)까지 커질 전망이다.

국내 온라인 자동차 판매 현황을 살펴보자. 통계청 자료에 따르면 2024년 국내 자동차(자동차용품 포함)의 온라인 거래 규모는 5조 8,000억 원으로 집계됐다. 450조 원 규모의 글로벌 시장과 비교하면 1.2%에 그치는 수준이다. 전체 온라인 상거래 규모를 놓고 보면 우리나라는 중국, 미국, 영국, 일본에 이은 세계 5위(2024년 240조 원)다.

하지만 자동차 거래로 범위를 좁혀보면 아직 국내 자동차 온라인 거래 규모는 미미한 수준이다. 온라인 강국인 대한민국에서 왜 유독 온라인 자동차 판매 시장만 더디게 성장하고 있을까?

가장 먼저 짚어야 할 원인은 현대자동차, 그중에서도 노동조합에 있다. 현대차 노조는 온라인 판매를 강력히 반대하고 있다. 제조사가 영업점을 거치지 않고 직접 소비자와 거래하는 온라인 판매가 늘어나면 현장 영업직원의 역할과 일자리가 줄어들 수 있기 때문이다. 현대차의 자동차 판매 방식은 노사 협약에 따라 노조와 협의해야 하는 사안이다. 노조의 동의가 없으면 온라인 판매를 추진하기 어렵다. 예외적으로 소형 SUV 캐스퍼의 경우 광주글로벌모터스(GGM)에서 위탁 생산한 차종이기에 노조의 반대에도 불구하고 100% 온라인 판매를 강행할 수 있었다.

현대차·기아 내수 시장 점유율은 2024년 기준 76%에 달한다. 국산차 기준 점유율로만 보면 90%가 넘는 사실상 독점 사업자로, 현대차·기아의 판매 정책이 국내 자동차 시장의 거래 동향 및 관행에 절대적인 영향을 미친다고 해도 과언이 아니다. 업계에서는 현대차·기아가 온라인 판매에 전향적으로 나서지 않는 한 국내 온라인 자동차 판매 시장의 급격한 성장은 어렵다고 보고 있다.

또 다른 이유는 자동차 온라인 거래에서 소비자의 신뢰나 구매 경험에 한계가 있기 때문이다. 일반 가정에서 자동차는 주택 다음가는 고가품이다. 직접 물건을 만져보거나 시승해보고, 영업사원과 대면 상담을 통해 충분한 신뢰를 쌓은 이후에 신중하게 구매를 결정하게 된다.

이 같은 시장의 특성을 감안해 최대 온라인 자동차 거래 시장인 미국은 제조사와 딜러(영업점), 온라인 플랫폼이 혼합된 형태의 온라인 생태계를 조성하며 성장하고 있다. 예를 들면 소비자가 온라인 플랫폼에 접속해 각 딜러사의 재고 현황, 가격, 서비스 등을 비교해서 원하는 딜러사를 선택하면, 조건에 맞는 딜러가 매칭돼 1대 1 상담을 진행하는 방식이다. 딜러의 역할은 그대로 유지하면서도 구매 과정에서 디지털 경험을 높이는 형태로 시장이 진화하고 있다.

자동차 판매의 영업 비밀

자동차 판매 사원은 어떻게 수익을 남길까? 기존 국산차 영업점 기준으로 보면 크게 판매 수당, 보험 중개 금융사 수수료, 부가 수수료 세 가지다. 차를 팔 때마다 영업직원은 정해진 판매 수당을 받는다. 직영점의 경우 기본급이 높은 대신 대당 판매 수당이 낮고, 대리점은 기본급이 낮고 대당 판매 수당이 높게 책정된다. 자동차 보험 등을 주선해주면서 얻는 금융 수수료가 있고, 틴팅이나 블랙박스 등 부가 시공 옵션을 정해진 업체와 진행하도록 유도해 받는 중개 수수료도 있다. 여기에 고객이 기존에 타고 있던 중고차 매각을 중개해주는 대가로 또 일정 수준의 중개 이익을 얻을 수도 있다.

바꾸어 말하면, 이 모든 과정에서 영업사원이 받아가는 수수료를 줄이면 소비자에겐 혜택으로 돌아올 수도 있다는 점이다. 자동차 등록이나 세금 납부 등 오프라인 등록 절차를 대행해주거나, 복잡한

국산차의 옵션을 함께 고민하며 맞춤형 서비스를 제공하는 영업사원의 노고도 적지는 않다. 하지만 약간의 불편함을 감수하고서라도 중간 수수료를 절약하고 싶은 소비자라면 온라인 판매가 훨씬 이득이다.

현대차그룹도 이 같은 수요를 확인하고 부가 서비스에 부분적으로 온라인 플랫폼을 도입하고 있다. 제네시스는 온라인 편집숍 '제네시스 부티크'를 통해 신차 틴팅, 프리미엄 코팅 및 세차, 타이어 교체 등 다양한 서비스를 제공한다. 소비자는 원하는 브랜드와 시공업체를 온라인에서 비교해 보고 직접 선택해 적용할 수 있다. 영업사원을 거쳐 연계 시공을 했던 틴팅 서비스 등을 온라인 플랫폼의 영역으로 가져온 것이다. 업계에서는 현대차그룹이 제네시스를 통해 소규모로 온라인 판매 구조를 시도해 보면서 시스템의 안정성 및 소비자의 반응을 테스트해보고 있다는 해석이 나온다.

온라인 판매 시험대에 오른 캐스퍼

현대차는 소형 SUV 캐스퍼 판매를 통해 온라인 판매의 새로운 장을 열었다. 현대차·기아를 통틀어 100% 온라인으로 판매하는 차종은 현재까지 캐스퍼가 유일하다. 캐스퍼는 GGM 광주공장에서 위탁생산된다. 캐스퍼의 온라인 판매 역시 노조가 꾸준히 반대해 왔지만, 울산공장 노조가 직접 생산하는 차종이 아니기에 노사 협상 대상에서 제외됐다. 덕분에 온라인 판매 추진이 가능했던 것이다. 제조사 입장에서도 소형 SUV는 수익성이 낮은 차종이기에 유통 과정 수수료를 최소화한 박리다매 전략이 필요했다. 캐스퍼는 가격대가 낮고 옵션도 비교적 간단하기에 소비자의 온라인 접근성도 좋다. 디지털 경험에 익숙한 20·30 소비자들이 타깃층이라는 점에서도 온라인 구매에 최적화된 차종이라 할 수 있다.

2021년 9월 출시된 캐스퍼의 실험은 대성공이었다. 게다가 당시는 코로나19 팬데믹이 절정에 달하면서 비대면이 모든 산업의 주요 트렌드가 됐다. 현대차는 온라인에서 차량 정보 제공은 물론 3D 모델링 기술을 접목한 사양 조합, 실시간 견적, 계약, 결제, 차량 등록까지 모든 과정을 비대면으로 진행할 수 있도록 했다. 계약 과정에서 카카오톡이나 공동 인증서 등 간편 인증을 도입하고 계약 변경이나 취소, 할부 한도 조회, 전용 카드 발급까지 원스톱으로 제공하고 있다.

클릭 한 번에 차를 계약할 수 있다는 장점이 부각되면서 캐스퍼의 사전 계약 첫날에만 1만 8,000대가 넘는 접수가 몰렸다. 이는 당시 현대차의 내연기관 차종 사전 계약 첫날 대수 중에서는 역대 최대였다. 계약 2주 만에 연간 생산 예정 대수인 4만 5,000대를 거뜬히 채웠다. 이후 캐스퍼는 3년 연속 연간 4만 대 이상 팔리며 흥행 가도를 달리고 있다.

캐스퍼의 또 다른 성공 비결은 '팬덤을 만드는 마케팅'이다. 제품력이나 브랜드가 애매할 경우 영업사원의 지원 사격이 필요한 법이다. 이 차가 어떤 성능이 좋고 경쟁차에 비해 어떤 강점이 있는지 등을 누군가가 나서 구구절절 설명해야 한다는 의미다. 하지만 브랜드나 차종, 그 자체만으로 팬덤을 형성하면 영업사원의 첨언이 없어도 소비자들이 알아서 찾아온다. 테슬라가 바로 그 대표적인 예다. 테슬라는 브랜드 철학과 기술 리더십, CEO 스토리텔링을 결합해 독특한 팬덤을 만들었다. 테슬라는 초기 모델부터 전 모델을 100% 온라인으로 판매하고 있다. 미국 시장이 전 세계 자동차 온라인 구매에서 가장 먼저 앞서갈 수 있었던 것도 테슬라의 공이 컸다.

현대차는 캐스퍼 역시 테슬라 같은 팬덤을 만들기를 원했다. 영업사원의 판촉 활동 없이 오로지 온라인 마케팅만으로 캐스퍼를 찾는 사람이 많아지도록 적극적인 전략을 짜야 했다. 우선 온라인 모델의 한계를 극복하기 위해 서울과 수도권, 부산, 제주 등 곳곳에 팝업 스토어 형식의 매장을 마련했다. 단, 별도의 영업사원은 없으며 고객 상담도 모두 비대면으로 이뤄진다. 이곳에서 차량을 직접 만져보거나 타보고 이후에 주문은 온라인으로 한다. 전용 방송 채널 〈캐스퍼 TV〉를 통해 온라인 라이브 방송을 진행했다. 방송 도중 궁금한 점은 챗봇을 통해 묻고 해결할 수 있도록 실시간 소통 채널을 마련했다. 적극적인 온라인 광고도 병행했다. 현대차 인스타그램 및 유튜브 공식 계정에 올라온 광고만 봐도 캐스퍼의 비중이 상당한 것을 알 수 있다.

부품 리스크와
생태계의 과제

협력사의 위기는 곧 현대차의 위기

현대자동차 1차 협력사 리한은 2018년 워크아웃(기업재무구조개선)을 신청했다. 연 매출 2,000억 원이 넘는 1차 부품 협력사가 자금난에 못 이겨 워크아웃을 신청했다는 소식은 국내 자동차 업계에도 적지 않은 충격이었다. 리한은 꾸준한 체질 개선을 꾀하고 있지만 상황은 여전히 어렵다. 2023년까지는 영업이익으로 이자도 갚지 못했다. 2024년엔 주력 제품(에어필터) 위주로 사업 구조를 재편하면서 영업이익이 50억 원 수준까지 올라왔지만, 여전히 자산보다 부채가 많다. 외부에서 자금 조달을 하지 않고서는 단기간(유동 자산·부채 기준 1년)에 빚을 갚을 능력이 부족하다는 의미다. 이 회사의 재무 상황을 감사한 회계 법인은 "계속기업으로서 존속에 유의적 의문을 제기할 만한 중요한 불확실성이 존재한다"고 평가했다.

리한은 한때 매출액이 2,000억 원에 달하는 건실한 기업이었다. 하지만 미국으로 수출한 일부 제품의 리콜을 결정하고 현대차와 동반 진출한 중국 사업도 부진하면서 자금난에 시달리게 됐다. 업계는 규모 있는 중견기업이라도 단 한 번의 사업 실패 혹은 실기로 시장에서 도태될 수 있다며 두려움에 떨고 있다. 부품업계 관계자는 "1차 협력사라도 한번 삐끗하면 나락으로 떨어지는 상황인데 2·3차 협력사는 오죽하겠나"라며 "공격적인 R&D 투자나 사업 아이템 전환 등은 꿈도 못 꾼다"고 전했다.

글로벌 자동차 업계가 전기차와 SDV로 전환을 추진하고 있지만, 국내 대부분 2·3차 협력사들은 미래를 위한 준비조차 시작 못 했다. 국내 부품 생태계가 무너지면 곧장 완성차 업체에 공급망 위험 요소로 작용할 수 있다. 최근엔 이익 배분을 둘러싼 협력사의 파업이 현대차·기아의 또 다른 생산 리스크로 떠오르고 있다. 핵심 부품을 생

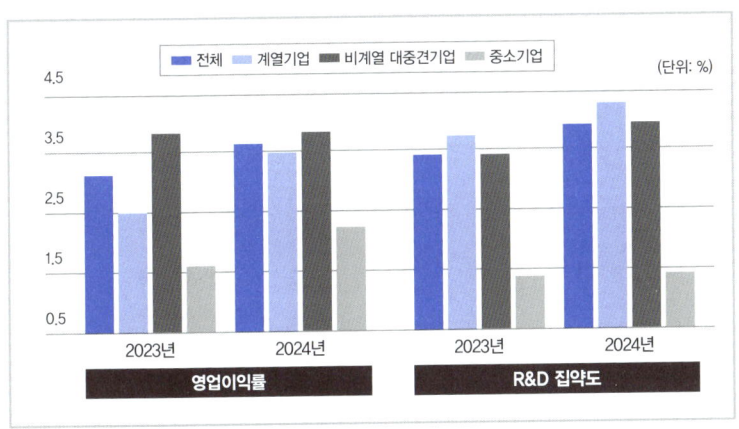

[자료 4-1] 국내 자동차 부품사 영업이익률 및 R&D 집약도

＊ 매출 1,800억 원 이상 대중견기업 119개, 매출 1,800억 미만 중소기업 94개 대상
출처: 한국자동차연구원

산하는 협력사가 장기간 파업을 하면 완성차 생산까지 차질을 빚을수 있기 때문이다. 2024년 현대트랜시스의 장기 파업으로 인하여현대차·기아는 1조 원에 달하는 생산 손실을 입기도 했다. 우리나라자동차 부품 생태계의 구조를 다시 한번 들여다봐야 한다는 주장이나오는 이유다.

국내 부품사 영업이익률, 글로벌 대비 '반토막'

한국자동차연구원(이하 한자연) 분석 자료를 보면, 국내 전자공시시스템에 등재된 국내 중소 부품기업(매출 1,800억 원 미만)의 2024년 평균 영업이익률은 2.22%다. 이는 한국은행이 집계하는 중소기업 평균 대출금리(4.8%)의 절반에도 못 미치는 수치다. 이들 중소 부품기업은 영업활동으로 버는 이익으로 대출이자조차 낼 수 없는 형편이다. 결국 이들은 정부 지원과 완성차 업체에 기댄 '좀비기업'으로 연명할 수밖에 없다.

글로벌 부품업체 평균과 비교해도 국내 부품업계의 이익률은 절반 수준이다. 국내 부품업계의 평균 영업이익률은 3% 내외로 추산된다. 한자연이 국내 대기업 계열 및 중소 부품사까지 모두 합쳐 213개사의 평균 영업이익률을 조사한 결과 2024년 3.62%, 2023년 3.13%로 집계됐다. 반면 유럽집행위가 발표한 〈산업별 R&D 비교〉 보고서를 보면 글로벌 주요 부품사의 2023년 평균 영업이익률은 6.02%로 나타났다.

완성차와 주요 부품사의 이익률 괴리가 커지는 점도 문제다. 2024년 현대차그룹과 토요타그룹의 주요 6개 부품사의 합산 영업이익률을 비교해 보자([자료 4-2] 참고). 완성차의 영업이익률은 비슷한 10% 수준으로 나타났다. 현대차·기아가 9.5%(합산), 토요타가 10%였다. 반면 핵심 6개 부품사의 영업이익률은 토요타의 경우 완성차의 절반 수준(5.3%)인 반면, 현대차그룹의 부품 계열사는 완성차의 3분의 1 수준(3.43%)에 그쳤다.

현대차그룹 주요 6개 부품사(현대모비스, 현대위아, 현대제철, 현대케피코, 현대트랜시스, 현대엠시트)의 합산 영업이익률을 계산해보면 3.43%다. 그나마 부품 계열사의 맏형인 현대모비스(5.37%)의 실적이 개선되면서 수치를 끌어올린 덕분이다. 하지만 이마저도 현대모비스의 캐시카우인 AS 사업 이익이 크게 작용했을 뿐, 핵심 모듈 및 부품 사업을 영위하는 사업부의 영업이익률은 마이너스 수준(-0.1%)에 그

현대모비스	5.37%		덴소	7.25%
현대위아	2.67%		아이신	4.14%
현대제철	0.69%		토요타자동직기	5.42%
현대케피코	1.98%		JTEKT	3.45%
현대트랜시스	0.62%		토요타고세이	5.65%
현대엠시트	0.89%		토요타부쇼쿠	2.17%
합산	3.43%		합산	5.30%
현대차·기아	9.51%		토요타	10.0%

[자료 4-2] 현대차 vs. 토요타 계열사 영업이익률 비교

*현대차그룹 2024년 영업이익률, 토요타그룹은 FY2025(2024년 3월~2025년 3월) 기준
출처: 각 사 IR

쳤다. 모비스의 AS 사업부 매출과 이익을 제거하면 현대차그룹 핵심 6개 부품사의 합산 영업이익률은 0.51%까지 떨어진다.

국내 부품사의 수익성이 낮은 이유

국내 부품사의 낮은 수익성 원인에 대해 완성차 및 부품업계, 연구업계, 노동계 등 각계 인사들을 만나 심도 있게 논의해 봤다. 전문가들이 공통으로 지적한 대목은 국내 부품업계의 현대차·기아에 대한 지나치게 높은 매출 및 R&D 의존도였다. 많은 전문가들이 예외 없이 동의한 지점은 지금 같은 구조가 미래 모빌리티 시대를 준비하는 부품업계는 물론 완성차인 현대차·기아에도 희망적이지 않다는 설명이었다.

부품업계의 입장에서 살펴보자. 수익률이 낮다 보니 R&D 투자에 소홀해질 수밖에 없고, 자체 기술 개발 역량이 없다 보니 완성차 업체와 단가 협상을 통한 수익 확보는 사실상 불가능하다. 결국 계속 돌고 도는 악순환이 반복된다. 수익이 우선이냐 기술 투자가 우선이냐 하는 문제는 마치 '닭이 먼저냐 달걀이 먼저냐'를 놓고 고민하는 것과 비슷하다.

이 같은 구조는 과거부터 이어온 현대차그룹의 수직 계열화 생산 방식에 기인한다. 완성차가 R&D 투자에 막대한 자금을 쏟아부어 신제품을 개발하면 협력사는 완성차의 레시피(설계도)를 그대로 받아 생산 납기와 수율을 맞추는 데만 주력한다. 부품사는 기술 개발은 물론 정보 수집, 안정적인 거래처 확보 등 사업의 상당 부분을 완성차 업체에 의존하게 된다. 다만 기술 주도권은 여전히 완성차 업체에 있기에 이익률(납품 단가)을 정하는 일은 완성차의 몫이다. 노동계 관계자는 "지금 구조에서 부품사는 완성차가 정한 영업이익률에 맞춰 모든 사업을 영위해야 하기에 자체적인 R&D나 경쟁력 확보에는 소홀할 수밖에 없다"며 "결국 완성차와의 거래 관계 유지가 부품사의 최우선 과제가 된다"고 지적했다.

완성차에 R&D가 집중된 구조는 미래 모빌리티 시대를 준비하는 완성차와 부품사 모두에게 부담이 되고 있다. 한자연이 추산한 2024년 우리나라 자동차 산업의 R&D 투자 규모는 최소 14조 원이다. 이중 70%가 넘는 금액을 현대차그룹이 투자한 것으로 파악된다. 기업의 매출액 대비 R&D 투자 비율을 나타내는 R&D 집약도를 살펴보면 현대차그룹 계열사의 집약도가 4.26%로 중소 부품사(1.41%)의 3배에 달했다. 특히 규모가 있는 1차 협력사의 경우 완성차의 이익률 통제와 R&D 투자 분담을 병행해야 하기에 이중고에 시달린다. 현대차그룹 계열 부품사의 2024년 영업이익률은 3.49%로 비계열 대기업·중견 부품사(3.81%)보다 오히려 낮았다. 2023년에는 계열 부품사 2.52%, 비계열 3.86%로 그 격차가 훨씬 컸다.

미래차 시대, 부품사 역할이 바뀐다

내연기관 시대 수직 계열화 방식의 생산 구조는 그간 완성차 업체에 절대적으로 유리했다. 현대차·기아는 부품 기술 내재화를 통해 기술의 주도권을 유지하고 기술 유출 가능성도 줄였다. 동시에 부품사에 대한 통제력을 확보하고 생산 효율성, 원가 절감 효과도 극대화할 수 있었다.

부품업계의 입장에서도 일방적으로 나쁘지만은 않았다. 일단 안정적인 거래처를 확보하고 꾸준한 수익을 낼 수 있었다. 한 해 완성차 생산 계획이 나오면 부품사들은 그에 따라 규모 있는 사업 계획이 가능했다. 설비 자동화나 스마트팩토리 등 생산 기술에 대한 자문과 지원도 꾸준히 받았다. 물론 이 같은 긍정적인 평가는 수직 계열 구조에서 벌어지는 노사 갈등 문제는 따로 떼어 놓고 생각할 때의 이야기다.

하지만 미래 모빌리티 시대에는 완성차와 부품사의 관계가 수직적 구조에서 수평적인 구조로 완전히 달라진다. 과거엔 기술 개발은 완성차의 몫이었고 부품사는 생산의 효율을 높이는 일이 가장 큰 과제였다. 이제는 기술 개발 초기에서부터 함께 과제를 나누고 공동 개발에 뛰어들 협력 파트너가 필요해졌다.

내연기관 시대 기계공학 위주의 R&D에서는 완성차가 주도권을 가져갔지만, 전기차와 SDV 시대에는 완성차가 손댈 수 없는 배터리, 전기·전자, 소프트웨어 등 경쟁력 있는 기술을 보유한 부품사만 살아남을 수 있게 된다. 이에 더해 전기차 시대엔 필요 부품의 수가 내연기관 차에 비해 3분의 2 수준(2만여 개)으로 줄어든다. 최근에는 보호주의 무역 기조가 강해지면서 현지 공급망 위주로 재편이 요구되고 있다. 특히 현대차·기아의 매출의 3분의 1 이상을 차지하고 있는 미국이 자국 부품사 위주의 공급망 구성을 요구하고 있어 완성차의 고민 또한 커지고 있다. 이 같은 변화는 국내외를 막론하고 부품 산업 전반에 구조조정이 불가피하다는 인식을 확산시키고 있다.

국내 2·3차 부품사들은 여전히 공작기계를 활용한 내연기관 부품 생산 등에 의존한 업체가 많다. 게다가 2만여 개의 국내 부품사 중 10인 미만 영세 사업자는 68%에 달한다. 이들이 단기간에 소프트웨어 기술력을 확보해 체질을 바꾸는 것은 사실상 불가능에 가깝다. 한자연의 〈2024 자동차 부품산업 실태조사 보고서〉에 따르면 2만 992개의 국내 자동사 부품사 중에서 현재 사업 전환 계획이나 준비조차 하지 않고 있다는 답변이 97.9%에 달했다. 이들은 추진 계획이 없는 가장 큰 이유로 '새로운 거래처 및 판로 확보의 어려움(58%)'을 꼽았다.

전문가들은 내연기관·하드웨어 중심의 국내 부품사에 대한 구조조정은 불가피하다고 입을 모은다. 대신 핵심 기업을 선택적으로 지원해 생태계의 건전성을 높여야 한다는 주장이다. 가격 경쟁력을 내세운 중국 부품업체에 대항하기 위해서는 무엇보다 월등한 실력 차이가 나는 부품 기술 확보가 중요하다. 이항구 한자연 연구위원은 "1만 5,000개 이상의 국내 부품사 중 30%는 소위 '좀비기업'으로 추정된다"며 "핵심 역량을 보유한 300개 사를 집중적으로 육성해 구조조정과 구조 고도화를 동시에 추진해야 한다"고 강조했다.

정부 차원에서 비계열사 중심의 1차 부품사에 대한 지원을 늘리는 것도 하나의 방안이 될 수 있다고 본다. 특히 해외 완성차 업체에 적극적으로 수주가 가능하고 원천 기술을 보유한 비계열 부품사에 대한 지원을 늘려야 한다는 주장이다. 우리나라 자동차 업계의 R&D 투자에서 현대차·기아의 의존도를 낮추고, 비계열 대기업 부품사의 성장으로 2·3차 업체까지 낙수효과를 누릴 수 있는 구조가 지금보단 훨씬 건강한 구조라는 판단에서다.

5장

더 치열해진
글로벌 무한 경쟁

HYUNDAI'S PHYSICAL AI REVOLUTION

미국에 쏠린 현대차 전략, 기회와 리스크

배터리 합작공장 사건으로 본 미국 리스크

2025년 9월, 미국 조지아주 서배너에 위치한 현대차-LG에너지솔루션 배터리 합작공장 현장에서 사상 초유의 일이 벌어졌다. 미국 이민 당국 단속반이 현장에 들이닥쳐 단기 비자를 문제 삼으며 불법 체류자 단속에 나선 것이다. 배터리 공장의 조기 가동을 위해 단기 비자로 미국에 입국해 생산 라인 셋업 작업을 진행하던 LG에너지솔루션 직원과 협력사 소속 생산기술직 직원 317명이 현장에서 체포됐다.

미국 이민 당국은 무비자로 90일 체류가 가능한 ESTA, 회의나 감독 등 제한적 업무만 허용되는 B-1 단기 상용 비자로 입국한 인력들이 건설·라인 설치·테스트 등 불법 노동에 해당하는 작업을 했다고 판단했다. 이 과정에서 출장차 미국에 갔던 300여 명의 한국인 근로자들은 하루아침에 구치소에 수감됐다. 이 소식은 한국은 물론 글로벌 산업계 전반에 큰 충격을 안겼다.

이 사건이 유독 큰 파장을 일으킨 이유는 단순히 체포라는 강경한 조치 때문만은 아니었다. 그동안 한국 사회에는 하나의 암묵적인 믿음이 존재해 왔다. 미국은 동맹국이자 우호국이며, 대규모 투자라는 '선물 보따리'를 들고 가면 언제나 환영받을 것이라는 인식이다.

특히 현대차처럼 수십억 달러를 투자해 현지에 공장을 짓고, 미국 정치권과도 긴밀히 소통해 온 기업이라면 최소한 현장 인력 문제만큼은 유연하게 넘어갈 수 있을 것이라는 기대가 있었다. 정의선 회장이 백악관에서 이 공장을 포함한 미국 투자 계획을 발표했고, 트럼프 대통령이 옆에서 "대단한 투자"라며 치켜세운 장면만 보면 당연히 이 같은 기대를 할 만했다. 전격적인 체포 소식을 접한 한국 정부와 기업 관계자들은 뒤통수를 맞은 듯한 당혹감을 감추지 못했다.

현실은 달랐다. 미국 이민 당국은 기업의 투자 규모나 정치적 상징성을 고려하지 않았다. 한국인이든, 일본인이든, 멕시코인이든 외국인 노동자는 어디까지나 외국인이었다. 미국 경제 부흥을 위한 첨단 산업이라는 명분도, 공장 가동 일정을 앞당겨야 한다는 현실적 사정도 판단의 기준이 되지 않았다. 이 장면은 한국 기업들이 오랫동안 믿어온 '미국에 투자하면 안전하다'는 공식이 더 이상 유효하지 않다는 사실을 적나라하게 보여줬다.

또 하나의 충격은 미국 현지 생산이 곧 리스크 해소를 의미하지 않는다는 점이었다. 그동안 글로벌 기업 전략에서 '현지화'는 관세와 정치적 리스크를 줄이는 해법으로 여겨져 왔다. 그러나 이번 사건으로 현지화는 새로운 규제와 제도적 리스크를 불러올 수 있다는 역설을 드러냈다. 공장을 세운 순간부터 기업은 미국의 법과 행정 시스템에 전면적으로 종속된다.

무엇보다 이 사건은 한국 기업들이 미국을 여전히 우방국 혹은 동맹국의 연장선에서 바라보고 있었음을 보여준다. 하지만 미국의 시선에서 해외 기업은 어디까지나 조건부 파트너에 가깝다. 전략 산업일수록 외국 기업에 대한 관리와 통제는 더욱 엄격해질 것이다. 이번 체포 사건을 계기로 한국 기업들은 미국을 단순한 개방형 시장이 아니라, 엄격한 규칙과 권력이 작동하는 공간으로 바라보게 됐다.

하지만 현대차는 선택을 되돌릴 수 없다. 이미 미국에 투입된 투자 규모와 자원은 막대하고, 글로벌 판매에서 미국이 차지하는 비중 역시 지나치게 커졌다. 2010년대 중후반까지 현대차·기아의 핵심 해외 시장이었던 중국 비중이 급격히 줄어들면서, 세계 두 번째 자동차 시장인 미국은 사활을 걸 수밖에 없는 시장이 됐다.

로컬 전기차 브랜드가 장악한 중국 시장은 사실상 다시 진입하기 어려운 상태다. 중국 비중을 줄이고 시장을 다변화하려면, 미국 비중이 높아지는 것은 피할 수 없는 수순이었다. 실제로 현대차·기아가 글로벌 시장에서 판매하는 차량 3대 중 1대는 미국에서 팔린다. 이제는 한국보다 미국에서 더 많은 차를 팔고 있다.

따라서 미국 중심의 생산·판매 체제로의 전환은 어찌 보면 자연스러운 결과다. 문제는 이제 트럼프를 비롯한 미국의 정치·제도 리스크를 어떻게 관리하느냐다. 정의선 회장이 미국 외교 관료 출신인 성 김 전 대사를 그룹의 전략담당 사장으로 영입하고, 현대차 대표이사로 미국 영업통인 호세 무뇨스 사장을 선임한 것도 미국 시장의 전략적 중요성을 반영한 인사다. 현대차의 다음 과제는 더 이상 '미국에 들어갈 것인가'가 아니라, 미국이라는 불확실성을 '어떻게 통제할 것인가'로 옮겨왔다.

글로벌 판매 3대 중 1대가 북미

현대차·기아가 미국 시장에 사활을 건 이유는, 그만큼 북미 시장의 중요성이 커졌기 때문이다. 2024년 글로벌 시장에서 판매된 현대차·기아 차량 3대 중 1대는 북미에서 팔렸다. 판매 대수로 보면 북미 판매량이 218만 대로 한국 판매량(125만 대)보다도 많다. 권역별 시장 규모로 봐도 북미 비중(31%)이 가장 높다.

과거 현대차·기아가 신흥 시장 중국을 중심으로 박리다매(薄利多賣) 방식을 취하며 글로벌 시장 점유율을 늘려왔다면, 2020년대 이후에는 선진 시장 미국을 중심으로 SUV와 친환경차를 앞세워 판매 대수를 끌어올리고 있다. 특히 미국 소비자들은 부가가치가 높은 대형차, SUV를 선호한다. 따라서 미국 판매가 늘면 늘수록 현대차·기아의 수익성도 가파르게 개선된다. 2024년 기준 현대차의 해외 시장 SUV 평균 판매가격이 7,000만 원, 기아가 6,000만 원을 넘어선 것도 미국에서 판매 확대가 주효했다.

현대차·기아의 연간 글로벌 판매량은 800만 대 이상으로 정점을 찍었던 2015년보다 낮아졌다(2024년 기준 720만 대). 하지만 2022년부터 현대차·기아는 3년 연속 사상 최대 매출과 영업이익 기록을 갈아치웠다. 양보다는 질을 우선하는 방향으로 성장 전략이 바뀐 영향이다. 선진 시장인 미국에서 제품력과 기술력을 인정받으면서 전 세계 시장에서 브랜드 가치가 높아지는 효과도 누렸다.

이는 해외에서 각종 상을 휩쓸고 있다는 것으로도 입증된다. 기아 EV3가 2025년 '세계 올해의 차(World Car of the Year, WCOTY)'를 수상하면서 최근 6년간 5차례의 세계 올해의 차를 석권했으며, 영국·핀란드·덴마크에서 올해의 차에 오르기도 했다. 또한 현대차그룹은 미국 시장 조사 업체 J.D.파워가 발표한 내구품질조사에서 2년 연속 1위(2022~2023년)를 달성했으며, 제네시스는 신차품질조사에서 프리미엄 브랜드 1위(2021년)를 기록했다.

수상 실적은 다시 현대차·기아의 미국 판매 확대에 힘을 실어주고 있다. 실용적인 미국 소비자들은 무엇보다 제품력 위주로 차량을 구매하기 때문이다. 공신력 있는 기관의 객관적인 평가 결과는 미국 소비자에게 효과적으로 어필하는 수단이 된다. 지성원 현대차 브랜드마케팅 부사장은 "마케팅 업계에서는 '미국은 성능을 사고, 유럽은 브랜드를 사며, 중국은 혁신을 산다'는 말이 있다"며 "미국 시장에서는 개별 차종의 수상 결과나 실질적인 소비자 혜택, 짧은 충전 시간 등 제품력과 실용적인 부분을 강조해야 한다"고 말했다.

유연함으로 미국 시장을 뚫다

미국 시장은 글로벌 자동차 산업의 바로미터다. 판매 규모만 놓고 봐도 중국 다음으로 크지만, 그보다 더 중요한 것은 이 시장이 기술·정책·브랜드 경쟁이 동시에 벌어지는 '종합 무대'라는 점이다. 전동화, 자율주행, SDV, 그리고 산업 정책이 가장 먼저 충돌하고 실험되는 곳이 바로 미국이다. 이 시장에서의 성과는 곧 글로벌 경쟁력을 입증하는 셈이다.

현대차·기아는 오랫동안 미국에서 '가성비 좋은 차'로 인식돼 왔다. 하지만 최근에는 이 틀을 벗어나 전동화와 IT 기술을 앞세운 첨단 브랜드로의 전환을 꾀하고 있다. 여기에 세련된 디자인 전략과 제네시스를 앞세운 럭셔리 프리미엄 포지셔닝까지 더하며, 공략 대상 소비자층을 빠르게 넓혀가고 있다.

핵심은 단순한 판매량 확대가 아니라 '선택받는 이유'를 만드는 것이다. 이를 위해 현대차는 미국 소비자가 가장 선호하는 SUV 중심으로 라인업을 재편했다. 대형 SUV 팰리세이드와 중형 SUV 쌘타페는 가족 중심 문화와 공간 활용도를 중시하는 수요를 정확히 겨냥했고, 아이오닉 5와 6은 전기차 전환기에 기술 감수성이 높은 소비자층을 끌어들이는 역할을 맡고 있다. 가격 경쟁력이 아니라 상품성과 이미지로 비교 대상에 오르는 전략이다.

이 같은 현대차의 미국 공략법은 주요 경쟁사들과 뚜렷한 대비를 이룬다. 토요타는 미국 시장에서 '안정성과 신뢰'를 최우선 가치로 삼아왔다. 하이브리드를 중심으로 전동화 속도를 조절하며, 내연기관에서 전기차로 넘어가는 과도기를 길게 가져가는 방식이다. 급격한 전환보다는 소비자의 수요와 기술 성숙도를 기다리는 전략이다. 전기차 전환에 늦었다는 비판을 받기도 하지만 리스크 관리 측면에서는 가장 안정적인 선택으로 평가된다.

반면 GM은 정반대의 길을 택했다. GM은 한때 하이브리드를 사실상 건너뛰고 '전기차 올인'을 선언하며 전통 완성차 기업 가운데 가장 공격적인 전동화 비전을 제시했다. 얼티엄(Ultium) 플랫폼을 앞세운 대규모 전기차 전략은 미국 정부의 산업 정책과도 강하게 맞물렸다. 그러나 시장 현실은 선언만큼 빠르지 않았다. 전기차 수요 둔화와 함께 수익성 문제가 불거지면서 GM은 최근 전동화 전환의 속도를 조절하고 있다.

문제는 GM에게 하이브리드라는 과도기적 선택지가 거의 없다는 점이다. 토요타나 현대차처럼 하이브리드로 시간을 벌 수도 없고, 전기차만으로 시장을 밀어붙이기에도 여건은 녹록지 않다. 전동화를 철회했다기보다, 전면전을 선언한 뒤 조정 국면에 들어섰지만 '중간 단계'가 없는 구조적 한계를 드러낸 셈이다. 2025년 GM이 현대차와 손잡고 공동 차종 개발에 나선 것도, 이러한 하이브리드 선택지를 보완하려는 시도로 해석된다.

이와 달리 현대차는 전동화와 하이브리드, 두 가지 전략에서 모두 경쟁 우위를 확보하고 있다. 토요타처럼 속도를 늦추지도, GM처럼 단번에 도약을 선언하지도 않았다. 대신 내연기관, 하이브리드, 전기차를 동시에 운용하며 전환의 완급을 조절한다. 기술 리스크를 분산시키는 동시에, 시장 변화에 따라 전략을 미세하게 조정할 수 있는 구조다. 이 같은 유연성은 현대차 전략의 가장 큰 강점으로 꼽힌다.

현대차그룹의 전략적 유연성은 미국의 인플레이션 감축법(IRA) 대응에서도 그대로 드러난다. 트럼프 2기 정부 출범 이후 전임 바이든 행정부의 핵심 정책이었던 IRA는 사실상 무력화됐다. 2025년 10월부터 전기차 보조금 성격의 세액공제도 폐지됐다. 미국 정부 정책 기조는 내연기관으로의 회귀를 시사하고 있지만, 현대차의 선택은 달랐다.

현대차는 오히려 과감한 전동화 투자를 결정했다. 미국 조지아주에 연간 30만 대 규모의 전기차 전용 공장을 건설한 것이다. 단기적으로는 수익성 부담이 불가피하지만, 미국 시장 초기 전기차 점유율을 선점하겠다는 판단이 깔린 선택으로 풀이된다. 정책 변화에 따른 시장 대응은 하이브리드라는 또 다른 선택지로 보완한다. 현대차그룹은 전기차 전용 공장으로 출범한 HMGMA에서 하이브리드 차량까지 생산하며 연간 생산 능력을 50만 대로 확대하기로 했다. 이는 단순한 판매 전략이 아니라, 미국 전동화 산업의 내부로 들어가겠다는 의지를 반영한 행보다.

브랜드 전략 역시 다층적으로 재편되고 있다. 현대차는 대중성과 기술 이미지를 담당하고, 기아는 보다 젊고 공격적인 디자인과 전기차 아이콘을 통해 새로운 고객층을 흡수한다. 동시에 제네시스는 프리미엄 시장에서 독일·일본 브랜드의 대안으로 자리매김하며 브랜드 스펙트럼을 확장하고 있다. 전환기일수록 선택지를 넓히는 전략이다.

생산과 고용 전략 역시 현대차 미국 공략의 핵심 축이다. 앨라배마와 조지아에 구축된 생산 거점은 비용 효율 이상의 의미를 지닌다. 현지 고용을 창출하고 지역 사회, 정치권과의 이해관계 안으로 들어가는 것은 외국 기업이 미국에서 장기적으로 생존하기 위한 필수 조건이다. 이를 통해 '미국 기업'인 GM과 경쟁하면서도, 토요타보다 더 공격적으로 현지화를 밀어붙이고 있다는 평가를 받는다.

결국 현대차의 미국 시장 공략은 '차를 잘 파는 전략'에 머물지 않는다. 생산과 고용, 기술과 정책을 하나의 흐름으로 엮어 전환기의 불확실성을 관리하는 전략이다. 토요타가 시간을 벌고, GM이 한 번에 넘으려 했다면, 현대차는 여러 개의 다리를 동시에 놓고 건너는 방식을 택했다. 미국 시장에서 현대차가 점점 '외부 경쟁자'가 아니라 '내부 플레이어'로 인식되는 이유도 여기에 있다. 이 전략의 성패는 단기 판매량이 아니라, 전동화 전환이 길어질수록 더욱 분명해질 것이다.

세계 최대 시장
중국을 뚫을 전략

토종업체에 밀린 현대차

"코로나19 팬데믹이 끝난 후 몇 년 만에 가본 상하이모터쇼 현장은 충격이었습니다. 중국 브랜드가 점령하고 있는 시장에서 어떻게 경쟁해야 할지… 정말 난감하더라고요."

사석에서 만난 한 현대차그룹 임원은 이같이 말했다. 현대차그룹에 중국 시장은 아픈 손가락이다. 2016년까지만 해도 현대차·기아 글로벌 판매의 23%를 차지했던 중국의 비중은 2024년 3%까지 쪼그라들었다. 판매 대수로 봐도 2016년 180만 대로 정점을 찍었다가 줄곧 내리막길을 걷고 있다. 2024년 현대차·기아의 중국 판매 대수는 43만 대 수준. 한때 10%에 육박했던 점유율은 1.6%까지 내려앉았다.

현대차·기아의 중국 판매량이 급감한 것은 2017년 발생한 사드 사태에서 시작됐다. 당시 중국 정부가 한국 기업의 중국 진출을 제한했고, 동시에 국민적인 반한 감정이 거세게 나타나면서 점유율 타격이 시작됐다는 분석이다. 이에 더해 코로나19 팬데믹은 중국 로컬 업체들이 전기차 전환을 서두를 수 있는 시간을 벌어줬다. 코로나19로 글로벌 완성차 업체의 전 세계 공장들이 속속 문을 닫은 가운데 중국 공장은 가동을 이어갔고, 빗장을 걸어 잠근 중국인들의 애국 소비 성향은 더욱 짙어졌다. 중국 전기차 업체의 급부상으로 2024년 현대차·기아의 중국 점유율은 결국 1%까지 쪼그라들었다.

여기서 한번 시계를 거꾸로 돌려보자. 사드 사태 이후 현대차·기아의 점유율 하락이 가속화한 것은 분명하다. 하지만 점유율 하락의 조짐은 사드 사태 이전인 2015년 무렵부터 이미 감지되고 있었다. 현대차·기아가 중국에서 경쟁력을 잃어버린 근본적인 원인에 대해서는 보다 복합적이고 심층적인 분석이 필요하다는 지적이 나오는 이유다.

현대차는 2002년 중국에 합자회사 형태로 진출한 이후 2010년까지 고속 성장을 이어왔다. 현대차와 베이징자동차그룹(BAIC)이 함께 설립한 합자회사 베이징현대는 두 자릿수 성장률을 지속하며 2013년 연간 100만 대 판매 고지를 밟았다. 해외 완성차 업체 중에서는 최단기간 달성 기록이다.

베이징현대는 2014년까지 공격적으로 판매량(176만 대)을 늘렸으나, 이듬해인 2015년(167만 대) 8년 만에 판매 감소세로 돌아섰다. 결국 2015년 상반기 베이징현대는 중국 시장 톱5 지위를 중국 창안자동차에 내주고 만다. 당시 언론에 나왔던 기사 제목을 살펴 보자.

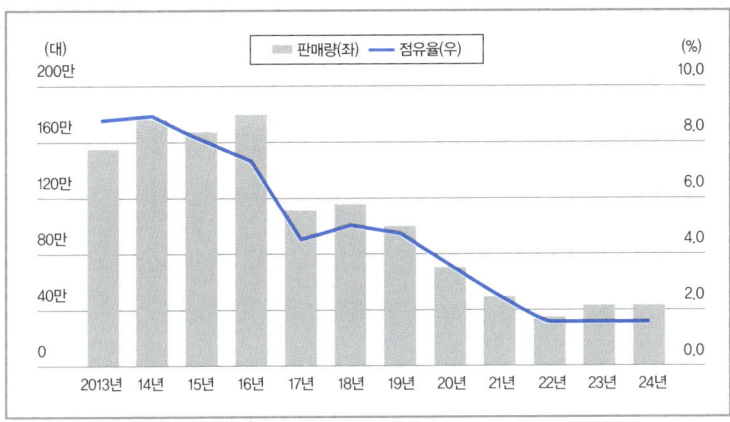

[자료 5-1] 현대차·기아, 중국 시장 판매량 및 점유율 추이

출처: 마크라인스 자료를 한국자동차모빌리티산업협회(KAMA)가 가공

"현대차, 6년 만에 中 토종업체에 추월(아시아경제)", "현대차, 중국서 토종업체에 6년 만에 밀려…올 것이 왔다(연합뉴스)", "현대·기아차 5년간 세계 시장 점유율 8%대 맴돌아…중국 업체는 성장(조선비즈)" 등이다.

여기서 주목할 만한 키워드는 '중국 토종업체의 성장'이다. 2015년 중국 승용차 시장 전체 판매 증가율은 6% 정도였는데 중국 로컬 브랜드 판매 성장률은 두 배 이상인 15%에 달했다. 과거 중국 시장은 독일, 일본, 미국, 한국 등 외국 브랜드가 주도해 왔다. 해외 브랜드는 기술력과 브랜드 인지도, 생산 효율의 측면에서 모두 중국 브랜드 대비 우위였다. 그래서 중국 정부는 자국 산업을 보호하기 위해 해외 브랜드의 중국 시장 독자 진출을 금지했다. 반드시 중국 자본 또는 기업과 손을 잡아 기술 이전을 담보해야 중국 시장에서 이익을 창출할 수 있다는 의미였다.

이 같은 보호정책으로 중국 업체들의 기술력은 점차 높아지게 된다. 차량 개발과 제품성의 측면에서 중국 소비자들에게 로컬 브랜드가 조금씩 인정받기 시작한 시기가 바로 2015년 무렵이다. 해외에서 유명 디자이너를 공격적으로 영입하면서 디자인에서도 좋은 평가를 받기 시작했다. 특히 중국 브랜드는 저가형 SUV 위주로 적극적인 라인업을 확장하면서 차별화 전략을 폈다. 2015년 중국에서 가장 많이 팔린 SUV 10개 모델 중 4개가 중국 브랜드의 SUV였다.

반면 당시 현대차·기아 는 글로벌 시장 전반에서 SUV 라인업이 약했다. 중국에서도 ix35, ix25 등 현지 전략형 SUV 라인업은 있었지만, 여전히 주력모델은 아반떼(랑동), 쏘나타 같은 세단이었다. 중국 업체는 현대차의 절반 가격에 신형 SUV 모델들을 쏟아냈다. 현대차 신형 투싼의 가격이 당시 환율 기준 2,700만 원(15만 위안)이었다면 중국 업체 SUV는 1,000만~1,200만 원(6만~7만 위안) 선으로 반값이었다.

브랜드 포지셔닝 측면에서도 중국 업체의 급부상은 곧 현대차의 점유율 하락을 의미했다. 중국 소비자들 사이에서 현대차는 외국계 브랜드 가운데 가장 가성비가 좋은 차로 통했다. 그동안 중국 브랜드 차는 기술력이나 디자인, 안전성에서 크게 뒤처졌기에 중국 소비자들은 외국 브랜드를 선택할 수밖에 없었다. 그중에서도 가성비를 중시하는 중국 서민층이 현대차를 선호해 왔다. 하지만 2015년을 전후로 중국 브랜드 SUV의 상품성이 빠르게 개선되면서 시장에서 현대차의 입지는 애매해졌다. 가격 경쟁력 면에서는 중국차에, 프리미엄 브랜드 이미지에서는 독일차, 기술과 내구성에 측면에서는 일본

차에 밀리는 신세가 됐기 때문이다.

현지화 전략과 합작 구조의 한계

"당시 업계에선 현대차와 중국에 동반 진출한 협력사를 두고 '황금알을 낳는 거위'라는 얘기까지 나올 정도였습니다. 그런 소문을 중국 정부가 모를 리 없었겠죠."

당시 상황에 정통한 현대차 고위 관계자는 이같이 진단했다. 현대차가 중국에서 입지가 좁아진 두 번째 원인인 현지화 전략의 실패와 연관된다. 현대차·기아는 2010년대 중반까지 중국 내 생산 시설을 공격적으로 확장했다. 2016년 기준 현대차·기아의 글로벌 판매에서 중국이 차지하는 비중은 23%에 달했으며, 매출과 이익에서 차지하는 비중은 이보다 높았다.

단숨에 중국 완성차 순위 톱5에 진입한 현대차는 톱3를 목표로 중국에 대규모 설비투자를 단행하게 된다. 베이징에 3개 공장에 이어 창저우와 충칭까지 5개의 공장을 가동했으며, 중국 내 생산 능력은 165만 대까지 확대됐다. 여기에 기아의 옌청공장까지 합치면 연간 250만 대에 이르는 생산이 가능했다. 동반 진출한 현대차의 150여 개 협력사도 중국 생산을 늘린 수혜를 고스란히 누렸다. 현대차가 중국 현지 부품사에서 공급받는 물량도 있었지만, 당시만 해도 기술력 격차를 이유로 주요 부품은 한국업체가 도맡았다.

시장에서 잘 나갈 때는 아무 문제가 없었다. 하지만 사드 사태로 양국 관계가 경색되고, 판매량이 급감하자 한국 부품업체의 지나치게 높은 이익률이 도마 위에 올랐다. 이 문제는 BAIC와의 합작 관계까지도 흔들 정도로 심각했다. 그동안 BAIC는 부품 공급사를 중국 현지 기업으로 전환할 것을 현대차에 꾸준히 요구해 왔으나 받아들여지지 않았다고 주장했다. 2017년 9월, BAIC는 한국 부품사에 20% 공급 단가 인하를 요구하며 납품 대금 결제를 미루기까지 했다. 이를 두고 당시 국내 언론은 중국 정부의 사드 보복 조치, 꼬투리 잡기의 일환이라고 비판했다.

하지만 내 생각은 다르다. 중국 시장에서의 가파른 점유율 상승에 취해 현대차·기아의 내부통제 시스템이 작동하지 않았다고 보는 편이 맞다. 한국 부품사들의 수익성이 적정한 수준인지, 합작 기업과의 신뢰를 이어가기 위해 어떤 방식으로 현지 공급망 구축을 늘려갈지 등에 대한 고민이 부족했던 결과다.

중국은 '콴시(關係)'를 통한 네트워크의 힘도 중요하지만, 자본 앞에서는 자본주의 국가보다 더욱 이해타산에 철저한 시장이다. 2000년대 초반부터 중국 정부가 자동차 산업에서 적극적으로 외자 유치를 했던 속내도 따로 있다. 선진 기술 이전과 지역 일자리 창출, 자동차 중심의 제조업 기반 확보 등을 목적으로 규제를 완화하고 경제적인 인센티브를 제공했다. 그러면서도 외국 자본이 합자회사의 지분 50% 이상을 보유하지 못하도록 규제했다. 해외 기업이 자국 시장에서 창출한 이익을 해외로 가져나가는 것을 최대한 막겠다는 일종의 경고다.

이 같은 측면에서 볼 때 현대차·기아의 초기 중국 현지화 전략의 접근법은 지나치게 단순했다고 본다. 중국 정부의 속내와 중국 자본 속성의 이면을 보다 다각적으로 분석하는 현지화 능력이 부족했다. 앞선 고위 관계자는 "과거 우리가 베이징자동차와 좀 더 신뢰를 쌓으면서 사업을 운영했으면 어땠을까 하는 아쉬움이 있다"며 "사드 사태는 (합작사와) 갈등이 불거진 계기가 됐을 뿐 근본적인 원인은 아니었다"고 말했다.

신에너지차 전환 경쟁 속 선택

현대차·기아 중국 점유율 하락의 또 다른 이유는 중국 시장 구조 변화에 있다. 신에너지차(New Energy Vehicle, NEV) 위주로 빠르게 변화하는 중국의 정책과 소비자들의 요구에 부응하지 못한 결과다. 중국 정부는 1990년대부터 전기차를 국가 중점 연구 항목에 포함하고 산업 육성의 의지를 드러냈다. 2000년대에는 산업육성 정책의 방향을 설정하는 동시에 전기차 산업의 표준을 만들고 핵심부품 사업 육성을 통한 전기차 생태계를 조성했다. 2010년대에 이르면서 중국의 전기차 산업은 본격적으로 꽃을 피운다. 2012년 1만 3,000대 수준이었던 중국 신에너지차 판매량은 2023년 950만 대까지 성장했으며, 신차 판매에서 신에너지차가 차지하는 비중도 2015년 1%대에서 2023년 31%까지 확대됐다.

　내연기관 시장에서 중국은 먼발치에서 따라오는 후발주자였지만, 출발선이 새롭게 그어진 전기차 시장에서 중국은 치고 나가기 시작했다. 반면 현대차·기아는 중국 토종 브랜드보다 전동화 전환에 속도를 내지 못하면서 자연스럽게 밀려났다.

중국 전기차 시장의 태동기였던 2015년 상하이모터쇼에서 공개된 신에너지차는 103종이었으며 중국 로컬 업체들은 이 중 절반에 가까운 51종(49%)의 차량을 선보였다. 당시 현대차와 기아도 쏘나타 플러그인하이브리드(PHEV) 쏘울 전기차(EV) 등 친환경차를 공개했지만 주력 차종은 아니었다. 당시만 해도 중국에서 전기차가 대세가 될 것이라고 감히 예상하기 어려웠기 때문이다. 반면 신흥 브랜드인 BYD 등 중국 업체들은 주요 전기차와 전동화 비전을 공개하며 시장에서 입지를 다져나갔다.

중국 토종업체의 급부상

2023년은 중국 승용차 시장에 기념비적인 해로 꼽힌다. 세계 최대 시장인 중국에서 토종 브랜드 점유율이 처음으로 외국 브랜드를 넘어섰기 때문이다. 컨설팅 업체 오토모빌리티가 중국자동차제조협회(CAAM) 자료를 기반으로 한 분석을 살펴보자. 2023년 중국 로컬 브랜드의 중국 승용차 시장 점유율은 56%로 처음 절반을 넘어섰다. 2025년에는 1분기에 68%까지 점유율이 치솟았다. 중국에서 팔리는 신차(승용차) 10대 중 7대는 중국 브랜드 차라는 의미다. 해외 브랜드의 중국 시장 점유율은 2023년 44%로 토종 브랜드에 역전당한 이후 2025년 1분기 기준 32%까지 쪼그라들었다.

2025년은 중국 자동차 시장에 다시 한번 변곡점을 맞는 해가 됐다. 신차 판매에서 신에너지차가 내연기관차를 앞지를 것으로 예상되기 때문이다. 연간 2,600만 대 규모인 중국 자동차 시장에서 신에너지차 침투율(특정 기술이나 제품이 전체 시장에서 차지하는 비율)은 점차 상승하고 있다. 2024년 연간 44%, 2025년 1분기 47%, 2025년 3월 월간 기준으로는 51%까지 올라왔다.

세계 최대의 자동차 소비 시장인 중국에서 신에너지차는 대세가 된 지 오래다. 신에너지차는 순수전기차(BEV), 플러그인하이브리드(PHEV), 주행거리 연장형 전기차(EREV), 수소전기차(FCEV) 등 탄소 배출을 현저히 줄인 차량을 아우르는 개념이다. 중국 자동차 시장은 2017년 2,900만 대 규모로 정점을 찍은 이후 2024년 2,600만 대까지 줄어드는 추세인데 내연기관 판매량은 9%가량 줄었지만 신에너지차는 무려 46% 늘었다.

이 같은 분석을 종합해 내릴 수 있는 결론은 충격적이다. 세계에서 신차의 3분의 1을 소비하는 중국인들이 이제 더 이상 해외 브랜드의 내연기관차를 사지 않는다는 것이다. 그들 사이에선 가격은 물론 주행 성능과 안전성, 디자인 그리고 심지어 브랜드 이미지 측면에서도 중국 전기차가 훨씬 낫다는 인식이 빠르게 확산되고 있다.

중국 토종업체가 자국 자동차 시장에서 급부상하게 된 이유를 살펴보자. 일단 중국이라는 거대 내수 시장을 보유하고 있기 때문이다. 2024년 기준 전 세계 시장에서 전기차(PHEV 포함)가 1,600만 대 정도 팔렸는데, 그중 66%(1,056만 대)가 중국에서 소비됐다. 2024년 전 세계에서 팔린 전기차 10대 중 6대는 중국에서 굴러다닌다는 의미

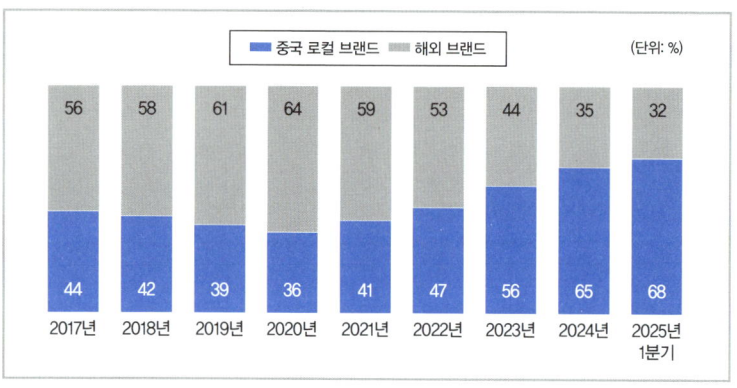

[자료 5-2] 중국 승용차 시장 브랜드 국가별 점유율

다. 거대 소비 시장이 있다는 점은 중국 제조사에 유리하다. 자국 소비자의 구매 파워를 기반으로 규모의 경제를 실현하면 원가를 절감할 수 있다. 소비자의 반응을 빠르게 반영해 제품 개발에 녹여낼 수 있으며 자국 브랜드로서 인지도를 높이고 유통망을 더욱 면밀하게 통제할 수 있다.

그렇다면 중국 토종업체들은 어떻게 전동화 전환에 앞서갈 수 있었을까? 기술적 측면과 정책적 측면으로 나눠볼 수 있다. 기술적 관점에서 보면 중국은 내연기관에선 후발주자를 벗어나지 못했다. 내연기관은 엔진과 변속기가 한 치의 오차도 없이 돌아가야 하는 정밀 기계 공학의 정수다. 엔진을 돌리기 위해서는 연료를 분사하고 점화, 배기 시스템까지 갖춰야 하는 복잡한 기계적 기술 수준이 요구된다. 이 분야에서 독일은 100년이 넘는 역사와 전통을 보유해 왔으며, 일본도 연비를 최적화한 내연기관에선 독보적인 영역을 구축했다. 한국은 독자 기술 엔진을 개발한 사실상 마지막 국가다.

2010년대까지는 중국도 내연기관 개발에 매진해 왔지만 선두그룹과의 격차를 좁히지는 못했다. 하지만 전기차 시대로 패러다임이 전환되면서 구동계의 기술적 난도가 크게 낮아졌다. 전기차는 엔진과 변속기 없이 고전압 시스템과 모터를 다루는 기술이 요구된다. 물론 배터리, 모터, 감속기를 제어하는 기술도 쉽지는 않다. 하지만 내연기관이나 하이브리드와 비교하면 기계적인 기술 수준은 더욱 단순하다는 게 업계의 중론이다. 대신 SW 기반의 전기·전자 기술에 더욱 높은 기준이 요구된다. AI를 활용한 SW 기술은 중국이 가장 앞선 분야 중 하나다.

내연기관 시대엔 꼴찌였던 중국 로컬 업체들은 전기차 시대가 도래하면서 가장 앞서 달리고 있다. 출발선이 다시 그어진 새로운 판에서 중국 정부도 막대한 지원을 쏟아부으며 함께 달렸다. 국제전략연구소(CSIS)에 따르면, 2009년부터 2023년까지 중국 정부의 전기차 산업 지원 규모는 2,309억 달러(약 322조 원)에 이르는 것으로 추산된다. 중국 정부는 전기차 구매 보조금부터 판매세 면제, 충전기 인프라 구축 보조금, 전기차 제조사를 위한 R&D 비용 지원, 정부 차원의 전기차 구매 등 다양한 방법을 총동원해 산업을 육성했다. 업계에선 직접적인 지원뿐만 아니라 저리 자금 대출, 낮은 비용의 토지 및 전력 제공, 지방 정부의 지원 등 보이지 않는 간접적인 지원의 효과도 상당했던 것으로 보고 있다.

중국의 전기차 굴기가 무서운 또 하나의 이유는 풍부한 전기차 생태계다. 정부가 대규모 보조금을 풀자 중국 내에는 수백 개 전기차 제조업체가 우후죽순 생겨났다. 2018년 중국 내 등록된 전기차 제조사만 500개가 넘었으며, 정부 보조금이 줄면서 2025년에는 100개 수준까지 줄었다. 2030년에는 50개 내외 업체만이 살아남을 전망이다. 언뜻 보면 그동안 중국 전기차 산업은 정부 보조금으로 연명해 온 허수였다고 생각할 수 있다.

하지만 반대로 생각해 보자. 신산업에 종사해 본 경험이 있는 풍부한 인력과 개발 히스토리는 여전히 중국 내에 남아있다. 또한 500개에서 50개까지 줄어들 때 10%의 경쟁률을 뚫고 살아남은 전기차 제조사라면 엄청난 글로벌 경쟁력을 보유하고 있을 가능성이 크다. 정부가 실패와 도전의 장을 만들어주고 그 안에서 기술 개발 노하우를 남기는 경험의 의미를 곱씹어볼 필요가 있다.

마지막으로 짚고 넘어가야 할 중국 업체의 경쟁력은 가격과 기술 혁신이다. 무엇보다 가격 면에서는 중국을 따라갈 수 없다. BYD의 소형 SUV '시걸(seagull)'의 2025년형 모델은 중국 내에서 기본 트림 판매 가격이 5만 6,800위안(약 1,096만 원)부터 시작한다. 한번 충전에 300km(중국 인증 기준)를 달리는 전기차를 1,000만 원 초반에 판매하고 있다. 우리나라에서 현대차는 소형 전기차 캐스퍼의 시작 가격을 2,800만 원대로 설정하고 있다. 국가 보조금을 받아도 2,000만 원대 초반에 구매가 가능하다(서울시 기준).

BYD는 수직 계열화를 통해 배터리부터 반도체, 모터까지 전체 부품의 75% 이상을 직접 생산하는 방식으로 원가를 절감했다. 특히 LFP(리튬·인산·철) 기반으로 '블레이드 배터리'를 자체 개발해 전기차 원가의 대부분을 차지하는 배터리 원가를 크게 낮췄다. 또한 중국 업체들은 완성차 개발과 제조 공정에서도 혁신을 이루고 있다.

시뮬레이션 소프트웨어 기술을 적극적으로 활용해 개발 기간을 단축하고 제조 공정에 산업용 로봇을 적극 투입해 생산 단가를 낮추기도 했다.

탈중국 전략은 신의 한 수

중국 시장의 현 상황을 감안하면 현대차그룹의 '탈(脫)중국' 전략은 신의 한 수였다. 물론 포트폴리오에서 중국 비중을 줄인 조치가 대외 환경에 적응하기 위한 기민한 전략이었는지, 아니면 자체 경쟁력 약화에 따른 도태였는지에 대해서는 이견이 있다. 하지만 결과론적으로 보면 글로벌 판매에서 중국 비중을 3%까지 낮추고 그 빈자리를 인도와 미국으로 채운 현대차·기아의 전략은 완벽하게 적중했다.

중국 시장에서 해외 브랜드 점유율은 코로나19 팬데믹 이후 5년 만에 반토막 났고, 폭스바겐그룹과 GM 등 중국 의존도가 높은 업체들은 위기를 맞았다. 2008년 글로벌 금융위기 이후 15년째 중국 시장 점유율 1위를 수성해 온 폭스바겐은 2023년 결국 신흥 로컬업체인 BYD에 밀려났다. 한때 중국에서 연간 400만 대의 차를 팔았던 GM의 2024년 중국 판매량은 180만 대까지 급감했다. GM은 2024년 중국 법인에서 50억 달러(약 7조 원)가 넘는 적자를 기록했다. 구조조정과 공장 폐쇄, 라인업 최적화 등의 초강수를 뒀지만 다시 중국 시장에서 살아날 수 있을지 장담키 어렵다.

반면 일찌감치 중국 비중을 낮춘 현대차그룹은 미국과 인도에서

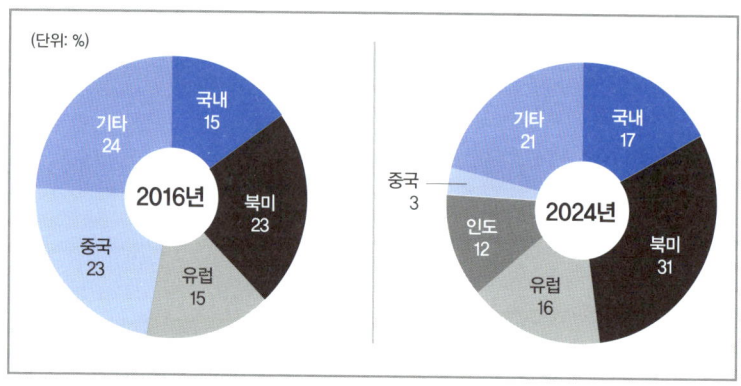

(단위: %)

2016년
국내 15
북미 23
유럽 15
중국 23
기타 24

2024년
국내 17
북미 31
유럽 16
인도 12
중국 3
기타 21

[자료 5-3] 현대차·기아, 권역별 판매 비중 변화

출처: 현대차·기아 IR 자료

점유율 확대에 집중하고 있다. 인구 대국 1위로 떠오른 인도에서는 내연기관차로 수익성을 확보하고, 선진 시장인 미국에선 친환경차 위주로 판매를 늘리며 이익을 극대화한다는 전략이다. 업계에서는 현대차그룹이 세계 최대 시장인 중국을 배제하고 2022년 이후 글로벌 완성차 3위의 '대업'을 이뤘다는 점에서 상당히 높게 평가하고 있다. 현재 현대차그룹 앞에 선 경쟁자는 토요타그룹(1위)과 폭스바겐그룹(2위)뿐이다.

다만 현대차그룹이 진정한 글로벌 완성차 1위로 올라서기 위해서는 앞으로 중국에서의 성장이 중요해 보인다. 미국과 인도에서 선전하는 가운데 유럽도 꾸준한 성적으로 뒷받침하고 있지만 폭발적인 성장을 견인할 중국에서의 점유율 확대가 무엇보다 필요하다. 현대차의 한 임원은 "고민되는 시장임에는 분명하지만 세계 최대 시장인 중국을 버리고 갈 수는 없다"며 "될 때까지 계속해서 전략을 수정해 가며 문을 두드려야 한다"고 강조했다.

중국 재공략을 위한 마스터 플랜

현대차그룹은 경쟁력 회복을 위해 중국 전략을 전면 재정비했다. 우선 현대차는 2024년 말 중국 현지법인 베이징현대에 7,840억 원 규모의 대규모 유상증자를 단행했다. 투자를 통해 현대차는 중국 맞춤형 전기차를 개발하고 중국 공장을 글로벌 수출 허브로 키우겠다는 의지를 밝혔다.

2025년 하반기에 현대차는 첫 중국 전용 전기차인 일렉시오(ELEXIO)를 선보였다. 현대차는 중국에서 생산하는 준중형 전기 SUV 일렉시오를 중국뿐만 아니라 동남아시아, 중동, 아프리카 등 신흥시장으로 수출한다. 이 차를 시작으로 현대차는 2027년까지 6종의 신에너지차 라인업을 구축한다는 전략이다. 기아도 옌청공장 등 중국에서 생산한 차종을 해외 시장으로 수출하며 내수 부진을 극복한다는 계획을 세웠다. 수출 물량이 늘면서 2024년 기아 중국법인은 8년 만에 흑자 전환에 성공했다.

현대차의 중국 전략이 과거와 달라진 점은 중국 현지 협력사와의 적극적인 제휴다. 배터리 등 전기차 주요 부품에서 중국 부품업체의 위상은 과거 내연기관 시대와 확연히 달라졌다. 2024년 베이징모터쇼에서 베이징현대는 중국 배터리업체인 CATL과 전략적 협업을 발표했다. 양 사는 함께 중국 전기차 공동 프로젝트를 진행하는 것은 물론 2027년까지 CATL 배터리를 탑재한 10종 이상의 전기차를 중국에 출시하기로 했다.

글로벌 합종연횡,
경쟁자의 손을 잡은 이유

왜 글로벌 거인들은 현대차를 택했나?

현대차그룹은 최근 일본과 미국 업체를 중심으로 전략적 동맹 전선을 빠르게 넓히고 있다. 2024년 현대차는 글로벌 완성차 판매 1위 기업인 토요타와 모터스포츠 경기를 공동 개최하며 협력 관계를 공식화했고, 같은 해 미국 최대 자동차 제조사인 GM과도 포괄적 사업 협력 제휴를 체결했다. 여기에 더해 구글의 자율주행 자회사 웨이모는 자율주행차 생산을 현대차에 맡기며 '제조 파트너'로 선택했다.

이들 기업이 동시에 현대차에 손을 내미는 장면은 글로벌 모빌리티 산업의 공식이 근본적으로 바뀌고 있음을 보여준다. 전동화 전환에 따른 투자 비용은 눈덩이처럼 불어났고, 자율주행과 AI 기술 경쟁은 속도전을 넘어 생존 경쟁의 영역으로 진입했다. 여기에 미·중 갈등을 축으로 한 지정학 리스크와 공급망 불확실성까지 겹치며, 완성차 기업들은 전례 없는 '삼중 압박'에 놓여 있다.

이제 문제는 기술력의 우열이 아니라, 리스크를 얼마나 분산시키며 버틸 수 있느냐다. 과거처럼 경쟁사를 상대로 높은 벽을 쌓고 독자 노선을 고수하는 전략은 더 이상 안전하지 않다. 오히려 모든 것을 혼자 해결하려는 기업이 가장 먼저 무너질 수 있는 구조가 됐다. 경쟁사와의 전략적 동맹은 선택의 문제가 아니라, 생존을 위한 필연이 됐다.

토요타와 현대차의 협력은 이런 변화의 상징적 사례다. 두 회사는 단순한 이벤트 협업을 넘어, 로보틱스와 AI라는 미래 기술 영역에서 접점을 넓히고 있다. 현대차가 보스턴다이내믹스를 통해 개발한 휴머노이드 로봇 '아틀라스'에 토요타가 연구해 온 인간 동작 기반 AI 기술(LBM)을 접목해, 보다 자연스럽고 안정적인 움직임을 구현하는 방향의 기술 협력이 논의되고 있다. 피지컬 AI라는 공통 목표를 향해 역할을 나누는 방식이다.

GM과의 협력은 보다 실용적이다. 양사는 전동화 차량을 공동 개발해 부품 단가를 낮추고, 북미 시장 대응력을 강화하는 데 초점을 맞췄다. 2028년 출시를 목표로 내연기관과 하이브리드 파워트레인을 모두 탑재할 수 있는 4개 차종과, 북미 시장용 전기 상용 밴 등 총 5종의 차량을 함께 개발하는 프로젝트가 진행 중이다. 전동화 전환 비용이 급증하는 상황에서, GM 역시 모든 플랫폼과 기술을 독자적으로 감당하기보다 현대차와 비용 및 리스크를 나누는 길을 택한 셈이다.

웨이모와의 관계는 현대차의 위상이 어디까지 올라왔는지를 가장 극명하게 보여준다. 웨이모는 세계 최고 수준의 자율주행 AI 기술을 보유하고 있지만, 이를 대량 생산할 제조 역량은 갖추지 못했다. 반대로 현대차는 자율주행 소프트웨어 경쟁에서는 선두가 아니지만, 글로벌 기준의 품질·안전·양산 경험을 갖춘 몇 안 되는 제조사다. 웨이모가 현대차를 자율주행차 생산 파트너로 선택한 것은, 현대차를 단순한 완성차 업체가 아니라 '자율주행차 파운드리'로서의 잠재력을 지닌 기업으로 평가했음을 의미한다.

과거 글로벌 자동차 산업에서 미·일 동맹은 낯설지 않았지만, 한·미 또는 한·일 동맹은 찾아보기 어려웠다. 그러나 지금은 상황이 완전히 달라졌다. 세계 최대 완성차 업체와 미국 빅테크 기업까지 현대차에 러브콜을 보내는 장면은, 현대차가 더 이상 추격자가 아니라 글로벌 모빌리티 생태계에서 협력을 조정하는 위치로 이동하고 있음을 보여준다.

현대차에게 토요타는 어떤 존재인가?

"결코 쉽게 이길 수 있는 상대가 아니다."

2024년 11월, 일본 토요타스타디움에서 만난 토요다 아키오 토요타자동차그룹 회장은 현대차그룹에 대해 이같이 말했다. 한·일 모터스포츠 대결을 앞두고 나온 발언이었지만, 지금의 글로벌 자동차 시장 상황에 비춰보면 묘하게 중의적인 표현이었다. 2021년부터 4년 연속 글로벌 판매 1위를 지키고 있는 토요타의 가장 강력한 경쟁자를 꼽자면, 이제는 이견 없이 현대자동차그룹이다.

불과 20여 년 전만 해도 토요타에게 현대차는 '빠르게 따라붙는 패스트 팔로어'에 가까운 존재였다. 신경은 쓰이지만, 판을 흔들 정도는 아니었다. 그러나 지금 토요타가 마주한 현대차는 단순한 경쟁자가 아니다. 혼자 상대하기엔 부담스러운 존재이자, 경우에 따라선 손을 잡아야 할 전략적 동반자로 위상이 바뀌었다.

사실 현대차에게 토요타는 오랫동안 롤모델이자 벤치마크였다. 토요타는 1980년대 미국 시장에서 살아남기 위해 품질이라는 한 가지 목표에 집요하게 매달렸다. 당시 '연비 좋은 저가차' 이미지에 머물러 있던 토요타는 J.D.파워의 초기품질조사(IQS)에서 상위권에 오르며 기술력과 내구성에 대한 신뢰를 쌓았다. 이를 발판으로 1989년 프리미엄 브랜드 렉서스를 출범시키며 브랜드 파워까지 끌어올렸다.

미국을 향한 현대차의 전략 역시 크게 다르지 않았다. 부품 공급망을 수직 계열화하고, 2000년대 내내 품질 개선에 사활을 걸었다. 2016년에는 제네시스를 미국에 론칭하며 '싼 차' 이미지를 벗기 위한 장기 프로젝트에 착수했다. 이 과정에서 정몽구 현대차그룹 명예회장은 "토요타를 따라잡아야 한다"는 말을 수시로 입에 올렸고, 토요타는 현대차가 반드시 넘어야 할 목표였다.

상징적인 장면은 2004년 J.D.파워 평가에서 나왔다. 현대차 쏘나타가 토요타 캠리를 제치고 중형차 부문 1위에 오른 것이다. 당시 김동진 현대차 부회장은 "현대차 역사상 가장 기쁜 날"이라고 공개 석상에서 경쟁사를 직접 언급할 정도였다. 그만큼 토요타는 현대차에게 '추월해야 할 절대 기준'이었다.

그러나 최근 몇 년 사이, 두 회사의 관계는 근본적으로 달라졌다. 2024년 10월 현대차와 토요타는 한국 용인 스피드웨이에서 모터스포츠 친선 행사인 '현대 N x 토요타 가주 레이싱 페스티벌'을 공동 개최했다. 행사 다음 날 주요 일간지 1면에는 한·일 자동차 업계 수장이 함께 포옹하는 장면이 실렸다.

20년 넘게 토요타에서 근무한 한 임원은 "토요타가 현대차와, 그것도 한국에서 공동 행사를 연다는 건 상상도 못 할 일이었다"고 말했다. 외신 기자들 역시 "르노와 푸조가 유럽 자동차 산업을 이끌던 시절을 떠올리게 한다"며 "토요타와 현대차가 글로벌 자동차 산업의 중심축을 동아시아로 끌어오고 있다"고 평가했다.

과거 두 회사의 관계를 규정하던 단어는 협력이나 우정보다는 경쟁과 견제에 가까웠다. 2008년 무렵 토요타가 현대차 인도공장 견학을 요청했다가 거절당한 사례는 이를 상징적으로 보여준다. 당시 인도는 토요타가 유독 고전하던 시장이었고, 현대차는 철저한 현지화 전략으로 점유율을 빠르게 끌어올리고 있었다. 당시 현대차의 단호한 거절은 경쟁의식은 물론 토요타에 대한 열등감까지 섞인 복잡한 감정에서 내린 결정이 아니었을까.

토요타 역시 현대차를 계속 의식해 왔다. 일본 와세다대학의 고바야시 히데오 교수는 2011년 저서 《현대가 도요타를 이기는 날》에서 "현대차와 토요타는 머지않아 나란히 서게 될 것이며, 진짜 경쟁은 그때부터 시작될 것"이라고 전망했다. 그 예언은 상당 부분 현실이 됐다. 토요타는 미국과 인도 시장에서 공격적인 가격 전략으로 현대차의 확장을 견제하고 있고, 수소전기차 등 미래 기술 분야에서도 현대차의 행보를 예의주시하고 있다.

GM까지 움직이게 만든 현대차의 변화

현대차의 위상 변화를 체감하는 것은 토요타만이 아니다. 미국 '빅3' 중 하나인 GM 역시 현대차를 더 이상 과거의 후발주자로만 보지는 않는다. 2024년 9월, 메리 바라 GM 회장이 뉴욕의 제네시스 하우스를 직접 찾아 현대차그룹과 포괄적 협력 MOU를 체결한 장면은 업계에 적지 않은 충격을 줬다.

GM은 한때 77년간 글로벌 판매 1위를 지킨 '미국 제조업의 상징'이었다. 그러나 2008년 금융위기 당시 파산보호 신청을 하며 급격한 쇠락을 겪었다. 이후 회사를 재건한 메리 바라 회장은 누구보다 변화에 민감한 경영자다. GM이 현대차와 손을 잡은 배경에는, 전기차 전환 비용 부담과 중국 시장에서의 수익성 악화, 그리고 혼자서는 감당하기 어려운 미래차 투자 부담이 자리하고 있다.

현대차 입장에서도 계산이 맞아떨어졌다. 공동 개발과 부품 공용화를 통해 원가 부담을 줄일 수 있고, 미국 시장에서 대신 목소리를 내 줄 GM이라는 '로컬 파트너'를 확보하는 효과도 있다. 특히 미국 전기차 시장에서 현대차가 GM과 점유율을 놓고 경쟁할 정도로 위상이 올라왔다는 사실은, 불과 10여 년 전과 비교하면 격세지감을 느끼게 한다.

다만 이 같은 동맹이 언제까지 지속될지는 미지수다. GM은 과거 혼다, 토요타와도 대규모 협력을 시도했다가 중도에 접은 전례가 있다. 그럼에도 불구하고 이번 협력이 갖는 의미는 분명하다. 토요타와 GM이라는 두 글로벌 거인이 동시에 현대차를 파트너로 선택했다는 사실만으로도, 현대차의 위상 변화는 충분히 설명된다.

토요타·테슬라·BYD와의 경쟁

토요타의 견제

세계 1위 토요타와 추격자 현대차

'세계 1위' 토요타는 현대차가 넘어야 할 가장 강력한 경쟁자다. 토요타는 2008년 글로벌 금융위기 이후에 GM을 제치고 글로벌 판매 1위로 올라섰다. 이후 폭스바겐에 잠시(2016~2017년) 자리를 내어준 것을 제외하면 2020년 이후 꾸준히 왕좌를 지켜오고 있다.

　토요타의 경영 철학을 집약한 '토요타 생산 방식(Toyota Production System, TPS)'은 1990년대 세계 제조업의 패러다임을 바꿨다. TPS의 핵심은 ①기계가 자동으로 움직이되 이상이 생기면 사람이 즉시 개입해 문제를 해결하는 지도카(Jidoka, 인간의 손길이 닿는 자동화), ②재고를 쌓아두지 않고 필요한 만큼만 부품을 공급하는 적기 생산(Just in Time)이다. 생산성을 극대화한 TPS는 오늘날까지도 글로벌 제조

기업이 참고하는 교과서이자 지침서로 통한다.

글로벌 자동차 산업의 관점에서 보면 토요타와 현대차는 가장 비슷한 구조를 가진 회사다. 내연기관부터 하이브리드(HEV), 전기차, 수소차까지 모든 파워트레인 포트폴리오를 갖춘 회사는 전 세계에서 토요타와 현대차, 단 두 곳뿐이다. 이제 두 회사는 경쟁자이자 협력자 관계로 진화했다. 미국과 유럽, 중국, 인도 등 세계 주요 시장에서 점유율을 두고 치열한 경쟁을 벌이면서도 수소경제 활성화와 글로벌 관세 대응, 중국 전기차 공세 대응 등 협력해야 할 부분도 많다.

기업 수익성 측면에서도 두 회사는 치열한 경쟁자다. 2024년 글로벌 판매 기준으로는 토요타가 약 1,000만 대로 1위, 현대차·기아가 720만 대로 3위다. 2025년 상반기 기준 영업이익률은 토요타가 9.2%, 현대차·기아가 8.7%로 전통 완성차 중에서도 최상위 수준이다. 높은 수익성의 비결은 하이브리드다. 다른 경쟁자들은 내연기관과 전기차라는 두 가지 포트폴리오로 모빌리티 전쟁에 참여해야 한다면, 두 회사엔 하이브리드라는 강력한 무기가 하나 더 있다. 전기차 시장이 2023년 이후 캐즘에 접어들면서, 하이브리드는 시장 전환기의 버팀목이 됐다.

두 회사는 '위기에 강한 조직'이라는 공통점도 있다. 가장 최근 위기는 글로벌 시장을 강타한 코로나19 팬데믹이었다. 2020년 토요타는 폭스바겐그룹을 누르고 글로벌 판매 1위의 왕좌를 되찾았다. 현대차그룹은 2020년 5위에서 2021년 3위로 뛰어오르면서 팬데믹 기간 동안 가장 높은 순위 상승을 보인 업체다. 위기의 순간을 기회로 바꾸는 기업 철학과 조직 응집력은 두 회사를 글로벌 1·2위의 반열에 올린 원동력이라 할 수 있다.

외향적 카리스마 아키오 vs. 절제된 전략가 정의선

회사를 이끄는 리더십도 닮은 듯 다르다. 토요다 아키오 토요타그룹 회장과 정의선 현대차그룹 회장은 강력한 리더십을 바탕으로 거대 자동차 그룹을 이끄는 총수라는 공통점이 있다. 두 총수는 창업주의 손자로서 본인의 경영 능력을 입증해야 하는 공통 과제도 안고 있다. 하지만 두 사람은 개인적인 성향은 물론 기업 운영 방식 또한 전혀 다르다.

개인적 성향을 살펴보면, 토요다 회장은 전형적인 외향형 리더다. 그는 개인 SNS를 통해 소소한 일상을 공유하며 대중과 적극 소통한다. 지역 라디오 프로그램이나 사내 라이브 방송에 출연하기도 하고, '모리조'라는 또 다른 캐릭터를 만들어 모터스포츠 선수로 활동하거나 본인의 이름을 딴 녹차를 출시하는 등 전통적 경영자의 틀을 깨는 소통 방식을 보여준다. 2024년 일본에서 열린 월드랠리챔피언십(WRC) 현장에서 만난 토요다 회장은 경호원 없이 행사장을 활보하며 팬들과 적극적으로 어울리는 모습이었다. 2024년 한국에서 현대차와 공동 개최한 모터스포츠 친선 행사에서는 직접 드라이빙 퍼포먼스를 선보이기도 했다. 일본 시모야마 토요타 테크니컬센터 로비에는 토요다 회장이 시험 주행 중 전복시킨 랠리카가 전시돼 있다. 토요타는 이 사고 장면을 공식 유튜브에 공개하며 차량 개발 과정과 총수의 실수까지 가감 없이 드러냈다. 토요다 회장은 소통과 현장 중심 경영, 진솔함을 무기로 자신만의 리더십을 구축해 왔다.

정 회장은 내향적이고 절제된 리더에 가깝다. 전면에 나서기보다 필요할 때 정제된 메시지를 던지는 스타일이다. 개인적인 캐릭터나 사적 일상을 드러내는 일은 거의 없고, 기업의 전략과 방향을 전달하는 공식 무대에서만 모습을 드러낸다. 대표적인 사례가 2025년 3월 미국 백악관에서 이뤄진 투자 계획 발표였다. 그는 도널드 트럼프 미국 대통령을 비롯해 전 세계인이 지켜보는 자리에서, 현대차그룹의 대미 투자 계획과 미국 시장의 중요성을 차분하면서도 힘 있는 어조로 설명했다. 이를 통해 국익과 기업 이익을 동시에 고려하는 '책임 있는 리더'의 이미지를 각인시켰다.

전기차 전환 논쟁 속 토요타 '멀티 패스웨이 전략'

흥미롭게도 두 사람의 경영 스타일은 개인적인 성향과는 정반대다. 토요타는 신중함과 철저한 현실 감각으로 완성도를 추구하고, 현대차는 속도와 도전으로 돌파구를 찾는다. 경영 스타일로만 보면 토요타가 내향형, 현대차가 외향형에 가깝다. 글로벌 1위를 지켜야 하는 토요타와 후발주자로서 퀀텀점프를 노리는 현대차의 위상 차이가 경영 전략에도 반영된 것이라 할 수 있다.

토요타는 시장의 판도를 바꾸는 혁신보다는 안전성과 내구성이라는 전통적 가치를 우선한다. 이 같은 보수적인 접근은 기술적 완성도와 품질을 지키기 위한 전략이었지만, 전기차 전환에서는 경쟁사보다 '속도가 느리다'는 비판으로 이어졌다. 2020년 당시만 해도 '전기차 중심의 전동화 전환'은 글로벌 완성차 업계의 공통 과제였다. EU는 2035년부터 내연기관 신차 판매 금지를 공식화했고, 폭스바겐과 현대차, 중국 전기차 업체들은 앞다퉈 전기차 라인업 확대에 나섰다.

반면 토요타는 2020년까지도 이렇다 할 순수전기차 모델을 내놓지 못했다. 시장 변화에 기민하게 대응하지 못한다는 지적이 쏟아졌고 '시대에 뒤처졌다'는 혹독한 평가도 나왔다. 그러나 토요다 회장은 다른 길을 택했다. 그는 "순수전기차의 점유율은 30%를 넘기기 어렵다"며 "하이브리드와 수소차, 내연기관차가 함께 공존해야 한다"고 강조했다. 탄소 배출 감축 그 자체가 목표이며, 특정 기술이 목적이 되어선 안 된다는 논리였다. 소비자 취향과 인프라 환경이 지역마다 다른 현실에서 단일 기술에 의존하는 것은 위험하다는 지적이었다.

당시에는 이 같은 발언이 전기차 전환에 늦은 '지각생' 토요타의 변명처럼 들렸다. 하지만 불과 3년 뒤, 그의 예견은 현실이 됐다. 2023년부터 수요가 정체되며 전기차 캐즘이 도래했다. 유럽 각국에서는 정부의 탄소 감축 목표가 비현실적이라는 불만이 커졌고, 소비 둔화와 공급망 혼란 등 급격한 전환의 부작용도 드러났다. 토요타는 소비자의 취향과 시장의 현실을 반영해 하이브리드, 수소, 내연기관 등 모든 친환경 기술을 병행하는 '멀티 패스웨이(Multi-Pathway) 전략'을 고수하고 있다.

토요타의 또 다른 특징은 기술 중심의 기업 문화다. 창업주 사키치 토요다는 발명가이자 엔지니어였다. 기술로 세상을 바꾸겠다는 그의 정신은 시대를 넘어 오늘날 토요타에도 그대로 이어지고 있다. 토요타는 새로운 기술을 먼저 개발해 특허를 확보한 뒤, 시장 상황이 무르익었다고 판단될 때 상용화하는 방식을 택한다. 토요타는 1997년 세계 최초의 하이브리드 모델을 선보이며 '친환경차 시대'의 문을 열었다. 이제는 전고체 배터리 기술 선점을 통해 차세대 전기차 시장의 주도권을 노리고 있다.

세계지식재산기구(WIPO)가 2025년 발표한 〈기술 트렌드: 운송의 미래(2024)〉 보고서에 따르면, 토요타는 2000년부터 2023년까지 전 세계에서 가장 많은 미래 운송 기술 관련 특허를 보유했다. 육상 운송 관련 특허만 3만 7,000건, 항공·해상 등 미래 운송 기술 전체로 범위를 넓히면 약 5만 5,000건에 이른다. 토요타는 AI와 로보틱스 등 미래 모빌리티 핵심 기술도 대부분 자체 연구소에서 직접 개발한다. 시간이 걸리더라도 기술 내재화를 고수한다.

반면 현대차는 M&A를 통해 보다 공세적인 기술 확보 전략을 펼치고 있다. 글로벌 로보틱스 기업 보스턴다이내믹스를 인수했고, 자율주행 분야에서는 미국의 앱티브와 합작해 모셔널을 설립하기도 했다. 최근에는 중국 자율주행 스타트업 인수도 검토하는 등 기술 외연을 빠르게 확장하고 있다.

테슬라의 혁신

자율주행을 넘어 AI 기업을 지향하는 테슬라

테슬라는 단순한 자동차 브랜드가 아니다. 전기차 제조를 넘어 자율주행, 배터리, AI, 로보틱스, 데이터센터 그리고 우주 탐사까지 아우르는 종합 에너지 솔루션 기업으로 진화했다. 자동차 산업의 전통적 경계를 허물며 기술·제조·비즈니스 전 영역을 재설계하고 있다.

과거 테슬라가 제시한 화두는 이제 업계의 표준이 됐다. 테슬라가 도입한 혁신 공법은 전기차의 대중화를 촉발했다. 배터리와 반도체 칩을 자체 개발해 생산 개발의 주도권을 쥐는 동시에 원가를 낮췄다. '기가 캐스팅(Giga Casting)'으로 불리는 초대형 주조 공법은 생산 공정을 단순화하고 자동화율을 끌어올리는 자동차 제조 혁신의 상징이 됐다.

또 테슬라는 자동차의 개념 자체를 바꿨다. '바퀴 달린 스마트폰', '움직이는 컴퓨터'라는 별칭처럼 끊임없이 진화하는 차를 만들었다. 이를 위해 SDV 플랫폼을 구축하고 무선 소프트웨어 업데이트(OTA) 기술을 도입했다. 덕분에 소비자들은 최신 소프트웨어를 다운로드 받으면서 신차를 사지 않아도 자동차를 최신의 상태로 유지하는 경험을 할 수 있게 됐다.

테슬라는 2012년 모델 S에 업계 최초로 OTA 기능을 도입했다. OTA를 통해 소비자는 차를 고치기 위해 반드시 서비스센터를 방문할 필요가 없어졌다. 당시 테슬라는 모델 S의 배터리 화재 가능성이 논란이 되자 차체 높이를 조정하는 소프트웨어를 원격으로 수정·배포해 문제를 즉시 해결했다.

이어 2019년 테슬라는 모델 3를 통해 중앙집중형 전기·전자 아키텍처(E/E 아키텍처)를 선보이며 SDV의 시대를 열었다. 이 시스템은 차량 곳곳에 분산돼 있던 전자제어장치(ECU)를 통합해 중앙의 고성능 컴퓨터 하나로 차량을 제어하는 구조다. 기존 내연기관 차량에는 100개가 넘는 ECU가 탑재됐지만 테슬라는 이를 4개까지 줄였다. 덕분에 전선 길이와 부품 수가 크게 감소했고, 차체 중량과 제조 비용까지 낮아졌다. 이 아키텍처는 이후 전기차 산업 전반의 표준 모델로 자리 잡았다. 현대차 역시 2026년까지 SDV 전환을 위해 동일한 구조를 개발 중이며 BYD 등 중국 전기차 업체들은 이미 2023년 이후부터 해당 방식을 빠르게 도입하고 있다.

최근 테슬라는 방대한 주행 데이터를 AI로 학습하는 '완전자율주행(FSD)' 시스템 개발에 열을 올리고 있다. 빠르게 구축한 SDV 플랫폼의 토대 위에서 자율주행 기술 경쟁에서도 선두권에 서 있다는 평가를 받는다. 테슬라 운전석에 앉는 순간, 사람들은 단순히 자동차를 타는 게 아니라 미래를 구독하는 경험을 하게 된다.

스마트 기기에 바퀴를 달다

테슬라의 브랜드 철학은 기존 완성차 기업과 출발선이 다르다. '싸고 좋은 차를 만든다'는 목표가 아니라 기후 변화에 대응하기 위한 수단의 하나로 전기차를 선택했다. 창업자 일론 머스크는 물리학·소프트웨어 지식이 풍부한 엔지니어형 기업가다. 전기차를 바라보는 그의 사고방식도 '스마트 기기에 바퀴를 단다'는 관점에서 출발했다. 차량 동력원으로 전기를 선택한 것도 친환경 전략인 동시에 IT 기기의 효율을 높이기 위한 필연적 선택이었다.

그렇다면 세계 최고의 IT 기업 애플도 실패한 '스마트카'를 테슬라는 어떻게 성공시켰을까. 해답은 테슬라 특유의 '실험주의' 정신에 있다. 테슬라는 소프트웨어 버그를 수정하고 지속적으로 업데이트하는 IT 산업의 개발 문화를 자동차에 그대로 이식했다. 완벽한 제품보다 빠른 실험과 시장 피드백을 우선시하고 '먼저 내놓고 끊임없이 수정하는' 오픈 베타형 혁신을 택한 것이다. 테슬라에 결함은 브랜드 리스크가 아닌 혁신의 일부로 받아들여졌다.

반면 애플은 '세계 최고'의 타이틀과 '완벽주의'에 갇혔다. 애플카를 만드는 '타이탄 프로젝트'를 10년 넘게 추진했지만 2024년 결국 포기 선언을 했다. 초기 목표를 '레벨 5 완전 무인 자율주행차'로 지나치게 높게 잡았기 때문이다. 애플은 세계 최고의 엔지니어들이 모인 집단으로 '움직이는 스마트폰'을 가장 잘 만들 수 있을 거라는 기대를 한 몸에 받았지만 현실의 벽을 넘지 못했다.

그들은 IT 소프트웨어와 기계공학적 하드웨어의 결합이라는 전혀 다른 자율주행 생태계를 이해하지 못했다. 걸음마조차 떼기 전에 금메달을 목표로 삼았으니 성과가 나왔을 리가 없다. 아예 새로운 영역에서 마주하는 수많은 난제를 뚫고 프로젝트를 이끌어갈 리더도 없었다는 지적이다. 일각에선 "스티브 잡스가 살아 있었다면 애플카는 성공했을 것"이라는 말이 나오기도 했다.

일론 머스크의 리더십은 결이 다르다. 그는 불가능을 끝까지 물고 늘어지는 집요함으로, 테슬라를 실험실이 아닌 산업의 중심으로 끌어올렸다. 그는 초기 전기차 개발 과정에서 엔지니어들과 극한의 논쟁을 벌이기도 했다. 대표적인 사례가 모델 S 초창기 배터리 설계였다. 디자인을 위해 차체를 더 낮추려는 머스크와 안전성을 위해 두께를 유지해야 한다는 엔지니어들이 맞섰다. 결과적으로 이 논쟁은 배터리팩을 차체와 일체화하는 구조적 혁신으로 이어졌다. 머스크는 조직 관리 측면에서는 다소 가혹하다는 평가도 있으나, 프로젝트의 성과만 보면 그의 리더십은 테슬라를 움직이는 가장 강력한 엔진이었다.

'혁신 방식'으로 경쟁하는 테슬라와 현대차

테슬라의 혁신은 생산 방식에서도 드러난다. 배터리 셀과 팩, 전기 모터, 소프트웨어, 반도체까지 자체 개발하는 수직 통합형 공급망을 구축했다. 기술을 외주가 아닌 내부 자산으로 쌓아가며 원가와 품질의 주도권을 동시에 확보했다.

2020년 모델 Y에는 세계 최초로 초대형 다이캐스팅(기가 캐스팅) 공법이 적용됐다. 70여 개 부품으로 나뉘어 있던 차체의 뒷부분(리어 보디)을 하나의 주조 부품으로 합쳐 '하나의 덩어리로 찍어내는' 방식이다. 이를 통해 원가를 40%, 무게를 30% 줄였다. 컨베이어벨트가 사라지면서 공장 면적은 20% 줄었다. 테슬라 제조 방식의 기본 방침은 사람의 손길을 최소화해 인건비를 줄이고 원가를 낮추는 것이다. 상하이 기가팩토리는 자동화율 95%에 달하며 로봇과 인공지능 제어 시스템이 대부분의 공정을 담당한다.

이 같은 변화는 원가를 낮춰 전기차 대중화를 앞당기려는 전략의 일부다. 테슬라는 생산성 혁신을 통해 '합리적인 가격의 전기차'를 현실로 만들었다. 그 모델은 완성차 업계의 표준이 됐다. 토요타는 아이치현 공장에 2026년까지 기가 캐스팅을 도입하겠다는 계획을 밝혔으며, 현대차도 동일 공법을 활용해 2026년 양산을 목표로 울산에 1조 원을 들여 공장을 짓고 있다.

테슬라가 대량 생산의 효율성을 극대화하는 데 주력하는 반면, 현대차는 다품종 소량 생산에서 제조 효율성 강화를 고민하고 있다. 현대차는 싱가포르 글로벌 혁신센터(HMGICS)에서 셀 기반의 유연 생산 시스템, 로봇의 제조 공정 투입, 디지털 트윈 등 다양한 생산 방식을 실험하면서 유연함과 효율성을 높이기 위한 시도를 이어가고 있다.

다만 현대차는 세계 최고 수준의 자동차 하드웨어 역량을 쌓아올렸기에 '품질 중심·완벽주의'의 틀을 완전히 벗어나긴 어렵다. 오랜 제조 전통 위에서 성장한 기업 특성상 기술 혁신도 중요하다. 하지만 완성도를 우선하는 문화가 뿌리 깊다. 이젠 SDV 플랫폼을 기반으로 한 자율주행 시대를 맞아 사고방식의 전환이 필요해 보인다. 2022년 출시된 현대차 7세대 그랜저의 초기 모델은 많은 소프트웨어 결함 논란이 있었지만 현재까지도 국내에서 탄탄한 수요가 이어지고 있다. 2024년 한 해 11만 대가 팔렸고 2025년까지 누적 26만 대를 돌파했다. 이는 소비자들이 이제 현대차에 완벽함보다 혁신을 기대하고 있다는 방증일지도 모른다.

현대차는 테슬라처럼 완전 내재화를 택하기보다 전략형 협업 모델을 구축했다. LG에너지솔루션, SK온 등과 배터리를 공동 개발하고, 삼성전자와 반도체 협력 등 우수한 기술력을 가진 국내 기업과의 전략적 동맹으로 경쟁력을 높이는 방식이다. 반면 테슬라는 기술의 시작부터 끝까지 스스로 통제하며 혁신 속도를 앞당긴다. 두 기업의 방향은 다르지만 '혁신'이라는 목표는 같다. 결국 그들의 경쟁은 자동차의 디자인이나 스펙이 아니다. 혁신의 방식에 있다.

AI 기업으로 변모하는 테슬라

2025년을 기점으로 테슬라 사업의 중심축은 '전기차'에서 'AI'로 옮아가고 있다. 과거 테슬라가 전기차를 매개로 탄소중립을 전면에 내세운 기업이었다면 이제는 AI를 통해 인류의 삶을 직접 변화시키는 기업으로 변모하겠다는 시도다. 자동차 자체를 '바퀴 달린 AI 로봇'으로 만드는 전략이 대표적이다.

테슬라는 FSD 소프트웨어의 베타 버전을 통해 북미에서 방대한 주행 데이터를 확보했다. 2025년 3월 테슬라가 밝힌 FSD 적용 누적 주행거리만 36억 마일(약 58억km)이다. 업계에서 이 수치를 구체적이고 주기적으로 밝히는 업체는 테슬라가 거의 유일하다. AI를 활용한 자율주행 업계에선 축적된 데이터의 양이 곧 핵심 기술 자산이다. 테슬라 최신 자율주행 시스템의 특징 중 하나는 한 번에 학습하고 처리하는 '엔드 투 엔드(E2E)' 신경망 구조를 적용했다는 점이다. 즉 외부와 상호작용하는 원격 통신망이 끊기더라도 차량 내부에서 AI가 스스로 인식→판단→제어를 수행할 수 있도록 했다.

테슬라의 수익 모델도 변화하고 있다. 테슬라는 FSD 구독과 로보택시 서비스로 사업의 무게 중심을 옮기고 있다. 머스크는 2025년 말까지 미국 인구 절반 이상이 테슬라의 로보택시 서비스를 이용할 수 있도록 하겠다는 구체적인 목표를 밝히기도 했다.

AI 인프라 측면에서도 변화가 감지된다. 2020년대 초반부터 테슬라는 자율주행 AI 학습을 위한 슈퍼컴퓨터 '도조(Dojo)' 프로젝트를 진행해 왔다. 최근에는 외부 클라우드 협업 모델로 방향은 다소 전환했지만, 자체 데이터센터에 대한 투자가 필요하다는 생각에는 변

AI 분야	주요 내용	특징 및 효과
자율주행 AI	FSD 시스템	딥러닝 기반 신경망 실시간 학습, OTA 업데이트, 완전자율주행 목표
AI칩 및 컴퓨팅	자체 개발 AI 칩 (Dojo 칩, AI5, AI6)	초고속 병렬처리, 저전력, 차량 내 고성능 연산
데이터 인프라	대규모 차량 주행 데이터 수집 및 분석	AI 학습 데이터 경쟁력 확보, 실시간 성능 개선
로보틱스 AI	휴머노이드 로봇 옵티머스	반복 작업 수행, 자율 작업 소프트웨어 구축

[자료 5-4] 테슬라 AI 사업 현황

출처: 언론 종합

함이 없다. 또한 자체 AI 반도체 칩(AI5 및 AI6) 개발에 집중하고 있다. 이는 엔비디아 등 외부 의존도를 줄이려는 전략으로 해석된다.

테슬라의 AI 기술이 우리의 일상에 가장 직접적으로 스며드는 영역은 로보틱스가 될 전망이다. 머스크는 현재 개발 중인 휴머노이드 로봇 '옵티머스(Optimus)'가 앞으로 테슬라 기업 가치의 80%를 차지하게 될 것이라고 공언한 바 있다. 옵티머스는 AI 비전과 제어 기술을 핵심으로 설계된 로봇이다. 자율주행차가 도로 위에서 스스로 인식·판단·제어하는 방식을 '걸어 다니는 로봇'의 형태로 옮겨 온 개념이다. 자율주행이 이동 자체의 패러다임을 바꿨다면, 옵티머스는 그 기술을 가정·산업·물류 등 물리 세계 전반으로 확장하려는 실험을 하고 있다.

BYD의 약진

BYD, 세계를 압박하다

BYD는 세계 전기차 시장에서 가장 빠르게 성장하는 기업이다. 전기차를 가장 많이 판매하는 1위 업체로, 단일 브랜드 기준 점유율이 20%에 육박한다. 2024년 글로벌 판매는 전년 대비 43%나 늘었고, 최근 4년 연속 두 자릿수 이상의 성장을 기록했다. BYD의 이 같은 고속 성장은 중국 시장 덕이 크다. 2024년 세계에서 거래된 전기차 10대 중 6대가 중국에서 팔렸을 정도로, 중국은 세계 최대 전기차 시장이다. 인구 14억 명의 초대형 시장에 전기차가 빠르게 보급되면서 중국 1위 브랜드가 자연스럽게 글로벌 1위로 올라섰다.

2025년에도 이 흐름은 계속되고 있다. 2025년 8월 누적 기준 전 세계 전기차 시장에서 중국 브랜드의 점유율은 43%에 달했다. 코로나19 팬데믹 이후 중국 소비자들 사이에서 '애국 소비' 심리가 강화된 데다 현지 전기차 브랜드의 기술력과 디자인 경쟁력이 빠르게 향상된 영향이다. 중국 시장은 이제 해외 브랜드에 '난공불락의 요새'가 됐다. 한때 10%를 넘었던 현대차·기아의 중국 시장 점유율은 이제 1% 수준으로 떨어졌다.

나아가 글로벌 완성차 업체들은 '중국식 혁신'을 극도로 경계하고 있다. 중국 업체들은 후발주자임에도 기술·생산·가격 경쟁력 삼박자를 모두 갖춘 새로운 혁신 모델을 구현했다. 세계 최대 시장인 중국을 잡지 못하면 글로벌 1위의 꿈도 멀어진다. 글로벌 경쟁자들마저 긴장하게 만든 '중국식 혁신'의 힘은 어디에서 비롯된 것일까?

BYD를 통해 그 의미와 원동력을 짚어본다.

중국식 혁신, 이윤보다는 이미지

중국식 혁신은 이윤보다 '혁신의 이미지' 그 자체를 추구한다. 자동차 마케팅 업계에서는 "미국 소비자는 성능을 사고, 유럽 소비자는 브랜드를 사며, 중국 소비자는 혁신을 산다"라는 말이 있을 정도다. 중국 소비자들은 새로운 기술과 신기한 기능, 즉 '혁신 그 자체'를 좇는 경향이 강하다. 안전성이나 내구성, 품질의 완성도보다는 기술적 신선함과 차별성이 집약된 자동차를 더 선호한다. 자동차를 단순한 이동 수단이 아닌 '혁신의 총체'로 바라보는 것이다.

BYD는 치열한 기술 경쟁 속에서 혁신 경쟁의 스타트를 끊었다. 그 무대는 BYD가 가장 자신 있는 배터리 분야다. 2025년 3월 공개된 차세대 전기차 플랫폼 '슈퍼 e플랫폼(Super e Platform)'이 상징적인 결과물이다. BYD는 이 플랫폼에 최고 출력 1,000kW, 최고 전압 1,000V에 달하는 초고출력·고전압 시스템을 적용했다. 내연기관차의 주유 시간과 맞먹는 충전 속도를 구현했다는 점에서 업계에 충격을 안겼다.

그전까지 가장 빠른 충전 기술을 가진 브랜드는 현대차였다. 2021년 현대차는 350kW 출력, 800V 전압을 지원하는 전용 플랫폼 E-GMP를 양산차에 도입했다. 배터리 잔량 10%에서 80%까지 충전에 18분이 걸리는 '초급속 충전'을 실현한 바 있다.

하지만 BYD는 이 기록을 4년 만에 뛰어넘었다. '5분 충전으로 주행거리 400km 확보'가 가능한 신기술을 내놓은 것이다. 출력과 전압 모두 현대차(350kW·800V)를 넘어섰고, 테슬라가 최근 선보인 최대 500kW 충전이 가능한 4세대 슈퍼차저보다도 높은 성능을 구현했다.

나는 2025년 6월 중국 선전에 있는 BYD 본사에서 슈퍼 e플랫폼 충전 시연을 직접 해봤다. 플래그십 전기 세단 '한(漢) L'의 충전구를 열고 커넥터를 연결하자 차가 순식간에 전력을 흡수했다. 디스플레이에 표시된 주행 가능 거리가 15km에서 400km로 변하는데 걸린 시간은 4분 49초였다.

BYD의 '5분 충전으로 400km 주행' 발표가 과장이 아니라는 점을 직접 확인한 순간이었다. BYD가 초고속 충전 기술을 처음 공개했을 때 업계의 반응은 회의적이었다. 발열과 내구성 문제가 걸림돌로 지적됐다. BYD는 배터리 안정성이 높은 LFP(리튬·인산·철) 기술을 채택하고 열관리 기술을 강화하며 발열 문제를 최소화한 것으로 전해진다.

또 초급속 충전 인프라 구축에 막대한 비용이 든다는 점에서 업계는 이 기술을 상용화하기까지 상당한 시간이 걸릴 것으로 보고 있다. 하지만 BYD는 기술 상용화 속도나 당장의 이윤보다 혁신 선도 기업으로서의 이미지를 유지하는 데 더 큰 가치를 뒀다. '세계 최초'라는 타이틀을 통해 브랜드의 기술 리더 이미지를 각인시키려는 전략이다.

배터리부터 완성차까지, 수직 계열화와 속도전

BYD의 또 다른 강점은 수직 계열화된 부품 공급망이다. 배터리부터 모터, 구동부품, 전력전자, 차량용 반도체, 차체와 플랫폼, 완성차 조립까지 자동차 가치사슬의 대부분을 내부에서 자체 개발·생산한다. BYD가 공식적으로 밝히지는 않았지만, 업계에서는 차 한 대에 필요한 부품의 75~80%를 BYD가 직접 생산한다고 분석하고 있다. 이는 글로벌 완성차 업계에서도 보기 드문 구조다.

BYD의 이러한 체계는 '배터리 기업에서 출발한 제조사'라는 출생 배경에서 비롯됐다. 1995년 왕촨푸(王傳福) 회장이 창업한 BYD는 원래 배터리 셀 생산 기업이었다. 휴대폰 배터리나 니켈·리튬이온 배터리를 공급하며 성장했고, 2003년 자동차 사업에 진출하면서 기존 배터리 기술을 전기차 생산에 접목했다.

배터리 기술 내재화는 BYD의 핵심 경쟁력으로 자리 잡게 됐다. BYD는 자회사 핀다를 통해 배터리 셀, 모듈, 팩까지 모두 자체 생산한다. 이 과정에서 '블레이드 배터리' 같은 독자 기술을 확보했고, 이는 안전성과 내구성 측면에서 LFP 배터리의 새로운 기준을 제시했다고 평가받는다. 또한 BYD는 원재료 확보를 위해 리튬과 코발트 등의 핵심 광물 채굴권 확보에도 나서고 있다.

핵심 부품을 내부 계열사에서 직접 개발·생산하는 구조는 ①원가 절감 ②공급망 안정성 ③기술 독립성 확보라는 세 가지 효과를 동시에 거둘 수 있다. BYD는 외부 부품사 의존도가 낮기 때문에 글로벌 반도체 공급난이나 해상 물류 지연 사태 때도 상대적으로 타격을 적게 받았다. 핵심 부품을 직접 설계·제작하기 때문에 기술 개발 속도가 빠르고, 결과적으로 '혁신적 브랜드 이미지'를 강화하는 데도 도움이 된다. 자체 공장에서 모든 부품을 조립해서 생산하기 때문에 시장 수요 변화에 따른 생산 속도 조절에도 유연함을 발휘할 수 있다.

BYD의 빠른 혁신 속도는 단지 기업 시스템만의 결과는 아니다. 중국식 사회·문화적 배경도 한몫을 차지한다. BYD는 최근 몇 년 만에 세계 곳곳에 10여 개 공장(중국 9개, 해외 5개 내외)을 지었다. 해외 공장만 보더라도 착공에서 가동까지 걸리는 시간이 평균 12~16개월에 불과하다. 보통 2~3년이 소요되는 일반적인 글로벌 완성차 공장 대비 절반 수준이다.

이는 중국식 혁신의 속도를 단적으로 보여준다. '예전 한국식 산업화 속도를 중국이 따라잡았다'는 말이 괜히 나오는 게 아니다. 주 52시간제나 강력한 노동조합 등으로 생산 유연성이 제약되는 한국·유럽식 구조와 달리 중국은 근로시간 유연성과 정책 지원, 신속한 행정 승인 덕분에 '결정→착공→가동'의 리드타임을 극단적으로 줄일 수 있었다. 물론 이 같은 구조가 노동자 친화적이라고 보긴 어렵다. 그러나 혁신과 속도를 최우선 가치로 두는 기업 입장에서 보면 이 같은 사회적 환경은 '중국식 혁신'이 작동하는 핵심 동력 중 하나임에는 분명하다.

유럽·미국 장벽 앞에 선 BYD의 과제

급성장하던 BYD도 최근에는 한계를 드러내고 있다. 중국 전기차 시장에서 점유율 1위(2025년 1분기 기준 약 42%)를 기록하고 있지만 내수 경쟁이 지나치게 치열해지면서 성장의 속도가 둔화되고 있다. 중국 전기차 시장 전체의 성장세가 완만해지자 과잉 설비투자에 대한 우려도 커졌다. 시황이 좋을 때 공격적으로 증설했던 생산 능력이 오히려 부담으로 돌아올 수 있다는 지적에 직면했다.

이런 이유로 BYD를 비롯한 중국 전기차 업체들은 해외 시장으로 눈을 돌리고 있다. BYD가 2025년 1분기 글로벌 시장에 판매한 100만 대 중 20만 대는 유럽과 남미, 동남아시아 등 해외로 수출됐다. 2025년 말부터는 유럽 현지 생산을 위한 연간 80만 대 생산 규모의 헝가리 공장이 본격 가동에 들어간다.

특히 BYD는 유럽 등 고부가가치 시장 공략에 속도를 내고 있다. 같은 차종이라도 유럽 시장에서 팔리는 차량 평균 판매 단가가 중국보다 3배 이상 높기 때문이다. BYD의 엔트리급 전기차 '돌핀 서프 (2025년형)'의 독일 판매 가격은 2만 2,990유로(약 3,800만 원)부터, 같은 플랫폼의 중국 내수용 모델 '시걸'은 5만 6,800위안(약 1,060만 원)부터 시작한다. 중국에서 1,000만 원대에 팔리는 차가 유럽에서는 3,000만 원대에 팔리는 셈이다. 3배 이상 비쌈에도 불구하고 유럽 브랜드 전기차와 비교하면 여전히 가격 경쟁력이 있다. 폭스바겐의 소형 전기차 ID.3의 독일 판매 가격은 5,000만 원대(약 2만 9,760유로)부터 시작된다.

중국의 가격 경쟁력을 견제하고자 유럽 내에서는 "중국 브랜드가 중국 정부 보조금 덕에 지나치게 싼 가격에 전기차를 판다"며 공정 경쟁에 위배된다는 지적이 제기됐다. 이에 EU는 2024년 10월부터 중국산 전기차에 최대 45.3%의 반덤핑 관세를 부과했다. 중국 전기차가 유럽 제조업의 경쟁력을 위협한다는 이유에서다. 미국 시장은 상황이 더 까다롭다. 미·중 갈등 심화로 미국은 중국산 전기차에

25%의 고율 관세를 적용하는 한편 부품 원산지와 데이터 관리 기준을 강화하고 보조금 지원 대상에서도 제외했다. 사실상 중국 완성차의 미국 시장 진입을 봉쇄한 것이다. BYD도 멕시코를 통한 우회 수출을 검토했지만 결국 철회했다.

최근 BYD는 자율주행 보조 시스템 '신의 눈'의 전 차종 확대를 선언하기도 했다. 고급차에 국한됐던 기술을 중저가 모델로 확산해 자율주행 기술의 대중화를 노린 전략이다. 기술 접근성을 무기로 글로벌 자율주행 경쟁에서 주도권을 강화하려는 포석이다. 2025년 6월 중국 선전에서 시승한 BYD 프리미엄 브랜드 '양왕(仰望)'의 플래그십 SUV 'U8'은 내비게이션에 목적지만 입력하면 길 찾기부터 신호 인식, 주차까지 차량이 스스로 수행했다. 도로 위 주행 전 과정이 운전자 개입 없이 이뤄질 만큼 자율주행 기술의 완성도는 이미 경쟁 완성차보다 한발 앞서 있다는 인상을 줬다.

BYD의 약진이 현대차그룹에 던지는 메시지는 분명하다. 첫째, 현대차는 중국 전기차 업체들이 진입하기 어려운 미국 시장에서 주도권을 확보해야 한다. 미국은 중국에 이어 세계 2위의 자동차 시장이자 글로벌 완성차 기업들이 기술력과 브랜드 경쟁력을 겨루는 핵심 무대다. 이 시장에서 인정받는다는 것은 곧 브랜드 신뢰와 수익성을 동시에 입증하는 일이다. BYD 등 중국 브랜드가 발을 들이지 못한 틈을 활용해 선제적으로 입지를 굳혀야 다가올 전기차 시대의 글로벌 점유율 경쟁에서도 우위를 점할 수 있다.

둘째, 인도·동남아·중남미·중동 등 신흥 시장에서의 한·중 전기차 경쟁이 불가피하다는 점이다. 이 지역은 브랜드보다 가격 경쟁력이 구매 결정의 핵심 요인이다. 원가 경쟁력이 뛰어난 전기차를 생산할 수 있는 기업으로는 현대차, BYD, MG(상하이차), 지리자동차 등이 꼽힌다. 결국 앞으로 신흥 시장은 '저가 전기차 전쟁터'가 될 것이며, 이곳에서 살아남는 기업이 글로벌 전기차 시장의 최종 승자가 될 가능성이 크다.

6장

에너지 대전환의 파도

HYUNDAI'S PHYSICAL AI REVOLUTION

하이브리드로
승부를 띄우다

전기차 캐즘으로 하이브리드로 선회

전기차 시장에 캐즘이 길어지면서 하이브리드(HEV)가 차세대 친환경차 동력원으로 주목받고 있다. 지난 몇 년간 급속히 성장했던 전기차 시장은 미국과 유럽을 중심으로 보조금 축소, 충전 인프라 한계, 가격 부담 등 현실적인 제약에 부딪히며 성장세가 둔화됐다. 소비자들이 전기차를 대신해 하이브리드를 선택하면서 새로운 트렌드로 부상하게 됐다.

현대차그룹도 하이브리드를 앞세워 미국과 유럽을 비롯한 글로벌 시장 공략에 속도를 내고 있다. 특히 7년 만에 완전 변경 모델로 출시한 신형 팰리세이드에는 현대차그룹이 새롭게 개발한 차세대 하이브리드 시스템이 탑재됐다. 현대차는 하이브리드 팰리세이드를 2025년 하반기부터 미국 시장에도 출시했다. 미국 시장 주력 차급인 대형 SUV에 새로운 하이브리드 시스템을 탑재하면, 팰리세이드는 현대차 미국 판매의 핵심 차종으로 떠오를 전망이다. 현대차그룹은 미국 조지아주에 위치한 전기차 전용 공장(HMGMA)에서 하이브리드 설비를 추가해 하이브리드의 현지 생산도 늘린다. 이를 통해 '토요타 천하'였던 미국 하이브리드 시장에 본격적인 도전장을 내밀었다.

2025년 상반기 미국에서 판매된 현대차·기아 하이브리드 모델은 총 13만 6,180대로 전년 동기 대비 45.2% 증가했다. 같은 기간 전기차 판매는 28% 감소한 4만 4,533대에 그쳤다. 증감률 수치만으로도 전기차 캐즘의 대안으로 하이브리드가 급부상하고 있다는 사실을 확인할 수 있다. 특히 미국 트럼프 정부가 전기차 세액공제(보조금) 혜택을 2025년 9월부로 종료함에 따라 전기차 관련 불확실성은 더욱 커졌다. 이 같은 상황에서 하이브리드는 친환경차의 새로운 대안으로 주목받으며 현대차·기아의 실적 상승을 이끌고 있다.

시장 변화에 따라 현대차그룹은 기존 전략을 대폭 수정했다. 전기차 전환 속도를 늦추고 하이브리드 비중을 크게 늘렸다. 2023년 현대차의 중장기 비전을 보여주는 '현대 웨이(Hyundai way)' 전략에는 전기차 관련 내용이 주를 이루었지만, 그다음 해 발표된 현대 웨이에서는 하이브리드 관련 내용이 크게 보강됐다. 현대차는 하이브리드 차종을 기존의 7종에서 14종으로 확대할 계획이며, 제네시스는 전기차 전용 모델을 제외한 전 차종에 하이브리드 라인업을 구축하기로 했다. 종래에 제네시스 브랜드는 하이브리드라는 징검다리 없이 전기차로 바로 전환하겠다고 선언을 했었는데, 노선을 바꿔 제네시스만을 위한 별도의 하이브리드 시스템을 개발하기로 한 것이다. 기아도 셀토스, 텔루라이드 등 인기 모델에 하이브리드 라인업을 추가하고 하이브리드 차종을 10종까지 늘린다.

차세대 하이브리드, 뭐가 달라졌나?

2025년 첫선을 보인 차세대 하이브리드 시스템은 기존 가솔린 엔진과 비교해 연비는 45%, 최고 출력과 최대 토크는 각각 19%, 9% 높아졌다(2.5T 하이브리드 기준). 신형 팰리세이드에 탑재된 가솔린 2.5T 하이브리드 시스템은 최고 연비 14.1km/L, 시스템 최고 출력 334마력, 최대 토크 46.9kgf·m의 성능을 갖췄다.

기존 현대차그룹의 하이브리드 시스템은 가솔린 1.6T HEV, 가솔린 2.0 HEV, 가솔린 1.6 HEV 등 3가지였다. 배기량 1.6~2.0L의 중형 가솔린 엔진을 기반으로 만들어진 시스템으로 아반떼부터 카니발까지 모든 차종을 커버해야 했다. 따라서 카니발 같은 대형 차종에는 하이브리드 시스템 출력이 부족하다는 지적도 제기됐다.

이를 극복하기 위해 현대차그룹은 차세대 하이브리드 시스템의 선택지를 3종에서 5종으로 늘리기로 했다. 2.5 터보 하이브리드를 비롯해 후륜 하이브리드까지 다양한 차종에 적용 가능한 시스템 5종(전륜 HEV 4종, 후륜 HEV 1종)을 개발한다. 이를 통해 100마력 초반의 소형 차종부터 300마력 중반 이상의 고출력이 필요한 대형 차종까지 모두 커버할 수 있는 하이브리드 시스템 라인업을 구축할 계획이다.

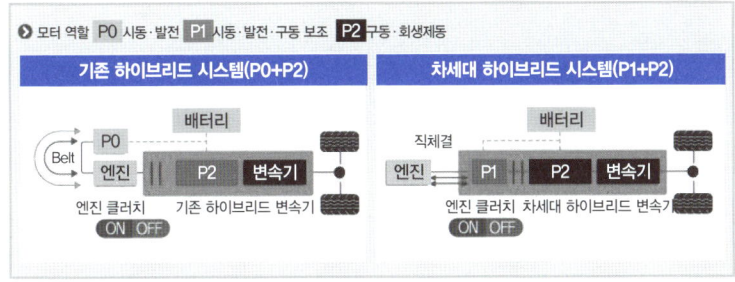

[자료 6-1] 현대차그룹 하이브리드 시스템 변화

　현대차그룹의 차세대 하이브리드 시스템은 구동 보조 기능 모터를 하나 추가해 구동 성능을 높인 것이 특징이다. 물론 연비도 더 좋아졌다. 현대차그룹의 하이브리드 시스템은 병렬형이다. 하이브리드 시스템은 구동 모터의 위치에 따라 P0~P4로 분류된다. 기존 시스템에서는 구동을 담당하는 모터가 1개였다. 시동과 발전을 도와주는 모터(P0)가 하나 더 있었지만 사실상 구동에는 큰 영향을 미치지 않았다. 새로운 하이브리드 시스템에는 구동에 직접적인 도움을 주는 모터(P1)가 하나 더 추가됐다. 이 모터(P1)를 엔진에 직접 연결해 에너지 전달 효율도 높였다.

　구동을 보조하는 모터(P1)와 구동의 주된 역할을 하는 모터(P2) 사이에는 엔진 클러치가 있다. 현대차그룹 하이브리드 차량은 클러치를 붙였다 뗐다 하면서 엔진 및 모터와 바퀴의 연결을 조절한다. 배터리의 힘으로만 주행하는 전기(EV) 모드에서는 엔진 클러치를 떼고 모터(P2)만으로 주행한다. 그러다 고속 구간에 진입하면 엔진 클러치를 연결해 엔진과 모터 2개(P1, P2)가 모두 힘을 합쳐 바퀴를 굴린다. 이 같은 시스템 덕분에 현대차그룹 방식의 하이브리드는 경쟁사 대비 고속 주행에 강점이 있다.

새로운 시스템에 모터를 하나 더 추가하면서 출력은 이전보다 높일 수 있지만 파워트레인의 크기와 부피를 줄이는 것이 개발진의 가장 큰 과제였다. 이를 위해 고밀도 설계와 냉각 시스템을 강화해 모터 크기를 줄이고 내장형 댐퍼와 전동식 오일펌프, 일체형 케이스 등 다양한 기술을 적용했다. 결과적으로 모터(P1)를 하나 더 탑재했음에도 불구하고 변속기의 총 길이는 불과 8.5mm 늘어나는 데 그쳤다.

승차감도 개선됐다. 초기 현대차 하이브리드 시스템은 엔진 클러치가 붙었다 떨어질 때의 변속 충격이 운전자에게 전달된다는 점에서 주행 감각이 나쁘다는 평이 많았다. 전기 모드에서 모터로 조용히 달리다가 엔진이 깨어나 주행에 개입할 때 이질감이 바로 느껴진다는 이유에서였다.

하지만 꾸준한 개선을 통해 이제는 변속 충격이 거의 느껴지지 않을 만큼 기술력이 올라왔다는 평가다. 이번 차세대 하이브리드 시스템에서도 엔진 개입의 이질감이나 실내 정숙성이 측면이 크게 개선됐다. 현대차그룹은 하이브리드 변속 로직(ASC)에 'P1 모터'를 추가로 활용해 부드럽고 빠른 변속 성능을 구현했으며 엔진 클러치 제어를 개선해 엔진 개입의 이질감을 줄였다. 그 밖에도 정차 중 엔진 구동으로 배터리를 충전하는 상황에서 P1 모터를 활용해 엔진의 진동과 저주파 소음을 줄여주는 기술을 새롭게 적용해 실내 정숙성까지 강화했다.

현대차 vs. 토요타, 하이브리드 장단점 비교

현대차그룹 하이브리드 시스템은 경쟁사와 어떤 차별점이 있을까? 하이브리드의 원조이자 절대 강자로 불리는 토요타의 시스템과 비교해 보자. 자체적인 하이브리드 기술을 보유한 토요타와 현대차는 글로벌 시장에서 투톱 체계를 구축하고 있다. 두 기업 모두 기술력은 세계적으로 인정받고 있지만 시스템의 종류는 다르다. 현대차는 병렬형 하이브리드, 토요타는 직병렬형 하이브리드 시스템을 채택하고 있다.

'하이브리드 원조' 토요타는 직병렬 방식을 채택해 1997년 세계 최초의 하이브리드 양산차 프리우스를 출시했다. 당시 경쟁자들은 토요타의 직병렬 방식을 '완성형 하이브리드'라고 부를 정도로 기술의 벽이 높았다. 하지만 현대차는 토요타의 특허를 피해 다른 방식인 '병렬형'을 선택해 독자 하이브리드 기술을 개발하게 된다. 개발 초기 엔진 개입 시 이질감이 가장 큰 문제로 지적되면서 주행 품질이 낮다는 비판이 제기되기도 했다. 하지만 독자 노선을 걸으며 기술 개발에 꾸준히 매진해 온 결과, 이제는 현대차 방식의 하이브리드의 기술력 또한 정점에 올라왔다는 평가다.

두 회사의 하이브리드 시스템은 모두 저속에서 전기모터로 달리다가 고속에서 엔진이 개입해 엔진과 모터의 힘으로 함께 달릴 수 있다는 점은 같다. 그러나 차이는 동력 전달 방식과 구성 요소에 있다. 가장 큰 차이는 클러치와 변속기의 유무다. 토요타의 직병렬식 하이브리드는 클러치나 다단 변속기가 없고, 대신 유성기어 기반의 동력 배분 장치를 활용해 엔진과 모터의 동력을 분배한다. 모터의

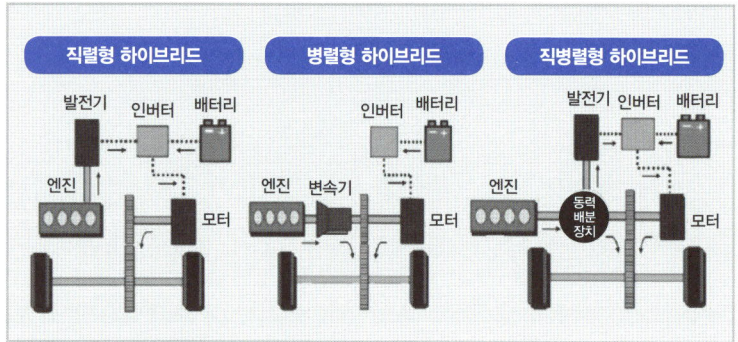

[자료 6-2] 하이브리드(HEV) 시스템 종류

＊화살표는 동력 공급 방향
출처: 소프트웨어 엔지니어 shradha jadhav 블로그

힘으로 달릴지, 엔진의 힘으로 달릴지를 배분 장치가 적절히 조절해 준다. 엔진과 모터를 오가며 주행할 때 이질감이 거의 없어, 도심 같은 저속 주행에 최적화돼 있다는 장점이 있다. 또한 가속할 때 남는 엔진의 힘을 배터리에 충전하면서 에너지 효율을 높이기에 연비도 좋아진다.

반면 현대차 병렬식은 엔진과 모터 사이에 클러치가 있다. 주행 속도에 따라 클러치를 붙였다 뗐다 하는 방식이다. 저속에서는 클러치를 떼고 모터로만 달리다가 고속이나 강한 가속이 필요할 때는 클러치를 붙여 엔진과 모터의 힘을 동시에 활용한다. 또한 기어 단수가 있는 변속기를 채택하면서 고속 주행에서 엔진 성능을 극대화할 수 있다.

기름 넣고 달리는 전기차 'EREV'

최근 현대차그룹은 새로운 개념의 하이브리드를 한창 개발하고 있다. 직렬형 하이브리드, 주행거리 연장형 전기차로 불리는 EREV(Extended-Range EV)다. 현대차는 한 번 충전에 900km 이상 주행하는 EREV를 내년 말까지 북미와 중국에서 양산하겠다는 계획을 밝힌 바 있다. 첫 적용 차종은 현대차와 제네시스의 D세그먼트(중형) SUV 모델이 될 예정이며, 판매 목표는 8만 대 이상이다.

EREV 시스템은 기존의 하이브리드(HEV)와 전기차(EV)의 중간 성격을 띠고 있다. 기존의 풀하이브리드(HEV)보다 전기차에 가까운 개념으로, 직렬형 하이브리드 또는 주행거리 연장형 전기차로 불린다. EREV를 한마디로 요약하면 '기름을 넣고 달리는 전기차'다. 엔진과 배터리, 모터가 있지만 바퀴를 굴리는 힘은 오로지 모터를 통해서만 전달된다. 엔진은 바퀴를 굴리는 데는 관여하지 않고 발전기 역할을 하면서 배터리 충전만 한다. 일단 주유를 하고 엔진을 돌리면, 엔진에서 발생한 전기로 배터리를 충전하고 충전된 전력으로 모터를 돌려 바퀴를 움직이는 구조다. 주유하고 엔진을 돌려 배터리를 충전해도 되고 직접 플러그를 꽂아 배터리 충전도 가능하다.

최근 중국과 미국 등에서 EREV가 주목받고 있다. 그 이유는 충전에 대한 불안감 때문이다. 충전 인프라 부족이나 짧은 주행거리 등에 불안감을 느끼는 소비자들이 주행거리가 길고 직접 주유가 가능한 EREV를 선택하고 있다. 2024년 중국에서 EREV 판매량은 120만 대로 전년 대비 79% 급증했다. 순수 전기차(23%)보다 훨씬 높은 증가율이다. 글로벌 유력 시장조사기관들은 2030년까지 EREV 시장에 대해 16~18%의 높은 연평균 성장률을 제시하고 있다.

E-GMP,
전기차의 판을 바꾸다

각종 자동차상을 석권하다

매년 4월 자동차 업계의 이목은 뉴욕으로 쏠린다. 뉴욕 오토쇼에서 열리는 월드카 어워즈의 '세계 올해의 차(World Car of the Year, WCOTY)' 결과를 확인하기 위해서다. WCOTY는 북미 올해의 차(North American Car, Truck and Utility of the Year, NACTOY), 그리고 유럽 올해의 차(European Car of the Year, ECOTY)와 함께 세계 3대 자동차상으로 불린다. 특히 특정 지역이 아닌 전 세계를 대상으로 평가가 이뤄진다는 점에서 권위와 상징성이 있다. 최소 2개 대륙에서 연간 1만 대 이상 팔린 신차에만 후보 자격이 주어지며 성능과 가치, 안전, 친환경성, 시장 중요도, 감성, 혁신성 등 다양한 심사를 통과해야 왕좌에 오를 수 있다. 심사위원은 전 세계 30개국 이상에서 모인 자동차 전문기자 100여 명으로 구성된다.

현대차그룹은 2025년까지 이 상을 4년 연속 수상했다. 2022년 아이오닉 5를 시작으로 2023년 아이오닉 6, 2024년 EV9, 2025년 EV3가 '세계 최고의 신차'라는 영예를 안았다. 한 번 받기도 어려운 상을 한국 브랜드가 4년 연속, 그것도 전기차로 수상하는 이변이 일어난 것이다. WCOTY 이외에도 현대차·기아 전기차가 유럽·영국·덴마크 올해의 차, 탑기어어워즈, 카앤드라이버 어워즈 등 각종 자동차상을 석권하자 업계는 현대차그룹의 혁신 기술력에 주목하고 있다. 특히 4년 연속 WCOTY 수상 차량이 모두 같은 플랫폼을 기반으로 만들어졌다는 점에서 현대차그룹의 전기차 전용 플랫폼 'E-GMP'에 이목이 쏠린다.

플랫폼 전쟁 속 'E-GMP'의 탄생

현대차그룹은 E-GMP를 2020년 말 공식 발표하고 2021년부터 양산차에 적용하기 시작했다. 플랫폼을 최초로 공개한 2020년 무렵엔 이미 테슬라, 폭스바겐(MEB), GM(얼티엄) 등 주요 글로벌 제조사들이 전기차 플랫폼을 개발하고 있거나 이미 상용화한 상황이었다. 전기차 전용 플랫폼 도입에서 상대적으로 후발주자였던 현대차그룹은 한발 늦은 대신 압도적인 기술력 차이를 보여줘야만 했다. 이를 위해 현대차그룹은 초고속 멀티 충전, 양방향 충전(V2L), 승온 히터 등 첨단 신기술을 적용한 전기차 플랫폼을 내놨다. 대중차 브랜드 중에서 이 같은 혁신 기술을 대거 적용한 제조사는 현대차·기아가 유일했다.

우선 현대차·기아는 E-GMP 플랫폼에 800V 고전압 시스템을 적용한 초고속 충전 기술을 업계 최초로 도입했다. 덕분에 E-GMP를 적용한 전기차는 350kW급 전력을 받아들이며 배터리의 10%에서 80%까지 충전하는 데 걸리는 시간을 30분 내외에서 18분으로 단축했다. 5분 정도 충전하면 약 100km를 갈 수 있으며, 일단 한번 완전 충전하면 500km 이상 주행이 가능하도록 설계됐다.

기존 제조사들은 400V 전압 시스템을 전기차에 널리 사용해 왔다. 충전소는 물론 전기차에 활용되는 부품까지도 400V에 맞춰 개발이 진행됐다. 하지만 현대차그룹은 충전 시간을 획기적으로 줄이기 위해서는 생각의 전환이 필요하다고 봤다.

충전기의 출력 전력(P)은 전압(V)과 전류(I)의 곱으로 계산된다 $(P=V \times I)$. 전력을 높이기 위해 전류나 전압 중 하나를 증가시켜야 하는데, 전류를 높일 경우 케이블과 커넥터가 굵고 무거워지며 발열 문제도 커진다. 반면 전압을 높이면 필요한 전류가 줄어들어 케이블을 더 얇고 가볍게 만들 수 있고, 발열과 열손실도 줄일 수 있다. 이에 현대차는 전기차 시스템의 전압을 400V에서 800V로 높이는 방법을 선택했다. 이를 통해 350kW급 초고속 충전기로 충전이 가능한 전기차를 상용화하여 충전 시간을 획기적으로 단축할 수 있었다.

현대차는 충전기의 현실적인 사용도 고려했다. 우리 주변에 흔히 찾아볼 수 있는 충전기는 50~250kW의 출력을 내는 400V 충전 시스템이다. 전기차만 800V로 앞서간다면 아무리 좋은 첨단 기술이라도 무용지물이 될 수 있다. 이를 위해 현대차는 400V와 800V를 자체적으로 호환해 충전할 수 있는 멀티 급속 충전 시스템을 개발했

현대차 E-GMP		경쟁사(테슬라·폭스바겐 등)
800V·350kw, 400V 호환, 80% 충전에 18분	전압·충전	400V·125~250kw(대중), 800V(프리미엄), 80% 충전에 30분 내외
500km 이상	주행거리	330~700km(모델별 상이)
V2L·V2G 지원	양방향 충전	V2G만 일부 제한적 지원
레벨 2+	자율주행	레벨 2+
스케이트보드, 모듈화·확장성 다양한 차종 적용	플랫폼 구조	스케이트보드, 일부 구조용 배터리 적용 모듈화·확장성, 다양한 차종 적용

[자료 6-3] 현대차그룹 E-GMP와 경쟁사 플랫폼 비교

출처: 각 사 취합

다. 기존 400V 급속 충전기를 전기차에 연결하면 구동용 전기모터 내부에 장착된 통합 인버터가 800V로 전압을 높여 고전압 배터리를 충전하는 시스템이다. 현대차는 별도 어댑터나 제어기를 장착할 필요 없이 E-GMP 시스템 내에서 알아서 충전의 전압을 바꿔주는 기술을 만들어냈다. 세계 최초로 개발된 이 기술은 현대차그룹이 특허를 보유하고 있다.

E-GMP 기반의 현대차·기아 전기차가 가진 또 다른 무기는 V2L(vehicle to load)다. V2L은 전기차 배터리에 저장된 전력을 외부기기에 공급할 수 있는 양방향 충전 기술이다. 이 기술을 활용하면 전기차를 이동 가능한 대형 보조배터리처럼 활용할 수 있다. E-GMP는 최대 3.6kWh의 전력을 외부로 공급할 수 있다. 야외 활동을 할 때 별도의 발전기나 추가 장비 없이 전기차에 가전제품, 전자기기 등을 연결해서 사용할 수 있을 정도의 전력이다. 거의 모든

전기차 주요 라인업에 V2L 기능을 탑재한 브랜드는 현대차·기아가 유일하다.

마지막으로 주목할 만한 기술은 배터리를 따뜻하게 데워주는 승온 히터다. 보통 주변 기온이 낮아지면 배터리는 충전 속도가 현저히 느려진다. 리튬이온 배터리의 이온은 액체 상태인 전해질을 통해 음극과 양극을 오가면서 배터리의 충전과 방전을 반복하는데, 겨울철 추운 날씨 탓에 액체 상태의 전해질이 굳어진다면 배터리의 성능이 현저히 떨어지고 충전 시간도 길어질 수밖에 없다. 이를 방지하기 위해 현대차는 충전할 때 배터리 온도를 순간적으로 높여서 전해질의 액체 상태를 유지하도록 만드는 승온 히터를 배터리팩 외부에 장착했다.

전기차 플랫폼은 왜 중요한가?

대부분 완성차 업체들은 2020년 전후로 전기차 전용 플랫폼을 도입하기 시작했다. 전기차만 생산하는 신생 업체 테슬라는 2012년부터 일찌감치 전기차 플랫폼을 적용해 시장에 변화의 바람을 불러왔다. 테슬라는 배터리를 바닥에 넓게 깔고 모터와 주요 부품을 차량 하부 프레임과 일체화한 스케이트보드 플랫폼을 도입했다. 스케이트보드 방식은 전기차 시장에서 전용 플랫폼의 표본이 됐다. 전통 자동차 제조업체들이 2020년대 들어 고도화한 전기차 전용 플랫폼을 내놓을 때도 이 방식을 차용했다.

배터리를 바닥에 넓게 까는 구조는 차량 디자인에 자유를 불러왔다. 내연기관차처럼 엔진룸이나 변속기, 배기가스 배출 장치 같은 복잡한 구조물 없이 바닥을 평평하게 만들 수 있기 때문이다. 평평한 바닥 위에 마음에 드는 형태로 차체만 만들어 올리면 된다. 실내 공간도 훨씬 넓어지기 때문에 실내 디자인도 자유롭게 꾸밀 수 있다. 또한 배터리를 바닥에 두면 무게 중심이 아래로 내려가 주행 안전성과 코너링 성능도 좋아진다.

또한 차량 개발과 생산 측면에서도 효율이 높아진다. 플랫폼을 모듈화해서 구성하면 다양한 차종에 따라 길이와 폭을 쉽게 조정할 수 있다. 하나의 플랫폼으로 세단, SUV부터 소형차, 대형차까지 다양한 차종을 만들 수 있다는 의미다. 당연히 개발과 생산 비용이 줄어든다.

현대차그룹의 비밀 병기, 차세대 eM 플랫폼

E-GMP로 전기차 플랫폼 개발의 중요성을 확인한 현대차그룹은 이르면 2026년 차세대 플랫폼을 내놓을 예정이다. 전기차 캐즘으로 차세대 플랫폼의 양산차 적용은 늦어지고 있으나 현대차그룹 혁신 전기차 기술에 대한 시장의 기대감은 높아지고 있다.

게다가 2020년대 이후 최근 5년 사이 중국 전기차 업체의 약진으로 전기차 플랫폼 기술 경쟁은 더욱 치열해지고 있다. 2025년 3월 중국 전기차 1위 업체인 BYD는 5분 충전에 400km를 주행하는 '슈

적용 차급	전 차급(eM(승용)·eS(상용))
주행거리	750km+(E-GMP 대비 50%↑)
파워트레인	배터리 용량 40%↑, 모터 출력 28% 개선
자율주행	레벨 3+
SW·SDV	OTA 기본, SDV 완전 전환
배터리	NCM, LFP 등 다양화
특이 사양	실내 공간 활용성 개선, 내장형 공기청정 시스템 적용

[자료 6-4] 현대차그룹 차세대 전기차 플랫폼(eM·eS) 개발 목표
출처: 현대차 〈지속가능성 보고서〉

퍼 e 플랫폼'을 세간에 공개했다. 이 전기차 플랫폼은 전압 1,000V
의 시스템을 활용해 최대 1,000kW의 충전 속도를 지원한다. 배터리
용량 대비 충전 출력 비율을 나타내는 'C'값 기준으로는 10C다. 배
터리 용량 대비 10배의 전류로 충전이 가능하다는 의미로, 이론상으
로는 6분 만에 완전 충전이 가능하다. 내연기관차의 주유 속도와 맞
먹는 수준의 충전 속도다.

이에 대항하는 현대차그룹의 고민도 깊어질 것으로 보인다. 현대
차그룹도 이미 8C 수준의 충전 기술을 2023년에 확보했으며, 10C
수준의 기술 개발은 시간문제일 것으로 보인다. 하지만 기술 확보와
기술 상용화는 다른 영역에서 고민해야 할 문제다. 기술 개발은 얼
마든지 속도를 낼 수 있지만 상용화와 제품 출시는 시장의 성숙도나
개발 비용, 소비자 가격 등 현실적인 부분까지 고려해야 한다.

현대차그룹이 2026년을 목표로 개발 중인 차세대 플랫폼 eM은
또 한 번 전기차 시장의 패러다임을 바꿀 전망이다. 개발 목표를 살
펴보면, 기존의 E-GMP 대비 주행가능 거리 50% 이상 개선(750km

이상 예상)하고 배터리 용량은 40% 키우되 급속 충전 시간은 줄여야 한다. 모터 출력을 28% 이상 개선하고 최고 수준의 전비 효율을 유지한다. 그 밖에도 배터리 화재 시 화염에 노출되지 않는 구조를 적용하고 레벨 3 자율주행 기술, 실내 공간 활용성 개선(B필러를 없앤 양문형 도어 등), 무선소프트웨어업데이트(OTA) 기본 적용, 내장형 공기 청정시스템 탑재 등 다양한 목표를 제시하고 있다. 결국 미래의 전기차 주도권은 누가 더 빠르고 정교하게 플랫폼을 진화시키느냐에 달려 있다. 현대차그룹의 다음 한 수가 기대되는 이유다.

반도체·배터리도 직접 설계, 내재화 전략

현대차의 배터리 개발 역사

"현대차는 자동차용 배터리 설계를 가장 잘할 수 있습니다. 그 누구보다 자동차를 잘 알기 때문이죠."

2025년 초 만난 현대차그룹 배터리 담당 임원은 이같이 강조했다. 현대차그룹은 부품 내재화 전략으로 배터리·반도체 등 핵심 부품에 대해 완성차 제조사가 기술 리더십을 확보하는 것이 중요하다고 보고 있다. 과거 수 차례 공급망 위기를 겪으면서 핵심 부품을 직접 만들지는 않더라도 개발과 설계 기술은 보유해야 한다는 인식이 더욱 강해졌기 때문이다. 2021년 반도체 공급 부족 사태가 전 세계를 덮쳤을 때 완성차 업체가 자체적인 반도체 설계 능력을 보유하고 있었다면 어땠을까. 대체 파운드리 업체를 발굴해 생산을 맡기고 반도체 업체와의 협상력을 높여 구매 우선순위를 확보하는 등 더욱 신속한 대응이 가능했을 것이다.

배터리 역시 마찬가지다. 배터리 제조사들은 용량이 크고 수익성이 높은 전기차(EV)용 배터리 수주에 집중하며 하이브리드 차량(HEV)용 배터리 공급은 후순위로 미뤄왔다. 그러나 최근 전기차 수요 정체(캐즘)로 시장 분위기가 급변하면서 완성차 업체 입장에선 오히려 하이브리드 배터리 확보가 시급해졌다. 이에 현대차그룹은 현대차·기아 특성에 맞춘 하이브리드 배터리를 직접 설계하는 전략을 택했다. 물론 설계와 양산 단계에서 배터리 협력사의 기술 지원은 여전히 필요하다. 하지만 차량의 목표 성능을 구체화하고 배터리 장착 이후 품질을 평가·최적화하는 과정에서 완성차 업체의 책임과 역할은 점차 강화되는 추세다. 현대차그룹이 최초로 핵심 설계에 참여한 하이브리드 배터리는 2023년 출시된 5세대 싼타페 하이브리드를 시작으로 K8 하이브리드, 팰리세이드 하이브리드 등 다양한 모델에 순차 탑재되고 있다.

현대차그룹의 배터리 내재화 전략은 단기간에 완성된 것이 아니다. 그 출발은 2007년 평양으로 거슬러 올라간다. 당시 현대차는 브랜드 최초 하이브리드 차량 출시를 위한 개발에 한창이었다. 이를 위해 새로운 차량용 리튬이온 배터리 개발이 간절했다. 하지만 LG화학 경영진을 비롯한 배터리 업계 반응은 부정적이었다. 당시만 해도 리튬이온 배터리는 노트북이나 스마트폰 등 소형 IT 기기에는 널리 쓰였지만 자동차용으로 쓰인 사례는 없었다. 일본 니켈메탈 하이브리드 배터리를 수입해 사용하는 쉬운 길도 있었지만, 현대차는 어려운 국산화의 길을 택했다. 이를 위해서는 배터리 제조사인 LG화학의 도움이 절실했다.

정몽구 현대차그룹 명예회장은 2007년 남북정상회담의 특별 수행원 자격으로 평양을 함께 찾은 고(故) 구본무 선대회장을 만나 자동차용 리튬이온 배터리 개발의 필요성을 역설하고 설득했다. 두 회장은 그 자리에서 의기투합했고, 실무진에게 공동 개발을 지시했다. 2년 후인 2009년 현대차는 브랜드 최초의 하이브리드 차량인 '아반떼 LPi 하이브리드'를 세간에 내놨다. 이 차에는 현대차와 LG화학이 공동 개발한 리튬이온 배터리가 탑재됐다.

리튬이온 배터리를 '양산차'에 적용한 것은 세계 최초였다. 1996년 닛산이 최초의 리튬이온 전기차를 선보였지만 양산차는 아니었다. 토요타 등 다른 하이브리드 경쟁사는 니켈메탈 배터리를 쓰고 있었다. 이후 닛산이 리튬이온 전기차의 '양산형' 모델 리프를 내놓은 건 현대차 아반떼 하이브리드가 나온 지 1년 후인 2010년이다.

배터리 개발, 어디까지 왔나?

현대차는 하이브리드에서 쌓은 배터리 개발 자산을 전기차에서 꽃피웠다. 배터리는 전기차 원가의 30% 이상을 차지하는 핵심 부품이다. 배터리 성능 개발과 공급망 관리, 원가 경쟁력 확보가 전기차 시장에서 성패를 가른다 해도 과언이 아니다. 현대차그룹은 배터리 제조와 설계 등 개발 역량을 갖추기 위해 2032년까지 9조 5,000억 원을 투자하기로 했다. R&D 조직 내에 '배터리개발센터' 전담 조직을 만들

1990~ 2000년대 초	· 하이브리드 차량 자체 개발 및 초기 BMS(배터리관리시스템) 기술 축적 · 외부 배터리 제조사와 설계·조달 협력 시작
2010년대	· 자동차용 리튬이온 배터리 도입 확대(최초 적용은 2009년) · 국내외 배터리사와 협력
2020년대	· 남양연구소 내 배터리 전문 조직 운영 시작 · 전기차 배터리 내재화 준비 및 소재·제조공정 연구 착수
2021년	· '배터리개발센터' 공식 출범, 설계·시험·선행·BMS 등 배터리 내재화 본격화 · 향후 10년간 9조 5,000억 원 투자 발표
2022년	· 서울대 '배터리 공동연구센터' 설립, BMS·차세대 배터리(전고체 등) 공동 연구 확대 · SK온, LG엔솔 등과 글로벌 합작·협력 확대
2024년	· 의왕연구소 차세대 배터리 연구동 완공, 자체 연구 및 생산 설비 구축
2025~ 2030년	· 안성 배터리 센터 내 대규모 생산 라인 구축(2027년 가동 목표) · LFP(2025년) 리튬메탈, 전고체(2030년 이후) 등 차세대 배터리 기술 적용 확대

[자료 6-5] 현대차그룹 배터리 개발 현황
출처: 언론 종합

고 남양과 의왕, 마북까지 3곳의 배터리 개발 거점을 운영 중이다. 남양연구소는 배터리의 기본 연구와 내재화 준비를 맡는다. 의왕연구소는 파일럿 생산과 상용화 테스트에 집중한다. 마북연구소는 현대모비스 주도로 BMS(배터리 매니지먼트 시스템) 개발과 전동화 모듈 등 전장부품 연구개발에 주력한다.

현대차그룹은 2027년 가동 목표로 경기도 안성에 배터리 연구단지 및 기가와트시(GWh)급의 생산 라인을 구축하고 있다. 이곳에서 연구는 물론 상업화 테스트를 진행한다. 최소 1GWh의 라인을 구축한다 해도 연간 1만 5,000대 내외의 전기차 배터리를 공급할 수 있는 양이다. 시범 생산 및 내재화 연구 수준에서는 결코 작은 규모가 아니라는 분석이 나오면서 배터리 제조사는 물론 경쟁 완성차 업체의 견제와 관심이 이어지고 있다. 현대차그룹은 시제품이나 양산 기술 개발을 위해 생산 라인을 짓는 것은 사실이지만, 완성차에 투입하는 본격적인 대량 생산은 아니라고 일축했다. 배터리 업계에서도 당장 현대차의 직접 양산 가능성은 낮게 보고 있다. 하지만 자체 생산 라인을 갖춘 토요타나 자회사를 통해 내재화를 추진 중인 폭스바겐그룹 등 경쟁사의 동향을 감안할 때 현대차도 시장 상황이 급변하거나 기술 성숙도가 올라오면 언제든 전략 전환이 가능하다고 본다.

최우선 과제는 공급망 안정성

배터리 내재화의 또 다른 축은 공급망 리스크를 줄이는 안정적 조달 시스템 구축이다. 현대차그룹은 SK온, LG에너지솔루션 등 배터리 제조사와 손잡고 합작공장을 세워 배터리 생산 권한과 지분을 일부 확보하는 전략을 병행하고 있다. LG에너지솔루션과는 인도네시아에 연 10GWh 규모의 배터리 합작공장을 세워 2024년부터 가동하고 있으며, 미국 조지아주 HMGMA 주변에도 LG에너지솔루션, SK온과 각각 전기차 30만 대 분량의 합작공장을 세워 2025년부터 가동에 들어갔다.

　신흥 시장 전략은 철저한 현지화로 대응한다. 인도에서는 현지 업체 엑사이드 에너지솔루션즈와 배터리 셀 공급 계약을 체결하고 현지 전략 차종에 인도산 LFP(리튬인산철), NCM(니켈코발트망간) 셀을 기반으로 한 배터리를 탑재했다. 중국 시장에서도 중국 현지 배터리 업체가 만든 배터리를 적용했다. 베이징현대가 오는 9월 중국 시장에 선보일 전기차 일렉시오에는 BYD가 만든 LFP 배터리가 탑재되며, 기아가 2023년 중국에 출시한 EV5 전기차에도 BYD LFP 배터리가 적용됐다.

최근에는 국내 출시 전기차에도 가격 경쟁력이 있는 중국산 배터리 탑재를 늘리고 있다. 배터리 소싱 다변화 정책을 통해 다양한 가격대의 전기차 라인업을 만들기 위해서다. 기아는 2025년 8월 국내 출시한 EV5에 중국 CATL의 삼원계(NCM) 배터리를 적용하기로 했다. 현대차·기아가 국내에 선보인 중형 차종에 중국 배터리를 적용한 사례는 이번이 처음이다.

미래차 시대, 반도체는 왜 중요한가?

미래차의 또 다른 핵심 부품인 반도체는 어떨까? 2009년 현대차는 독일 반도체 업체 인피니온과 함께 차량용 반도체인 '아리수(Arisu-LT)'를 공동 개발하며 본격적인 반도체 내재화에 나섰다. 아리수는 현대차가 개발한 최초의 반도체로 램프를 제어하는 여러 기능을 하나로 모아놓은 통합 반도체다. 칩 생산은 독일에서, 조립은 한국에서 이뤄졌다. 2000년대부터 주행 보조 기능, 인포테인먼트 등 미래차 전장화 흐름이 강조되면서 현대차그룹은 반도체의 중요성을 일찍부터 인식하고 주목해 왔다.

2020년대 들어서는 반도체 자체 설계 역량도 강조하고 있다. 그룹사의 반도체 내재화는 핵심 계열사인 현대모비스가 주도한다. 현대모비스가 디자인해서 완성차에 탑재한 반도체는 2025년 현재 16종 정도다. 현대모비스가 원하는 사양과 맞춤형 요구사항을 정한 뒤 팹리스 업체에 설계를 요청하고 파운드리에 주문을 넣는다. 이 과정에서 현대모비스는 생산 공정에서 노하우와 데이터를 협력사와 공유하면서 품질 확보와 기술 내재화에 집중한다. 현대모비스는 2020년 현대오트론의 반도체 사업 부문을 인수하며 본격적으로 반도체 사업에 뛰어들었다. 2025년부터는 핵심 설계 과정에 관여한 반도체 양산에 돌입한다. 아울러 해외 우수 인재 확보를 위해 미국 실리콘밸리에 반도체 연구 거점도 구축한다.

2025년부터 양산에 돌입하는 주요 반도체는 전기차 전원 제어기능을 합친 전원통합칩과 램프 구동 반도체 등이다. 이미 공급 중인 배터리관리집적회로(IC)는 차세대 제품 개발에 속도를 낸다. 외부 협업을 위해 현대차그룹은 경쟁력 있는 팹리스 업체에 지분 투자도 늘리고 있다. 차량용 반도체 팹리스 스타트업인 보스반도체에 20억 원 이상 투자했고, 캐나다 AI 반도체 스타트업 텐스토렌트에 600억 원 이상 전략적 투자를 단행했다. 현대모비스는 미국 시스템반도체 스타트업인 엘리베이션 마이크로시스템스에 1,500만 달러(210억 원) 이상 자금을 투입한 바 있다.

과거 기계식 또는 아날로그(물리적인 와이어 등) 방식이었던 자동차 부품은 점차 전장화되고 있다. 운전할 때 핸들부터 가속페달, 에어컨, 사이드미러, 계기판, 디스플레이, 램프 등 모든 부품이 전기신호로 제어되고 작동하는 형태로 진화하고 있다. 심지어 와이퍼를 하나 움직일 때도 전기 신호가 필요하다. ON/OFF 버튼이나 레버를 움직이면 이 신호가 센서로 감지돼 제어 전자장치로 전달되고, 다시 이 신호가 각 부품의 전기적인 동작(모터의 움직임 등)으로 연결된다. 이 과정에서 신호를 전자적으로 처리·변환하는 '반도체'는 반드시 필요하다. 따라서 현시대의 자동차에선 모든 부품에 반도체가 필요하다는 결론에 도달한다.

앞으로 펼쳐질 자율주행 시대에 AI 반도체의 중요성은 더 이상 강조할 필요가 없다. 자율주행차는 수십~수백 개의 센서에서 들어오는 실시간 정보를 테라바이트(TB) 단위로 받아들여야 한다. 이 정보를 분석해 도로 상황을 인식하고 주행 상황을 제어하며 돌발 위험 상황에 대응한다. 이 과정은 지체 없이 실시간으로 이뤄져야 한다. 그래야 교통체증이나 사고를 피할 수 있다. 방대한 정보를 수집·연산·제어하고, 통신·보안·저장 작업을 원활하게 하기 위해선 모든 처리의 중심에 있는 고성능 AI 반도체가 반드시 필요하다. 시장조사업체 글로벌마켓인사이트에 따르면 2022년 차량용 AI 반도체 시장 규모는 23억 달러(약 3조 1,800억 원) 이상이며, 2032년 150억 달러(약 20조 7,600억 원)로 연평균 20% 이상 성장이 예상된다. 전체 AI 반도체 시장에서도 차량용 분야는 자율주행과 지능형 차량의 확산에 따라 가장 빠르게 성장하는 분야로 꼽힌다.

현대차그룹,
수소를 놓지 못하는 까닭은?

수소차 시장은 왜 어려운가?

"수소 시장은 여전히 틈새시장에 불과하며, 중기적으로 지속적인 수익성 확보가 어렵다."

다국적 완성차 기업 스텔란티스는 2025년 7월 수소 사업 중단을 선언했다. 스텔란티스는 푸조, 피아트, 크라이슬러, 지프, 마세라티 등 14개 브랜드를 보유한 거대 자동차 그룹으로, 2025년 하반기 프랑스와 폴란드 공장에서 수소연료전지(수소차) 중·대형 밴을 생산할 예정이었다. 그러나 회사는 신차 출시를 취소하고 개발 인력은 다른 프로젝트에 투입기로 했다.

2023년 프랑스 수소연료전지 시스템 전문 기업 '심비오(Symbio)'의 지분을 33% 인수하면서 수소 상용차 사업에 뛰어든 지 불과 2년 만이다. 스텔란티스가 야심 차게 뛰어든 사업을 단기간에 접기로 하면서 유럽에서는 수소차를 둘러싼 회의론이 확산되고 있다. 장 필리프 앵파라토 스텔란티스 최고운영책임자는 "전기·하이브리드 시장 경쟁력을 확보하고, 고객의 기대에 부응하기 위해서는 책임감 있는 결정을 내려야 한다"고 사업 철회의 배경을 밝혔다.

프랑스 완성차그룹 르노도 수소 사업에 빨간불이 켜졌다. 2021년 르노그룹은 미국의 수소연료전지 전문기업 플러그파워와 함께 합작회사 '하이비아(HYVIA)'를 세워 수소차 시장에 본격 진출했다. 하지만 설립 4년 차에 접어든 하이비아는 2025년 2월 법적 청산을 결정했다. 유럽에서 수소차 수요가 생각보다 빨리 늘지 않아 매출이 없는 상황에서 막대한 개발 비용은 계속해서 필요했기 때문이다. 회생절차 기간에 인수해 줄 기업이나 새로운 투자자를 찾으려 애썼지만 쉽지 않았다. 대규모 투자금을 쏟아부어 적자를 보고 있는 상황에 더 이상 곳간을 털어주긴 어려웠다. 르노그룹은 이와 별개로 수소 사업을 지속하겠다는 입장이지만, 핵심 파트너가 청산까지 내몰린 현실을 고려할 때 이전과 같은 사업 추진 의지를 이어가기는 어려워 보인다.

혼다도 예상보다 수소 사업의 속도를 낮추는 모습이다. 혼다는 2028년까지 일본 도치기현 모카시에 설립 예정이었던 차세대 연료전지 모듈 공장의 가동 시기를 늦추기로 했다. 생산 규모도 당초 계획했던 3만 대보다 줄이기로 해, 일본 경제산업성이 제공하는 녹색 전환 보조금 지원 대상에서도 제외됐다. 혼다는 토요타와 함께 일본 수소연료전지 사업을 대표하는 기업이다. 승용차뿐만 아니라 상용차, 발전기, 건설기계 등 다양한 응용 분야에서 수소연료전지 보급

업체	내용
스텔란티스	수소차(중·대형 트럭) 라인업 출시 중단. 수소연료전지 기업 '심비오' 지분 인수 2년 만에 수소 사업 철수 선언
르노	미국 수소연료전지 전문 기업 플러그파워와 함께 설립한 합작회사 '하이비아' 청산
혼다	2028년 일본 모카시에 설립 예정이었던 차세대 연료전지 모듈공장 가동 시기 늦추고, 생산 규모도 줄임
현대차그룹	7년 만에 풀체인지 신형 넥쏘 출시. 3세대 수소연료전지 시스템 개발 중. 인도네시아, 사우디 네옴시티 등 해외 수소 모빌리티 및 생태계 조성 실증 사업 참여
토요타	3세대 수소연료전지 시스템 개발 중. 유럽(파리)에서 수소택시 서비스 사업 참여. BMW, 다임러트럭 등 유럽 업체와 수소 협력 강화
BMW	토요타와 협력해 2028년 첫 번째 양산형 수소차 출시 계획

[자료 6-6] 글로벌 완성차 업체 수소 사업 동향

출처: 언론 종합

을 늘려 왔다. 2024년에는 'CR-V e:FCEV'라는 플러그인 하이브리드 기능을 갖춘 수소차를 내놓으면서 미국 수소차 시장에 본격적으로 뛰어들었지만, 2025년에는 사업 계획을 축소하는 추세다.

이들 완성차 업체는 왜 수소차 시장에서 발을 뺄까? 한마디로 설명하기는 쉽지 않다. 기업 입장에서 살펴보자. 스텔란티스와 혼다는 최근 재정 상황이 좋지 않다. 단기적으로 수익성이 나올 만한 사업에 우선순위를 두고 투자할 수밖에 없다. 르노그룹도 최근 CEO를 전격 교체했다. 이들에겐 수소차보다 하이브리드와 전기차 전환이 먼저다. 앞으로 내딛는 한 발 한 발이 생존을 결정하는 절체절명의 순간에 성공 가능성이 불투명한 사업에 베팅할 수는 없다. 수소차는 단기간에 돈을 벌 수 있는 사업이 아니다. 현재로선 전 세계 어느 시장에서도 보조금 없이 수소차 판매는 불가능하다. 정부의 도움이 없다면 팔면 팔수록 손해가 나는 구조라는 의미다.

그렇다면 왜 수소차로는 돈을 벌 수 없을까? 산업·기술적인 관점에서 보면, 친환경차 분야에서 전기차라는 막강한 경쟁자가 있다. 친환경차 시장이 전기차 중심으로 재편된 가운데 혁신 경쟁력이 없다면 수소차가 다시 주도권을 가져오기는 어려워 보인다.

차량 개발부터 수소 생산·충전 분야까지 원가 경쟁력을 확보할 수 있는 기술이 필요하다. 전기차보다 수소차의 출시 가격이 저렴해지거나, 수소 충전 효율·인프라의 편의성이 개선되거나, 충전하는 수소의 가격이 1kg당 3,000원대로 떨어져야 한다. 그렇지 않으면 소비자가 전기차를 두고 굳이 수소차를 선택할 리가 없다.

기술 수준과 규모의 경제 등을 고려했을 때 아직까지 수소차의 출고 가격은 전기차보다 50% 이상 비싸다. 보조금을 받기 전 현대차의 수소전기차 넥쏘의 국내 출시 가격은 7,644만 원, 동급 전기차 모델인 현대차 아이오닉 5는 4,933만 원부터 시작한다. 수소차는 고가의 연료전지스택과 수소 저장탱크 등을 탑재, 전기차보다 비쌀 수밖에 없다. 기술 발전 속도를 높이고 초기 시장을 열기 위해서는 정부 지원이 절실하다. 정부 지원에 기대 보급을 확대하고 일단 규모의 경제를 확보하면 부품 단가를 낮추고, 기술 개발을 이어갈 여력이 생긴다. 그러나 이런 흐름도 전기차에 비해 뒤처지고 있다. 각국 정부가 탄소중립 예산에서 수소차보다 전기차에 더 많은 비중을 두고 있기 때문이다.

수소를 끝까지 붙드는 이유

현대차그룹 내부에서도 수소차 실효성에 대한 의문은 꾸준히 제기돼 왔다. 현재 수익을 내는 주력 부서(내연기관 및 하이브리드) 입장에선 수소 관련 부서는 성과 없이 자금만 빨아들이는 분야다. 반면 수소 부서로서는 차세대 먹거리를 마련하기 위해 난제를 풀어야 하는 책임감과 부담을 안고 있다. 따라서 조직 내 갈등을 해소하고 하나의 비전을 제시해 줄 경영진의 메시지가 무엇보다 중요한데, 이에 대한 정의선 회장의 입장은 확고하다. 2024 CES에서 정 회장은 "수소 사업은 후대(後代)를 위한 사업"이라고 공언했다. 당장 수익은 내지 못하더라도 훗날을 위해 꾸준히 투자하겠다는 의중을 대내외적으로 밝힌 셈이다.

또한 그룹의 2인자인 장재훈 부회장에게 수소 사업 총괄의 책임을 부여하며 그룹 내 수소 사업 중요도를 다시 한번 강조했다. 2025년 초 현대차그룹은 장 부회장이 관할하는 기획조정담당 산하에 에너지수소사업본부를 신설하고 계열사 간 수소 사업 컨트롤타워 역할을 수행하도록 했다. 2024년에는 수소연료전지 브랜드였던 'HTWO'를 수소 밸류체인 사업 브랜드로 확장 출범시켰다. 단순한 수소연료전지 제조사가 아닌 수소 생산·저장·운송·활용의 전 과정을 아우르는 수소 밸류체인 사업으로 범위를 넓히겠다는 의지를 드러낸 것이다. 또한 현대차가 직접 운영하는 첫 번째 국내 연료전지 공장을 울산에 짓기로 했다. 2025년 착공에 돌입해 2028년 양산 목표다.

이처럼 현대차그룹이 꾸준히 수소 사업에 투자할 수 있는 현실적인 이유는 무엇일까? 우선 하이브리드와 전기차 등 전동화 전환에 어느 정도 앞서 있다는 판단 때문이다. 당장 발등에 떨어진 과제가 해결됐기 때문에 장기적인 관점에서 미래를 내다볼 수 있는 여유가 생겼다.

현대차그룹은 2025년 상반기 폭스바겐그룹을 제치며 글로벌 완성차 수익성 부문 2위로 올라섰다. 현대차·기아의 영업이익은 13조 원으로 같은 기간 폭스바겐그룹의 영업이익 10조 8,000억 원을 넘어섰다. 시장 수요가 급격히 늘고 있는 하이브리드에서 기술력을 인정받으며 이익을 늘린 점이 주효했다. 2025년 미국 트럼프 정부의 관세 부과 등 예상치 못한 변수가 추가됐지만, 당장 전기차 전환의 보릿고개와 하이브리드 기술 부재로 어려움을 겪는 경쟁사들보다는 상황이 낫다는 평가다.

또 다른 이유는 현대차그룹에 수소가 이미 가장 중요한 '헤리티지 (유산)'로 자리 잡았기 때문이다. 독일·미국·일본 업체와 비교해 자동차 산업의 역사가 짧은 현대차그룹에는 후발주자로서 헤리티지가 부족하다는 점이 항상 콤플렉스였다. 하지만 내연기관에서 전기차, 전기차에서 수소차까지 새로운 영역으로 기술이 옮아가면서 현대차에도 역사의 첫 페이지를 쓸 수 있는 새로운 챕터가 생겼다. 현대차가 수소연료전지 연구개발 조직을 설립한 건 1998년, 약 30년 전이다. 비슷한 시기에 다임러크라이슬러, GM, BMW, 토요타, 포드 등 많은 완성차 업체들이 수소차 연구를 시작했지만 현재까지 양산차를 꾸준히 출시하고 있는 업체는 현대차와 토요타 정도다.

마지막으로 현대차는 수소차 시장의 향후 성장성을 높게 평가하며 사업 확대에 나서고 있다. 시장성에 대한 확신 없이는 오랜 기간 투자도 불가능했다. 그중에서도 장거리 운행이 많고 정부 지원이 강력한 미국·중국 상용차 시장에 주목하고 있다.

수소연료전지 개발의 역사

현대차가 수소연료전지 개발을 하기 시작한 건 1998년으로, 이미 4반세기가 넘는 역사를 가지고 있다. 우리나라가 외환위기로 어려움을 겪던 시절, 오히려 현대차는 과감한 기술 투자를 이어간다. 당시 정몽구 명예회장은 "돈 걱정 말고 기술자들이 만들고 싶은 차를 만들어보라"고 주문했다. 그 결과 현대차는 글로벌 시장에서 처음으로 양산형 수소전기차를 만들었으며 수소전기 대형트럭 양산과 수출, 수소전기 SUV의 양산 등 수소전기차 분야에서 다양한 세계 최초의 타이틀을 거머쥐게 된다.

1998년 현대차는 전담 연구팀을 신설하고, 미국 기업 유나이티드 테크놀로지스(UTC)와 '머큐리 프로젝트'에 착수하고 첫 번째 수소전기차인 '머큐리 I '을 선보였다. 2000년대부터는 독자 기술 개발에 매진하며 2004년 독자 개발 스택을 탑재한 수소전기차 개발에 성공했다. 2005년에는 용인 마북에 환경기술연구소를 설립하며 수소전기차 개발의 연구 거점을 마련했다.

2010년에는 투싼을 기반으로 한 ix35 수소전기차 프로토타입을 출시했다. 이 프로토타입을 양산차로 만든 현대차는 2013년 세계 최초로 수소전기차 대량 생산에 성공하게 된다. 이후 2018년에는 기존 ix35 수소전기차보다 주행거리를 40% 이상을 늘린(609km) 승용 수소전기차 넥쏘의 1세대 모델을 출시했다.

2020년에는 세계 최초의 양산형 수소전기 대형 트럭 엑시언트를 선보이며 유럽 시장 수출을 시작했다. 같은 해에는 수소전기 시내버스의 양산에 돌입하기도 했다. 2023년에는 미국 시장을 위한 수소 트랙터를 공개하며 북미 중대형 상용차 부문으로 진출을 알렸다.

2024년에는 CES에서 수소 밸류체인을 만들어 그룹사 내에서 수소의 생산부터 저장과 운송, 활용까지 모두 가능하도록 하겠다는 큰 그림을 밝혔다. 단계별 과정에서 계열사의 역량을 최대한 활용하는 수소 솔루션 'HTWO Grid'를 함께 발표했다. 같은 해 승용 SUV 넥쏘의 차세대 모델 콘셉트카인 '이니시움'을 선보였으며, 2025년에는 서울모빌리티쇼를 통해 2세대 신형 넥쏘의 제원과 실차를 공개했다.

수소차 기술력의 현주소

글로벌 시장에서 현대차의 수소연료전지 기술력은 어느 정도일까? 현재 전 세계에서 양산형 승용 수소전기차를 출시한 브랜드는 현대차와 토요타, 혼다 정도다. 2025년 출시된 2세대 신형 넥쏘와 경쟁 모델 토요타 미라이(2세대)를 비교해 보자.

우선 신형 2세대 넥쏘는 최근에 공개된 모델인 만큼 모터 출력이나 주행거리 측면에서 크게 앞서 있다. 시스템 총 출력은 신형 넥쏘가 190kW(약 258마력)로 압도적 우위다. 토요타의 미라이와 크라운 수소전기차의 모터는 134kW(182마력)의 힘을 낸다. 주행거리에서는 2023년 출시된 크라운 수소전기차의 주행거리가 1회 충전 시 약 650km(북미 EPA 기준)이며, 현대차가 2025년 출시한 신형 넥쏘의 주행거리는 한국 인증 기준 720km다(신형 넥쏘는 아직 EPA 기준 인증 전).

가격 측면에서는 토요타의 미라이가 상대적으로 경쟁력 있다. 미국 시장 기준 2세대 미라이의 판매 가격은 5만 달러대 초반에서 시작하며, 넥쏘는 1세대 모델 기준으로 보면 6만 달러대부터 시작이다. 새로운 2세대 넥쏘의 국내 판매 가격은 7,600만 원대부터 시작이며, 보조금을 적용한 실구매 가격은 3,000만 원대 후반이다.

두 회사의 수소 기술력에 대한 경쟁 구도는 3세대 수소연료전지 개발 프로젝트를 기점으로 다시 치열해질 전망이다. 연료전지의 부피는 줄이고 출력은 높여 특히 상용차를 위한 강력한 내구성을 확보한다는 목표다. 또한 대중성 확보를 위해 가격대를 낮추는 것도 중요한 과제다.

토요타는 3세대 연료전지시스템을 2026년부터 적용할 계획을 발표하며 맞불을 놓고 있다. 토요타는 3세대 수소연료전지시스템의 연료 효율성이 20% 증가해 주행거리도 늘어났으며, 제조공정을 개선해 원가도 크게 낮췄다고 강조했다. 현대차는 2027년을 목표로 성능과 원가, 내구성을 모두 개선한 3세대 수소연료전지를 개발하고 있다.

수소의 시장성

수소는 전기차나 배터리를 대체하기보다 상호 보완하는 에너지원으로서 충분한 가치가 있다. 특히 이동 거리가 길어질수록 수소의 장점은 두드러진다. 장거리 운송을 중심으로 수소에너지 수요는 빠르게 증가할 것으로 예상된다. 국제에너지기구(IEA)는 전 세계 수소 사용량이 2020년 8,500만 톤에서 2050년 5억 3,000만 톤으로 6배 이상 확대되고, 전체 에너지 소비에서 수소 비중이 2020년 1.7%에서 2040년 5%, 2050년에는 14%에 이를 것으로 전망했다.

한국의 경우 탄소중립 달성을 위해 수소 활용이 필수적이다. 국토가 좁고 산지가 많아 태양광·풍력발전 시설을 대규모로 설치할 부지가 제한적이며, 인구밀도가 높은 도심과 발전소 후보지가 멀리 떨어져 있다. 이로 인해 장거리 송전망 건설에 막대한 비용이 들 수 있다. 이런 상황에서 수소는 재생에너지를 저장·운송하는 대안이 될 수 있다. 특히 발전소와 수요지가 떨어져 있거나 전력망 인프라가 취약한 경우, 재생에너지를 수소로 변환해 저장하고 운반하면 전력망 건설 비용을 줄일 수 있다.

다만 이는 기술이 충분히 성숙했을 때 가능한 시나리오다. 현재로서는 재생에너지로 생산한 전력을 수소로 변환·저장하는 과정에서 에너지 효율과 경제성을 동시에 확보하기 어렵다. 수소는 장거리 운송에서 전기에 비해 경제성이 나을 수 있지만, 변환·저장·운송 과정 자체에는 여전히 높은 비용이 든다. 이를 해결하기 위해 액화수소 저장, 암모니아 크래킹 등 관련 기술 개발이 이어지고 있다. 각국

업스트림	미드스트림		다운스트림
생산	생산	충전	활용
Waste-to-Hydrogen	수소 운반	수소 충전소 (고속충전)	연료전지시스템 / 상용차 (트럭/버스)
Plastic-to-Hydrogen	암모니아 (전환/보관/운반)	모바일 충전소	발전기 / 승용차 (NEXO)
PEM 수전해	액화수소 (보관/운반)	L2G 충전 (Liquid to Gas)	중장비 (지게차, 건설 장비 등) / 트램/기차
암모니아 크래커			그린스틸 / 비행기 및 선박
			수소버너/터빈

[자료 6-7] 수소 밸류체인

출처: 현대차

정부도 수소 경제 활성화를 위한 로드맵을 추진하고 있다.

한국·일본·중국은 수소 지원 정책을 법제화하고, 수소 모빌리티 보급과 충전 인프라 확충 등 수소 생태계 조성에 적극적이다. 특히 트럭·버스·특장차 등 상용차 시장에서 수소의 장점이 부각된다. 수소차는 장거리 주행을 위해 연료 충전량이 늘어도 기체 상태로 저장하므로 무게 부담이 작고, 충전 시간이 짧다. 예를 들어 1회 충전으로 700km 이상 주행 가능한 장거리 상용차를 전기차로 구현하려면 대용량 배터리팩이 필요하다. 차량 무게와 충전 시간이 크게 늘어날 수밖에 없다. 반면 수소차는 고압 기체 충전으로 짧은 시간에 에너지를 채울 수 있고, 연료 저장 장치의 무게도 상대적으로 가볍게 유지할 수 있다. 상용차 분야에서 수소차가 전기차보다 주목받는 이유다.

세계 최대 수소 시장 중국, 현대차의 승부수

현대차의 중국 수소 허브, HTWO 광저우

2025년 6월 중국 광저우 바이윈 공항에서 차로 1시간 정도를 달려 도착한 현대자동차 'HTWO 광저우' 공장. 수소연료전지를 생산·판매하는 법인으로 중국 광둥성 광저우시 황푸구의 첨단 산업 개발 단지 내에 20만 2,000m²(약 6만 평) 규모로 조성됐다. 연간 6,500기의 수소연료전지를 생산할 수 있는 능력을 갖추고 있으며, 현재는 1,000기 정도를 생산 중이다. 2023년 6월 준공된 최신 공장인 만큼 세련된 내부 디자인과 깔끔한 외관이 돋보였다.

우선 수소연료전지의 핵심 부품인 'EGA(Electricity Generating Assembly)' 생산 공정부터 둘러봤다. EGA는 수소연료전지의 셀이라 할 수 있는 얇은 막이다. 미세한 기공이 있는 막을 통해 수소와 산소가 만나 화학반응을 이루고 전기를 만들어낸다. 이 얇은 막을 400장

정도 촘촘히 쌓으면 수소연료전지 스택이 되고, 스택을 공기 및 수소 공급 시스템, 열관리 시스템 등과 결합하면 차량에 장착할 수 있는 연료전지 시스템이 탄생한다.

이날 방문한 EGA 생산 라인은 기계를 조립하고 만드는 제조 공장이라기보다는 정밀·청정도를 중시하는 반도체 공장에 가까웠다. 공장 입장 전부터 흰색 가운을 입고 신발에 커버를 씌웠다. 높은 청정도를 유지해야 하는 셀 생산 라인은 유리 벽으로 외부와 공간이 분리돼 있었다. 유리창 너머에서는 방진복을 입은 연구원들이 바쁘게 생산 라인을 점검하고 있었다. 문귀현 생산부 책임은 "1m³당 먼지를 1만 개 이하로 유지하는 반도체 공정 수준의 클린룸 시스템을 유지하고 있다"고 강조했다. 국가 핵심 기술을 다루는 구역인 만큼 기술 유출 방지 및 보안을 위한 통제도 엄격했다. 휴대폰 사진 촬영이 금지된 것은 물론 금속 탐지기와 안면인식 시스템으로 모든 출입자를 통제했다.

또한 위험물질인 수소를 다루는 시설이기에 안전에 각별히 신경 쓴 흔적이 곳곳에서 보였다. 현대차는 제조 과정에서 수소를 활용하는 공정을 분리해 별도 건물을 지어 관리하고 있다. 수소를 활용하는 건물 내부에는 회색 방폭벽이 설치돼 있었으며, 천장에 수소감지기도 눈에 띄었다. 문 책임은 "이 건물은 중국 내에서도 가장 높은 등급의 안전기준에 맞춰 설계된 건물"이라고 귀띔했다.

스택 공정을 지나 활성화 및 성능 테스트 라인에 도착하자, 각 셀에 테스트용 전선을 촘촘히 붙인 연료전지가 컨베이어벨트에 위에 놓여 있는 모습이 보였다. 이 라인에서는 각 셀의 활성화 정도를 검증하며 3시간여에 걸쳐 모의 주행과 검증을 한다. 저속과 고속, 무거운 짐을 실은 상태를 가정한 부하 운전, 급가속 운전 등 다양한 환경에서 셀 성능을 테스트한다.

마지막으로 시스템 부품의 최종 조립과 검수는 전문가의 손길을 거친다. 이 공장의 생산 자동화 수준은 90%가 넘지만, 모든 생산품의 최종 출고 전 검수는 숙련된 인력이 직접 하고 있다. 이때 볼트와 너트의 조임 정도까지 수치화해서 모든 과정을 데이터로 남겨둔다. 문 책임은 "나중에 AS를 할 때 특정 제품의 바코드만 찍으면 출고 전 생산 과정과 제품 상태를 그대로 복기해 확인할 수 있다"고 말했다.

왜 중국에 수소연료전지 공장을 지었나?

중국은 세계 최대의 수소 생산국이자 소비국이다. 한국은 수소연료전지 시스템 분야의 기술에서 독보적인 리더십을 유지하고 있지만, 실제로 수소를 에너지원으로 가장 많이 사용하는 나라는 중국이다. 중국 수소에너지 발전 보고서에 따르면, 2024년 기준 중국의 수소 소비량은 연간 3,650만 톤 이상으로 세계 1위를 기록했다. 현재는 화학공업 분야에 주로 사용되고 있지만, 앞으로는 교통·운송, 에너지 저장 및 발전 분야에서도 널리 쓰일 것으로 기대된다.

2024년 말 기준 수소연료전지차량(수소차) 누적 보급 대수도 중국(2만 8,000대)은 한국(4만 2,000대)에 이은 2위다. 중앙정부 차원의 수소산업 육성 정책에 힘입어 5대 시범 도시 군(베이징, 상하이, 광둥, 허베이, 허난 지역)을 중심으로 상용차 위주의 보급이 빠르게 확대되고 있다.

수소 충전소 수를 세어봐도 중국이 가장 많다. 데이터 제공업체 H2 스테이션에 따르면, 2024년 말 기준 전 세계에 구축된 수소 충전소는 1,160개이며, 그중에서 384개가 중국에 설치된 것으로 나타났다. 단일 국가 기준으로는 한국(198개), 일본(161개)보다 더 많다. 중국은 2025년까지 27개 성과 도시에서 1,264개 충전소 구축을 목표로 하고 있으며, 2035년까지 수소차 누적 보급 대수를 100만 대까지 늘리겠다는 계획을 세웠다.

현대차와 토요타 등 수소연료전지 제조사들이 세계 최대 수소 소비 시장인 중국에 진출하는 것은 당연한 수순이다. 특히 중국은 정부의 전폭적인 지원 아래 수소 생태계 조성이 가장 빠르게 이뤄질 시장으로 평가받고 있다. 중국 중앙정부는 2024년 수소가 공식 에너지로 포함된 '에너지법'을 제정하고 2025년부터 시행했다. 수소를 석탄, 석유, 천연가스 등과 동일한 지위의 에너지원으로 인정하는 법체계를 만들어 국가 차원에서 본격적으로 산업 육성을 주도하겠다는 의지를 드러냈다. 이를 계기로 중국은 수소 생태계 조성에 박차를 가하며, 글로벌 수소 산업의 표준을 선점하려는 움직임도 보이고 있다.

글로벌 수소 강자 현대차, 중국 시장 공략 비법은?

세계 최대 시장인 중국 수소 시장에 뛰어든 현대차의 전략은 무엇일까? 현대차는 HTWO 광저우의 핵심 과제를 '중국 현지화를 통한 글로벌 기술 경쟁력 강화'로 제시했다. 현대차 수소연료전지 시스템은 성능과 내구성의 측면에선 이미 세계 최고 수준의 경쟁력을 입증했다. 하지만 중국 업체가 생산하는 수소연료전지와 비교하면 가격이 1.5배 이상 비싸다는 한계가 있다.

이 같은 한계를 극복하기 위해 현대차는 성능은 높이면서도 가격은 낮춘 차세대(3세대) 연료전지 시스템을 한창 개발 중이다. 현대차는 차세대 연료전지의 원가를 낮추기 위해 잠재력 있는 중국 현지 부품업체를 공급망에 편입하는 방안을 검토하고 있다. 현지에서 물류, 운송, 인건비 등 각종 비용을 절감해 원가 경쟁력을 확보할 수 있다면 이를 바탕으로 글로벌 시장 수출도 가능하다는 판단이다.

중국 수소 생태계에 녹아들기 위해서라도 현지 업체와의 협업은 중요하다. 초기 시장인 수소 상용차 시장은 현재로선 보조금 없이는 사실상 판매가 불가능하다. 또한 구매 보조금을 지원하는 한국과는 달리, 중국은 매년 운용한 수소차의 운행 거리를 바탕으로 보조금을 지급하는 구조다. 게다가 연료전지 시스템과 수소차 판매 대상이 정부 기관 또는 국유기업이라는 점에서도 이 사업은 현지 정부와의 긴밀한 협력 관계가 필요하다.

초기 태동 단계인 중국 수소 상용차 시장은 정부 보조금 위주로 성장하고 있다. 승용차 위주로 보급을 늘린 한국·일본과 달리 중국은 버스나 물류 트럭, 청소차, 트랙터 등 상용차에 집중하는 방향을 택했다. 시범 지역으로 지정한 베이징, 상하이, 광둥, 허베이, 허난 등 5개 권역에서 목표 보급 대수를 채우기 위한 지역 간 경쟁도 매우 치열하다.

광둥성 광저우시를 파트너로 선택한 현대차는 광저우 지역의 물류 트럭, 버스, 청소차, 트랙터 등을 수소차로 바꾸는 데 일조하고 있다. 현재까지 누적 500대 정도를 판매했으며, 누적 주행거리가 191만km에 달했다. 현재 개발 중인 차세대 연료전지 시스템이 도입되면 선박, 항공, 철도 등 다양한 분야로도 응용이 가능할 것으로 기대하고 있다.

턱밑까지 쫓아온 중국, 수소 패권 향한 추격

현대차가 기술력을 앞세워 중국 수소 상용차 시장에서 존재감을 키우고 있지만, 최근 시장 흐름을 보면 급성장하는 중국 업체들의 부상에 대한 위기감도 함께 감지된다. 60개가 넘는 중국 로컬 수소연료전지 제조사들은 정부의 전폭적인 지원으로 빠르게 생태계를 조성하면서 점유율을 공격적으로 늘리고 있다.

SNE리서치에 따르면, 2025년 1분기 글로벌 수소차 시장에서 중국 업체의 점유율은 56.5%로 역대 최고치를 기록했다. 이들 업체의 판매량은 1,197대로 전년 동월 대비 45% 늘었다. 글로벌 수소차 시장에서 중국 시장이 차지하는 비중도 56.4%에 달했다. 전 세계에서

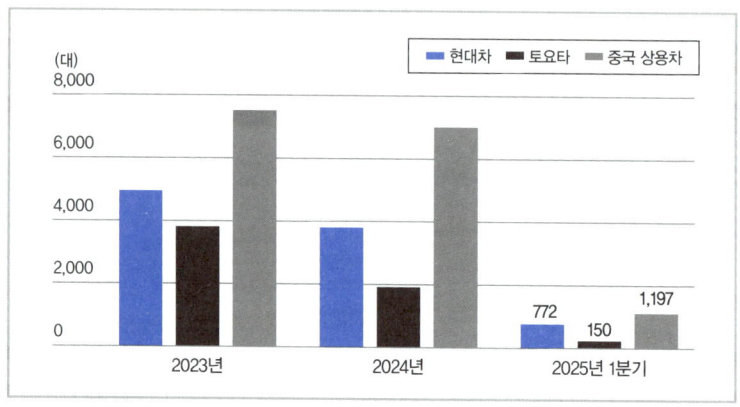

[자료 6-8] 글로벌 수소차 판매 브랜드별 점유율
출처: SNE리서치

팔리는 수소차의 절반 이상은 중국에서 굴러다닌다는 의미다. 중국이 전기차에 이어 수소차에서도 최대 시장과 점유율 1위 업체를 보유하게 될 것이라는 전망이 나온다.

내구성과 효율성, 일관된 품질 등의 측면에선 현대차가 분명 앞서가고 있지만, 60여 개의 중국 수소연료전지 제조사들은 30% 이상 저렴한 가격을 내세워 시장에서 경쟁하고 있다. 특히 가격에 민감한 상용차 시장에서 가격 경쟁력은 큰 무기가 된다. 게다가 중국 업체들의 개발 속도가 예상을 뛰어넘을 만큼 빠르다는 점에서, 현대차와 토요타 등 기존 강자들도 긴장감을 늦추지 못하고 있다. 현재 중국 업체들은 2020년 국가 육성 정책에서 제시한 목표 기술 지표를 대부분 달성했으며, 주요 5개 핵심 부품의 현지화율은 85%에 육박했다.

무엇보다 중국의 가장 무서운 점은 정책의 연속성이다. 정부가 한

번 방향을 정하면 자금력과 인력, 기술력을 총동원해 장기적으로 산업을 육성한다. 컨트롤타워가 명확하기에 정책의 중복이나 혼선이 없고, 각 기업과 부문 간 협업도 유기적으로 이뤄진다. 업계에선 중국이 초기 전기차 시장에서 정부 주도로 생태계를 구축했던 방식을 수소차에도 그대로 적용하고 있다는 분석도 제기된다.

2022년 중국 국가발전개혁위원회는 정부 차원 최초의 수소에너지 발전종합계획인 '수소에너지 산업 중장기 발전계획(2021~2035년)'을 발표했다. 2023년에는 산업 표준을 만들기 위한 가이드라인을 발표했고, 2024년에는 수소를 국가 에너지법에 포함시켜 산업을 체계적으로 육성할 수 있는 법적 근거를 마련했다. 2025년 발표한 '15차 5개년(2026~2030년) 경제발전 계획'에 따르면, 중국은 수소에너지를 6대 미래산업 중 하나로 공식 지정했다. 동시에 수소에너지의 저장·운송 관련 기술 개발 지원을 약속하는 등 산업화를 위한 구체적 플랜을 제시했다.

7장

제조 DNA가 만드는
피지컬 AI의 미래

HYUNDAI'S PHYSICAL AI REVOLUTION

10년 후,
현대차는 어떻게 진화할까?

글로벌 자동차 생산 방식은 어떻게 진화했나?

모든 제조업체의 핵심 경쟁력은 결국 생산 노하우에 있다. 아무리 좋은 기술을 개발했더라도 대량 생산 과정에서 불량률을 컨트롤하지 못한다면 의미가 없다. 개발자의 아이디어를 완벽하게 구현하여 동일한 품질의 제품을 효율적으로 생산하는 것이 모든 제조업의 핵심 과제다.

자동차 산업은 생산 기술 혁신을 통해 성장해 왔다. 미국의 헨리 포드가 개발한 컨베이어벨트 생산 방식은 1910년대 자동차 대량 생산의 기틀을 마련했다. 부품을 규격화하고 각 공정을 세분화해 생산성을 획기적으로 높였다. 노동자는 고정된 자리에서 같은 일을 반복하고 컨베이어벨트 위에 제품이 라인을 따라 이동한다. 포드 생산방식은 자동차의 대중화에 크게 기여했을 뿐만 아니라 지금까지도 다양한 산업에서 광범위하게 적용되고 있다. 다만 포드 생산 방식은 소품종 대량생산에는 유리하지만 다양한 종류의 제품군으로 확장하기는 어렵고, 생산 라인에서 작은 결함이라도 발견될 경우 라인 전체가 설 수 있다는 점이 한계로 지적된다.

이 같은 한계를 보완하며 등장한 생산 방식이 바로 일본식 토요타 생산 방식(TPS)이다. 1950년대 토요타는 비용 절감과 생산성 혁신을 꾀하기 위해 새로운 생산 방식인 TPS를 고안했다. 5장에서 설명했듯이, 이 방식의 핵심은 크게 두 가지로 요약된다. 인간의 손길이 가미된 자동화(지도카)와 재고를 줄이기 위한 적기 공급(JIT)이다. 우선 토요타는 기계적인 자동화를 추구하면서도 숙련공의 스킬을 최대한 활용하도록 했다. 생산 라인의 자동화율이 아무리 높다 해도 기계적인 결함은 생기기 마련이다. 토요타는 기계적인 결함으로 불량품이 생길 수 있다고 판단되면 작업자가 스스로 생산 라인을 세울 수 있게 했다. 작업자들이 모여 문제를 해결한 뒤 다시 자동화된 생산 라인을 재가동함으로써 불량률을 최소한으로 줄인다는 개념이다.

TPS의 또 다른 축은 모든 부품을 적기에 공급하는 저스트 인 타임(JIT), 조금의 낭비도 허용하지 않는 생산 기술이다. 완성차 업체는 주문이 들어올 때마다 부품사에 필요한 만큼 부품 생산을 요구한다. 고객이 필요로 하는 제품을 원하는 수량만큼만 필요한 시기에 생산하면서 재고를 획기적으로 줄일 수 있다. 이는 완성차와 부품사의 생산 라인이 완벽히 동기화돼야 구현 가능한 시스템이다. 이후 토요타가 미국 현지 공장으로 진출하면서 기존 JIT 생산 방식에 공급망 관리, 연구개발, 고객 관리까지 포함하는 개념으로 확장됐다. '린 생산 방식(lean production system)'으로 불리는 이 방식은 1980년대 이후 자동차 업계 전반으로 확산됐다.

1990년대에는 폭스바겐, 다임러 등 독일 완성차 업체를 중심으로 모듈화 생산 방식이 고안됐다. 이 방식은 부품업체가 커다란 덩어리의 부품(모듈)을 완성차 업체의 조립 라인으로 JIT 방식으로 공급한다. 다만 모듈을 공급하는 부품업체의 역할은 모듈의 '조립' 기능에만 국한됐다. 당시 유럽 완성차 업체보다 부품업체의 임금이 20~30% 정도 낮았기 때문에 외부 업체에 부품 구매와 조립을 맡기는 방식으로 상당한 비용을 절감할 수 있었다.

1990년대 중반 들어 일본과 한국 완성차 업체는 유럽의 모듈화 방식을 적극 채용했는데, 각자의 사정에 맞게 변환해 적용했다. 완

연대	주도 국가	주도 업체	생산 방식의 특징
1910년대~	미국	포드	컨베이어벨트 시스템 도입. 일관된 작업으로 노동 생산성 증대. 자동차 대량 생산의 토대 마련
1950년대~	일본	토요타	토요타 생산 방식(TPS) 도입. 노동자 능력 극대화된 자동화+부품의 즉시 공급(JIT)에 따른 낭비 제거 기술로 원가 절감
1990년대~	독일	폭스바겐, 다임러 등	부품 모듈화 도입. 부품을 덩어리(모듈)로 만들어 완성차 업체 조립 라인에 실시간 공급. 부품업체 최종 조립에 따른 임금 절감, 부품 구매 과정 단순화 등으로 원가 절감
2000년대 이후~	한국, 미국 등	현대차, 테슬라 등	디지털 트윈, AI, 3D프린팅, 셀 단위 생산을 통한 고도의 맞춤형 생산 방식. 초대형 캐스팅 공법 통한 전기차 원가 절감

[자료 7-1] 연대별 자동차 생산 방식의 트렌드 변화

출처: 언론 내용 종합

성차 업체에 모듈화는 양날의 검이다. 부품사에 외주를 맡기면 부품 단순화로 생산성이 높아질 뿐만 아니라 인건비 절약에 따른 비용도 절감된다. 하지만 부품사 입김이 세질수록 완성차의 지위가 흔들릴 수 있다. 부품사가 개발까지 관여해 모듈 형태로 공급한다면, 완성차 입장에선 기술 주도권이 사라질 수 있다는 불안감이 있다. 따라서 토요타, 혼다, 닛산 등 일본 업체들은 주력 부품사를 계열사로 두고 이를 중심으로 모듈화를 추진해 왔다. 현대차그룹 역시 현대모비스를 중심으로 수직 계열화를 강화하면서 모듈 사업을 확장해 왔다.

일본과 유럽의 장점만 모은 현대차 생산 방식

현대차그룹은 일본(JIT)과 유럽(모듈화) 생산 방식의 장점을 차용해 한국의 생산 환경에 맞는 새로운 현대차 생산 방식(hyundai production system, HPS)을 만들어냈다. HPS는 현대차의 가장 큰 강점인 '생산의 유연화'를 구현할 수 있는 핵심 경쟁력이다. 현대차는 일본의 JIT(부품 적기 공급) 방식에 차종의 생산, 조립 순서까지 더한 JIS(Just in Sequence, 직서열 공급) 방식을 확립했다. 부품업체와 완성차 업체가 실시간으로 생산 일정을 공유하면서 정확한 시간과 순서에 맞게 모듈을 공급하는 방식이다.

현대차그룹은 일본의 JIT 개념을 도입하면서 적극적인 모듈화를 병행했다. 일본 업체들도 계열 부품사 위주의 모듈화를 진행했지만 완성차 위주의 소극적인 모듈화였다. 반면 현대모비스를 주축으로 한 현대차의 모듈화는 부품사의 역할이 훨씬 적극적이다. 1990년대 말 외환위기 이후 만도기계, 한라공조, 덕양산업 등 현대차의 주요 부품사들이 외국기업에 인수합병된 점도 믿을만한 계열사인 현대모비스의 역할을 강조한 배경이 됐다.

현대차의 또 다른 생산의 강점은 차급(차체의 크기)을 넘어선 혼류생산이다. 현재까지도 미국·유럽 완성차 업체는 전 세계 지역별 공장을 차급으로 나누는 경우가 많다. 미국 공장은 대형차 위주, 유럽이나 한국은 소형차 위주 등 현지의 인건비나 자본조달 상황에 맞게 생산 계획을 수립한다. 반면 현대차그룹은 전 세계 모든 공장에서 차급을 넘어선 다양한 차종의 혼류생산이 가능하다는 강점이 있다. 하나의 라인에서 소형차부터 대형차까지 다양한 차종을 생산할 수 있다는 의미다. 게다가 현대차·기아는 글로벌 브랜드 중에서도 다양한 사양(옵션)이 많기로 유명한데, 이는 부품의 정보화를 기반으로 한 적극적인 모듈화 정책 덕분에 가능했다.

1996년 설립된 현대차 아산공장은 현대차그룹 모듈화 사업의 테스트 베드였다. 현대차는 완성차 공장과 트럭으로 25분 거리의 위치에 현대모비스 아산공장을 세워 실시간 모듈 납품이 가능하도록 구현했다. 이홍일(2008)이 작성한 〈생산방식 변화에 따른 노동조합의 성격변화〉 논문에 따르면, 1997년 출시한 스타렉스의 모듈화율은 12.5% 수준이었지만, 2007년 출시된 그랜드 스타렉스의 모듈화율은 42%까지 높아졌다. 여기에 공용 플랫폼을 통해 부품의 공용화를 이룬 지금은 이보다 훨씬 높은 모듈화율을 달성했을 것으로 추정된다.

현대차 생산 방식(HPS)이 일본 방식과 차별화되는 또 다른 포인트는 노동력을 활용하는 방식이다. 토요타는 자동화를 추구하면서도 '인간의 손길'을 더한 노동력의 극대화를 강조했다. 기계를 쓰더라도 사람의 손길이 필요하고, '생각하면서 일하는' 작업자를 만드는 것을 궁극적인 목표로 했다. 기계가 놓칠 수 있는 결함이나 유연성이 필요한 부분을 숙련공의 경험으로 메운다는 콘셉트다.

현대차는 자동화 과정에서 발생하는 일부 결함을 생산 엔지니어들의 정보화, 관리 시스템으로 보완했다. 현장 작업자들에게 적극적인 역할을 기대하기보다는 중간 엔지니어들의 기술적인 역할을 키워 현장이 돌아가게끔 했다. 전문가들은 이 같은 HPS의 특성이 현대차의 '적대적인 노사 관계'에 기인한다고 설명한다. 김진백·이남석(2017)은 〈현대차와 유럽식/일본식 모듈 생산방식의 비교 및 전자무역 환경에 미치는 영향에 대한 연구〉에서 "적대적 노사 관계와 부족한 국내 부품 산업 기반으로 현대차는 일본식 생산 방식을 그대로 추구하기 어려웠다"며 "대안으로 현대차는 자동화와 정보기술을 활용하며 내부 계열사에 의존하는 생산 방식을 발전시켜나갔다"고 설명했다.

현대차 노동조합은 1987년 설립된 이래 대한민국의 대표 강성 노조로 자리 잡고 있다. 1997년 외환위기가 터지면서 현대차에도 정리해고 후폭풍이 몰아닥쳤고, 이를 저지하기 위한 노조의 '정리해고 투쟁'도 활발해지며 현대차 노사 관계는 극으로 치달았다. 이 시기는 현대차가 1997년 최초의 해외 생산 공장인 튀르키예 공장을 준공하며 적극적으로 해외로 뻗어나가던 때다. 현대차는 작업자에게

1960년대	포드의 컨베이어벨트 시스템 도입, 포드와 합작사 세워 조립 생산
1970년대	1975년 고유 모델 '포니' 생산 계기로 JPS(일본식 생산 방식) 적극 도입
1980년대	엔지니어 중심으로 자동화 추진, 대량 생산 방식 체제 확립
1990년대	신공장 아산공장 위주로 JPS 기반의 모듈화 추진 현대차그룹 고유의 JIS 생산 확립
2000년대	생산 자료를 표준·규정화하고 축적하는 정보화 시스템 확립 품질 검사의 질적 향상 도모
2010년 이후~	디지털 트윈, AI, 3D프린팅 등 신기술 도입 수요 맞춤형 생산 체계 구축 생산의 유연성 극대화

[자료 7-2] 현대차그룹 생산 방식 변화

출처: 조형제, 이병훈(2006), 〈현대자동차 생산방식의 진화: 일본적 생산방식의 도입을 중심으로〉 논문 내용 발췌, 언론 종합

고도의 숙련을 기대하기보다는 중간 엔지니어를 활용한 자동화, IT 투자를 통한 정보화를 적극적으로 추진하며 작업자의 의존도를 낮추는 방식을 택했다.

역설적으로 이 같은 시스템화는 2000년대 이후 현대차가 해외 공장을 적극적으로 확장하는 계기가 됐다. 숙련공이 부족하고 국내 부품산업 기반이 부족했던 현대차는 엔지니어 중심의 자동·정보화를 추진하고 완성차 주도의 모듈화로 부품사와 현지에 동반 진출하면서 해외로 뻗어나가게 된다. 2005년 설립된 미국 앨라배마 공장이 숙련공의 비중이 높지 않았음에도 불구하고 생산 수율을 2~3년 만에 빠르게 달성할 수 있었던 배경에도 이 같은 HPS의 특성이 있다.

10년 뒤 현대차는 어떻게 차를 만들까?

당장 10년 뒤 현대차의 생산 방식은 어떻게 변화할까? 현대차그룹의 대표적인 혁신 거점인 '현대차그룹 싱가포르 글로벌 혁신 센터(HMGICS)'를 참고하면 미래의 방향성을 알 수 있다. 2023년 11월 싱가포르 주롱 혁신지구에 설립된 HMGICS는 스마트 제조 시설뿐만 아니라 브랜드 체험 공간, 차량 시승 및 테스트 트랙까지 다양한 공간으로 구성돼 있다.

이곳의 핵심 시설인 스마트 제조 기술 센터는 첨단 기술을 활용해 다품종 소량 생산에 특화돼 있다. 기존 컨베이어벨트 대신에 타원형의 '셀' 단위로 차량을 생산한다. 작업자는 하나의 셀에서 로봇과 한 팀이 돼 작업한다. 필요한 부품이 모두 장착되면 다음 셀로 차량 이동은 무인 이동 로봇 AGV(Automated Guided Vehicle, 무인 운반차)가 담당한다. 각자 입력된 차종과 사양, 부품 조립의 순서에 따라 모든 과정이 물 흐르듯 연결된다. 각 셀 단위에서 필요한 부품도 모두 AMR(Autonomous Mobile Robot, 자율주행 이동 로봇)이 무인 배송해 준다.

셀 단위 생산의 장점은 공정 개선이나 변경이 쉽다는 점이다. 기존 컨베이어벨트 방식은 차종에 맞춰 설비와 공정이 고정돼 있다. 따라서 신차가 나올 때마다 대규모 투자를 통해 변경이 가능하다. 하지만 셀 단위로 생산하면 각자의 셀마다 각기 다른 차종과 사양의 설비와 공정 순서를 입력할 수 있기에 생산 계획을 쉽게 변경할 수 있다. 다만 공정에 필요한 노동력은 오히려 늘어난다. 이를 보완하기 위해 현대차그룹은 다양한 산업용 로봇을 적극 활용할 예정이다.

모든 공정이 데이터 기반으로 운영된다는 점도 주목할 만하다. 이미 현대차그룹은 잘못된 부품 장착을 방지하기 위한 다양한 데이터 기반 시스템을 구축하고 있다. 사양 지시 모니터, 바코드 시스템, 자동 부품 선별 시스템, 레이저 비전을 활용한 부품 검수 시스템 등이다. 미래 현대차그룹 공장에선 설비부터 부품의 이동, 작업 현황까지 모든 것이 데이터로 기록되고 관리된다.

HMGICS에선 각기 다른 셀에서 다른 로봇과 기계, 작업자가 움직이는 수많은 움직임을 데이터화한다. 또 가상 공간에 똑같은 쌍둥이 공장을 만들어 실제 공장을 모니터링하는 '디지털 트윈' 기술 또한 데이터 기반으로 구현된다. 기존 CCTV는 카메라 기반이기에 사각지대가 있지만, 디지털 트윈 기술을 통한 모니터링 시스템은 사각지대가 없다. 공장 내 모든 생산 설비와 공정, 모든 구성요소에 부여된 데이터를 기반으로 모니터링을 하기 때문이다. 또 현대차그룹은 공장 운영에서 쌓인 방대한 양의 데이터를 실시간으로 공유하기 위해 5G 네트워크 시스템을 구축했다. HMGICS에서 시험한 데이터 기반의 스마트 공장 운영 솔루션은 향후 현대차그룹의 전 세계 공장으로 퍼져나갈 계획이다. 최종적으로는 모든 공장을 스마트팩토리로 만들고 데이터만으로 자동 운영되는 데이터 기반 공장(Data Driven Factory)을 만드는 게 목표다.

현대차그룹의 등대공장, 기아 광명 이보 플랜트

"기아 광명 이보 플랜트(EVO Plant)는 대량 생산에 필요한 현대차그룹의 혁신 생산 기술을 시험해보는 테스트 베드입니다."

2024년 12월, 경기도 광명시 소하동에 위치한 기아 광명 이보 플랜트. 서울 도심에서 차로 40분을 달려 도착한 이곳은 현대차그룹 최초의 전기차 전용 공장이다. HMGICS가 셀 단위의 소규모 생산에서 미래차 혁신을 시험해 보는 곳이라면, 기아 광명 이보 플랜트는 실제 양산차가 생산되는 대규모 양산 라인에서 혁신 공법을 테스트하는 그룹의 실제적인 '등대공장' 역할을 하고 있다.

이 공장에 가장 최근 도입된 신기술이 바로 '디지털 트윈'이다. 현대차그룹은 2024년 10월 이 공장의 차체 생산 라인의 일부 물류 시설에 디지털 트윈 제조 솔루션을 적용했다. 가상 공간에 실제와 똑같은 쌍둥이 공장을 3D 그래픽으로 구현해, 모든 공장 운영 과정을 한눈에 모니터링할 수 있도록 한 것이다. 이를 통해 신규 차종이 투입되기 전 새로운 공정을 가상 시뮬레이션으로 운영해본다거나, 현재 공장에서 생긴 문제점을 사무실에 앉아 화면으로 실시간 확인할 수도 있다.

기아 광명 이보 플랜트 관제사무실에는 벽면을 가득 메운 대형 화면에 생산 현황이 6개의 화면으로 나뉘어 송출되고 있었다. 그중 한 화면에는 3D로 구현된 쌍둥이 공장의 모습이 보였다. 광활한 공장을 한눈에 버드아이뷰(하늘을 나는 새가 보는 듯한 관점)로 볼 수 있고, 원하는 부분만 확대해서 요리조리 돌려볼 수도 있었다. 내부를 오가는 무인 AGV 지게차의 동선 흐름은 물론 지게차의 충전 잔량까지 체크할 수 있으며, 차종별 부품의 재고 수량이나 이동 현황도 실시간으로 확인 가능했다.

기존 공장에선 생산 라인이 멈춰 설 경우, 문제의 원인을 찾는 데만 상당한 시간이 걸렸다. 관제실에서 각 라인으로 연락을 돌려 가동 현황을 묻고, 문제점을 찾는다 해도 정비 인력을 급파해 수만m^2의 공장 안을 걸어서 수없이 왔다 갔다 하는 데만 한참의 시간을 낭비했다.

디지털 트윈 기술을 활용하면 현장 라인 담당자보다 관제실에서 문제의 원인을 더 빨리 감지할 수 있다. 일부 공정에 문제가 생기면 가상 공간에 빨간 불로 경고 표시가 뜬다. 관제 사무실에 있는 당직자는 화면을 확대해 문제 원인을 바로 찾아내거나 이전에 녹화된 블랙박스 속 영상을 돌려보며 과거 상황을 되짚어가며 원인을 분석해 낼 수도 있다.

일부 구간에서 문제가 생겨 라인이 멈춘다고 해도 다음 공정 영

[자료 7-3] 기아 광명 이보 플랜트 안을 돌아다니는 무인 AGV 지게차

출처: 저자

향을 최소화하면서 물 흐르듯 생산을 이어갈 수 있다는 장점도 있다. 만약 차체 라인 일부에 문제가 생겨 가동이 중단됐다면 관제실에서 이를 바로 파악하고 현장에서 조치를 취한다.

이후 남아있는 차체 재고 현황을 파악하고 다음 공정인 도장 파트에 문제를 주지 않으려면 몇 분 안에 다시 라인을 재가동해야 하는지를 바로 계산한다. 작업자들은 해당 부문에 최대한의 인력을 투입해 정해진 시간 내에 문제 라인 복구를 완료한다.

현대차·기아는 이 같은 시스템을 통해 차체 공장의 생산성을 기존 대비 70% 가까이 개선 가능할 것으로 추산하고 있다. 향후 1~2년 내에는 모니터링에 그치지 않고 문제 상황을 시스템 내에서 직접 제어할 수 있는 기술도 자체 개발해 도입할 예정이다.

정광호 기아 제조솔루션본부 생기1실 상무는 "과거에는 베테랑 작업자들의 경험에 의존했던 생산 관리 기술이 이제는 데이터 기반 생산으로 바뀌고 있다"며 "생산 설비를 비롯한 모든 공장의 데이터를 관리하고 이를 기반으로 품질을 높이는 것이 SDF(소프트웨어 기반 공장)의 시작"이라고 말했다.

기아 광명 오토랜드 내 6만m²(1만 8,150평) 부지에 세워진 광명 이보 플랜트는 현대차그룹 최초의 전기차 전용 공장이다. 1987년 준공된 광명 2공장을 전기차 전용 라인으로 탈바꿈하는 데 단 1년이 걸렸다. 공장이 수도권 도심에 위치한 데다 그린벨트로 묶여있어 공사 기간을 최대한 단축해야만 했기 때문이다. 결국 기존 공장의 지붕과 뼈대를 그대로 살려두고 내부 라인만 새롭게 구성하는 방식을 선택했다.

연간 생산 능력은 15만 대 규모로, 현재는 기아 소형 전기 SUV EV3를 단일 생산하고 있다. 2025년 상반기에는 준중형 전기 세단 EV4라는 새로운 차종의 생산도 시작됐다. 기존 차종 생산에 영향을 최소화하면서 신차 생산 설비를 빠르게 도입하는 것이 광명 이보 플랜트의 새로운 과제다. 이를 위해 기아는 디지털 트윈 기술을 적극 활용해 새로운 라인 운영을 가상 시뮬레이션하는 작업이 한창이다.

정 상무는 "이보 플랜트가 도입한 디지털 트윈 기술은 생산은 물론 직원들의 업무 편의·효율성을 높이기 위한 일환"이라며 "제한된 여건 속에서 최대한의 효율을 뽑아내는 역량이 바로 현대차그룹의 DNA"라고 강조했다.

휴머노이드 로봇이
온다

현대차는 왜 보스턴다이내믹스를 인수했나?

2035년 현대차 울산공장 의장 조립 라인. 사람과 똑같은 모습을 한 휴머노이드 로봇 아틀라스가 다양한 색깔의 전선 뭉치를 들고 쪼그려 앉아 작업을 하고 있다. '와이어링 하네스'라는 전선 뭉치를 차체에 장착하는 이 작업은 완성차 제조 공정 중에서도 가장 까다롭기로 유명하다. 다양한 차종은 물론 옵션에 따라 전기·전자 장치의 전선 길이와 배치까지 달라져야 하기 때문이다. 이 공정에 로봇을 투입하기 위해서는 사람처럼 복잡하게 생각하고 판단·제어하는 AI 기술이 필수다.

AI가 탑재된 휴머노이드 로봇은 컨베이어벨트 위에서 사람과 같은 섬세한 손기술로 전선을 하나씩 연결한다. 설치가 끝난 제품의 최종 검수는 다른 로봇이 맡는다. 사람은 공장 안을 돌아다니며 문제가 있는 로봇의 소프트웨어를 점검해 주기만 하면 된다. 로봇들은 문제가 생기면 공장 자동화 설비 통신망을 통해 스스로 문제를 인식하고 점검을 요청한다. 로봇은 야간이나 주말에도 쉬지 않고 24시간 가동되며, 임금 인상이나 파업을 걱정할 필요도 없다. 새로운 차종이 출시되거나 공정이 추가·변경될 때는 프로그램만 새로 깔아주면 된다.

10년 후 현대차 공장을 상상해서 그려본 내용이다. 먼 미래의 자동화 공장이라고 생각하겠지만, 항상 기술의 진보는 대중의 생각보다 빠르다. 현대차는 2025년 4분기 계열사인 보스턴다이내믹스가 만든 휴머노이드 로봇 '아틀라스'를 미국 신공장인 HMGMA에 시범 투입(PoC)했다. 일단 시작은 부품 순서를 지정하는 단순한 작업부터 투입될 예정이지만 로봇 기술이 고도화됨에 따라 공정 활용도는 점차 높아질 전망이다.

현대차그룹은 2021년 미국 로봇 기업 보스턴다이내믹스를 인수했다. 일본 소프트뱅크가 보유했던 지분의 80%를 인수하기 위해 현대차그룹이 투입한 자금만 약 1조 원이다. 여기에는 정의선 현대차그룹 회장의 사재도 포함됐다. 정 회장이 개인 자금까지 쏟아부으며 보스턴다이내믹스를 인수한 이유는 무엇일까. 빠르게 성장하는 로보틱스 시장에서 보스턴다이내믹스의 가능성을 봤기 때문이다.

이 회사는 로봇 하드웨어 분야에서 업계 1위의 독보적 기술을 보유했다. 인수 당시 보스턴다이내믹스는 공중제비돌기, 경사진 징검다리 건너기, 점프해 건너뛰기 등을 자유자재로 하는 민첩한 운동 능력을 보여주는 로봇 영상으로 유명했다. 로봇의 운동 능력이 뛰어나다는 의미는 고성능 액추에이터와 제어 능력, 정교한 센서, AI를 통한 사물 인식 능력을 실시간 조합하는 기술이 뛰어나다는 얘기다. 보스턴다이내믹스의 기술력을 높이 평가한 현대차그룹은 미래 로보틱스 시장의 성장을 예견하고 과감한 투자를 결정했다. 정 회장은 보스턴다이내믹스를 인수하기 전 2019년 타운홀미팅에서 그룹의 향후 매출 비중을 자동차 50%, 도심항공교통(UAM) 30%, 로보틱스 20%로 채우겠다는 비전을 제시한 바 있다.

보스턴다이내믹스 인수 후 현대차그룹이 최우선 과제로 삼은 것은 미국 기업으로서 정체성을 지켜주는 일이었다. 보스턴다이내믹스의 본사가 위치한 미국 매사추세츠주는 400여 개의 로봇 회사와 70여 개의 연구기관이 모인 글로벌 로보틱스 R&D의 허브다. 전 세계에서 최고의 로봇 관련 인재들이 이곳으로 모여든다. 일반적으로 한국 기업이 해외 기업을 인수하면 한국식 기업문화를 이식하려 애를 쓰는데, 이는 수직적이고 조직 중심의 한국 문화에 익숙지 않은 해외 인재의 이탈을 불러온다.

현대차그룹은 이 같은 부작용을 피하기 위해 최대한 현지 문화를 존중하는 방식의 전략을 세웠다. 현대차그룹 글로벌 소프트웨어 센터인 포티투닷이 해외 지사를 세워 전 세계 소프트웨어 우수 인력을 유치하고, UAM 개발 부문인 수퍼널이 미국 독립법인으로 분사한 이유도 모두 같은 방침에서다. 보스턴다이내믹스는 현대차그룹의 로보틱스 분야를 담당하는 글로벌 R&D 거점의 역할을 맡고 있다. 앞으로 보스턴다이내믹스는 AI 기술을 기반으로 휴머노이드 로봇 개발에 집중하고, 현대차그룹은 세계 최고 수준의 제조 역량을 바탕으로 양산을 담당하는 방식으로 시너지를 낼 전망이다.

자동차 제조사들이 로봇에 투자하는 이유

최근 자동차 제조사들은 휴머노이드 로봇을 생산 현장에 도입하고, 한발 더 나아가 로봇 기업 지분을 인수하는 등 직접 투자에 나서고 있다. 현대차그룹뿐만 아니라 테슬라도 자사 휴머노이드 로봇인 '옵티머스'를 개발 중이며, BMW는 미국 스타트업 피규어AI가 만든 휴머노이드 로봇 '피규어 02'를 미국 공장에 투입해 활용 가능성을 검증하고 있다. 메르세데스-벤츠는 미국 로봇 기업 앱트로닉의 지분 투자를 단행하고, 이 회사가 만든 휴머노이드 로봇을 독일 디지털팩토리와 헝가리 공장에서 시험 운용 중이다.

중국 업체는 더욱 적극적이다. 중국 광저우자동차그룹(GAC)은 지능형 휴머노이드 로봇 '고메이트'를 2024년 공개하고 2025년부터 여러 산업 분야에 적용하고 있으며, 지리자동차그룹은 중국 휴머노이드 전문기업 유비테크와 협력해 '워커 S' 로봇 시리즈를 고급 브랜드 지커 공장에 투입했다. 샤오펑도 자체 개발한 '아이언' 로봇을 2024년부터 전기차 생산 공정에 투입해 현장에서 운용하고 있다.

자동차 업계가 생산 라인에 휴머노이드 로봇을 투입하는 이유는 원가를 줄이기 위해서다. 이미 글로벌 자동차 생산 공장은 이미 상당한 자동화를 이룬 상태다. 완성차 공장 중에서 가장 자동화율이 높다는 테슬라의 상하이 기가팩토리 자동화율은 무려 95%다. 이미 로봇이 생산 현장에 투입돼 사람의 손길이 거의 필요치 않다는 얘기다. 하지만 남은 5%가 숙제다. 마지막까지 사람의 손길을 필요로 하는 이 5%의 공정은 주로 의장 공정에 몰려 있다. 의장 공정은 차량에 문, 시트, 내장재, 전장부품, 배선 등 약 3만여 개의 부품을 조립하는 단계로, 차종과 옵션에 따라 장착하는 부품의 경우의 수가 수만 가지 이상으로 늘어난다.

또한 의장 부품은 크기나 형태, 조립의 순서 등이 제각각 다르기 때문에 작업자의 고도화된 판단 능력이 요구된다. 작은 부품이 많고 조립의 결합 강도나 단차에 따라 최종 품질과 직결되기 때문에 세심한 손길이 필요하다. 사람처럼 생각하고 사람 손처럼 작은 부품까지 집어 올릴 수 있는 휴머노이드 로봇이 필요한 이유다. 마지막 과제인 의장 공정의 완전 자동화까지 달성하게 되면, 자동차 제조사는 원가의 10%에 달하는 인건비를 크게 줄일 수 있다. 현재 글로벌 완성차 업계의 영업이익률이 최대 10% 수준이라는 점을 고려할 때 원가의 10%는 상당히 의미 있는 숫자다.

노사·관세 리스크를 벗어나다

100% 자동화를 이루면 제조업체는 노사 리스크에서도 벗어날 수 있다. 로봇은 임금 인상이 필요 없고 파업으로 인한 생산 중단 손실도 없다. 제조사 입장에선 노조와 협의 없이도 공장 가동 속도를 자유롭

게 조절할 수 있고, 주말과 야간 가동을 포함해 24시간 생산이 가능해진다. 이 때문에 전통 자동차 업체들은 노조의 눈치를 보면서도 휴머노이드 로봇 도입에 적극적이다. 인건비 절감은 중국 업체와의 원가 경쟁에서 버틸 수 있는 핵심 카드이기 때문이다.

로봇 도입을 통한 인건비 절감은 관세 리스크도 줄여준다. 글로벌 완성차 업체들이 신흥국 위주로 전 세계에 생산 기지를 세운 이유도 인건비 절감 차원에서다. 인건비가 저렴한 신흥국에서 부품 또는 완성차를 만들어 선진국으로 수출하면 제조업체는 더 많은 이익을 남길 수 있다. 하지만 최근 이 같은 공급망 밸류체인에 제동이 걸렸다. 미국 트럼프 정부가 보호무역주의를 표방하면서 미국으로 향하는 완성차와 부품에 관세 장벽을 높게 쌓아 올린 탓이다. 과거 자동차 시장의 글로벌 생산 기지는 중국이었다. 낮은 인건비로 중국에서 부품을 만들어 미국과 유럽 공장으로 보내고, 최종 조립해 미국과 유럽 시장에 팔았다. 이제 미국이 해외에서 수입하는 완성차와 부품에 15%의 관세를 물리면서 이 같은 공식은 깨졌다. 중국엔 이보다 더욱 높은 관세를 예고하면서 중국 의존도가 높은 자동차 부품 산업도 공급망 재편이 필요해졌다.

하지만 휴머노이드 로봇 도입을 통한 인건비 절감으로 10%의 원가를 줄일 수 있다면 굳이 생산 공장을 신흥국에 지을 필요가 없어진다. 미국에서 파는 차는 미국 공장에서, 유럽에서 파는 차는 유럽 공장에서 생산하면 인건비뿐만 아니라 물류·운송 비용도 줄어든다. 이 같은 생각에서 전통 완성차 업체들은 빠른 시일 내 휴머노이드 로봇의 도입을 기정사실화하고 있다. 삼성증권이 분석한 휴머노이드 로봇의 시간당 유지비용은 3.4달러 정도다. 대당 10만 달러인 로봇을 5년간 24시간 공장에 투입한다고 가정하고 여기에 자율주행 소프트웨어(FSD) 구독, 배터리 교체를 포함한 각종 유지비를 포함한 수치다.

그렇다면 현재 중국 자동차 제조업체의 시간당 인건비는 어느 정도 수준일까. 글로벌 컨설팅 업체 올리버 와이먼이 발간하는 〈하버 리포트〉에 따르면, 중국 자동차 제조사의 평균 차량당 인건비는 585 달러다. 여기에 차량 1대에 투입되는 총 노동시간을 160~190시간 으로 가정해 나누면, 시간당 드는 인건비는 3.6~3.7달러라는 계산이 나온다. 결국 휴머노이드 로봇(시간당 3.4달러)을 투입하면 중국 생산 과 비슷하거나 인건비가 더 적게 든다는 결론이다.

성공 요인 갖춘 휴머노이드 로봇 산업

현대차그룹의 휴머노이드 로봇 사업은 성공 요인을 갖추고 있다. 우선 로봇이 상용화되면 직접 판매할 수 있는 수요처가 확실하다. 현대 차·기아 해외공장에 우선적으로 투입하며 국내 공장 도입까지도 생 각해 볼 수 있다. 여기에 현재 동맹을 맺고 다양한 생산 전략을 함께 논의하고 있는 GM, 그리고 보스턴다이내믹스와 AI 로봇 공동 개발 을 선언한 토요타까지 전 세계 공장으로 공급을 생각해 볼 수 있다. 보스턴다이내믹스는 지난 2024년 토요타 리서치 인스티튜트(TRI) 와 생성형 AI를 활용한 로봇 개발 협력을 발표한 바 있다. 또한 2026

CES 현장에서 보스턴다이내믹스는 휴머노이드 로봇의 두뇌를 고도화하기 위해, 구글 딥마인드의 생성형 AI 로봇 파운데이션 모델 '제미나이 로보틱스'를 도입하는 전략적 협업을 발표하기도 했다. 이는 하드웨어 중심의 로봇에 AI 추론 능력을 결합해 '피지컬 AI' 경쟁력을 강화하려는 행보다.

글로벌 컨설팅 업체 맥킨지에 따르면, 2023년 16억 달러에 불과했던 휴머노이드 시장은 2030년 100억 달러 이상 규모로 성장이 예상된다. 연평균 25% 성장이 예상되는, 가능성이 무궁무진한 시장에 뛰어들 준비가 되었다는 의미다.

이를 위해 현대차그룹은 공급 밸류체인을 탄탄하게 구축하고 있다. 핵심 계열사인 현대모비스에 휴머노이드 로봇 하드웨어의 핵심 기술인 액추에이터 개발과 제조를 맡겼고, 보스턴다이내믹스의 휴머노이드 로봇의 두뇌를 움직이는 핵심 칩은 엔비디아에서 공급받기로 했다. 2025년 3월 보스턴다이내믹스는 엔비디아의 고성능 컴퓨팅 플랫폼 '젯슨 토르(Jetson Thor)'를 이용해 차세대 AI 기술을 고도화할 계획이라고 밝혔다. 젯슨 토르는 CPU와 GPU, AI메모리, 가속기 등이 통합된 개념으로 물리 로보틱스를 위해 특별히 설계된 고성능 컴퓨팅 시스템이다.

아울러 현대차그룹은 삼성SDI와는 로봇 맞춤형 배터리를 개발한다. 다양한 디자인의 로봇에 탑재할 수 있고 가벼우면서도 에너지 밀도가 높은 배터리를 목표로 연구 중이다. 현대차그룹은 보스턴다이내믹스의 나스닥 상장을 준비하며 대규모 자금 조달 계획도 세우고 있다. 자본 시장을 통해 대규모 자금을 확보하면 현대차그룹의

2019년	정의선 회장, 향후 그룹 매출서 로보틱스 20% 달성 공언
2021년	미국 로봇회사 보스턴다이내믹스 지분 80%를 1조 원에 인수
2022년	보스턴다이내믹스 AI연구소 설립, 계열사 4억 달러 투자
2023년	휴머노이드 로봇 아틀라스의 활용 목적 '생산 공정 투입' 명시
2024년	휴머노이드 로봇 '아틀라스' 전동화 버전 공개
	보스턴다이내믹스, 토요타 리서치 인스티튜트(TRI)와 협업 발표
2025년	연말 미국 HMGMA 공장에 아틀라스 시범 투입

[자료 7-4] 현대차그룹 휴머노이드 로봇 사업 현황

출처: 보스턴다이내믹스, 언론 종합

직접적인 투자 부담은 크게 줄어들 전망이다. 꾸준한 연구개발이 가능해지면서 신사업 성장 동력 확보에도 긍정적인 영향을 미칠 것으로 기대된다.

한·미·중
휴머노이드 전쟁

휴머노이드의 핵심 기술은 무엇인가

휴머노이드 기술 경쟁은 가히 '전쟁'이라고 부를 정도로 날로 치열해
지고 있다. 자율주행, 양자컴퓨터, 전고체 배터리 등 인류의 삶을 바
꿀 수 있는 '꿈의 기술'로 불리는 신기술 중에서도 휴머노이드는 현재
가장 상용화 가능성이 높다고 꼽힌다. 휴머노이드 업계는 2025년이
상용화의 원년이 될 것이라고 입을 모은다.

2025년부터 미국·중국의 주요 로봇 제조사들이 소규모 양산을
시작했으며, 현대차그룹도 같은 해 4분기부터 미국 자동차 공장 생산
라인에 계열사인 보스턴다이내믹스가 만든 휴머노이드 로봇의 시범
투입을 시작했다. 현대차그룹을 포함해 글로벌 기업들이 잇따라 휴
머노이드 상용화에 나서고 있는 2026년 현재, 과연 각 업체의 기술
력은 어느 수준에 와 있을까? 주요 기업 기술의 현주소를 짚어본다.

휴머노이드 로봇 개발의 핵심 기술은 크게 세 가지다. ①로봇을 정밀하게 움직이는 하드웨어 기술, ②외부 환경을 인지·판단하고 자율적으로 생각하는 AI, ③이 두 가지 기술을 통합하는 제어 시스템이다.

우선 하드웨어 기술은 정밀 구동 메커니즘과 고도화된 액추에이터가 필수다. 핵심 부품인 액추에이터는 인간으로 치면 '근육'에 해당하는 역할을 한다. 제어 시스템으로부터 신호를 받아 전기 에너지를 물리적인 움직임으로 바꿔준다. 이때 로봇이 얼마나 사람과 비슷하게 움직일 수 있는가는 '자유도(로봇의 관절이 움직일 수 있는 방향이나 축의 개수)'에 의해 결정된다. 자유도가 높아질수록 로봇은 더 복잡하고 사람과 비슷한 움직임을 구현할 수 있다. 휴머노이드 업체가 하드웨어 개발에서 가장 애를 먹는 분야가 바로 '로봇의 손'이다. 인간은 손을 통해 가장 많은 작업을 수행한다. 미세 힘 조절이 필요한 손동작을 수행할 수 있어야 인간을 대체할 수 있는 진정한 휴머노이드가 된다.

두 번째는 사람처럼 생각하고 사고하는 AI 기술이다. 시각, 청각, 촉각, 위치 정보 등 복합 센서에서 수집한 데이터를 실시간으로 통합해 주변 환경을 이해하고, 상황에 맞는 판단과 행동을 하기 위해서는 고도의 AI는 필수다. 특히 강화학습을 통해 인간이 가르쳐주지 않아도 스스로 학습하며 점점 나아지는 '자율성'이 휴머노이드 AI 기술력의 핵심이다. 예기치 않은 상황에서도 휴머노이드 로봇이 스스로 판단하고 행동할 수 있도록 하는 것이 궁극적인 목표다.

마지막 핵심 기술은 정밀한 하드웨어와 AI 두뇌를 연결하는 제어

시스템이다. 이 시스템은 AI가 내린 판단을 액추에이터 제어기에 전달하는 동시에 센서·모터 상태 등 각종 하드웨어 정보를 AI에 신속하게 전달하는 역할을 한다. 사람으로 치면 말초신경과 대뇌를 잇는 '중추신경'과 같은 역할이다.

'1등 피지컬' 로봇이 공부하기 시작했다

최근 가장 빠른 기술 발전의 속도를 보여주는 업체는 보스턴다이내믹스다. 2025년 8월 자사 유튜브에 업로드된 영상을 보면 '아틀라스'의 현재 기술 수준을 확인할 수 있다. 아틀라스는 세 개의 손가락으로 구성된 그리퍼(인간의 손과 같은 장치)를 이용해 상자 속 부품을 집어 들어 다른 상자에 넣는다. 이때 상자의 뚜껑이 갑자기 닫히면, 확인하고 다시 뚜껑을 열어 작업을 이어간다. 옮기던 부품이 바닥에 떨어지자 이를 인지하고 자세를 고쳐잡은 후 떨어진 부품을 다시 주워 담는다. 기다란 부품과 선반 사이즈가 맞지 않을 것 같으면 부품을 접어서 정리하는 모습까지도 보여줬다. 이번 영상은 보스턴다이내믹스가 2024년 토요타그룹의 첨단기술연구 자회사인 TRI와 협업을 발표한 이후 내놓은 첫 번째 영상이라는 점에서 의미가 있다.

그동안 로봇 업계에서 보스턴다이내믹스는 하드웨어에선 '업계 1위'로 인정받아왔다. 과거 버전이었던 유압식 아틀라스는 백덤블링, 고공점프 등이 가능한 놀라운 운동신경을 보여줬다. 뛰어난 운동신경과 균형감각은 그만큼 로봇이 실시간으로 외부 환경을 파악하고,

동시에 빠르고 정밀하게 움직일 수 있는 제이 기술을 보유했다는 의미다. 하지만 생산 현장에서는 백덤블링까지 가능한 로봇은 오히려 과한 스펙일 수 있다. 그만큼 가격도 올라가고 장비도 무거워진다.

이를 극복하기 위해 보스턴다이내믹스는 2024년 가벼운 전동식 신형 아틀라스를 선보였다. 장비를 단순화해 원가 경쟁력을 높이고 TRI와의 공동연구를 통해 AI와 로봇 제어 기술을 고도화하고 있다. TRI는 자체 개발한 LBM(대규모 행동 모델)을 적용해 아틀라스가 다양한 상황에서 자율적으로 판단하고 복잡한 조작을 수행할 수 있도록 지원했다. LLM(거대 언어 모델)이 엄청난 언어 데이터를 학습해 글을 이해하고 새로운 문장을 생성해 낼 수 있는 거대 신경망이라면, LBM은 다양한 행동 동작을 이해하고 학습해서 이를 바탕으로 새로운 행동을 실행하는 신경망이다. 보스턴다이내믹스의 뛰어난 하드웨어 기술력과 TRI의 LBM 기술의 만남만으로도 업계는 아틀라스의 빠른 기술 성장에 긴장을 느끼고 있다.

여기에 더해 현대차그룹은 2026 CES에서 로보틱스를 미래 모빌리티를 잇는 핵심 축으로 규정하고, 보스턴다이내믹스를 중심으로 한 휴머노이드 로봇 상용화 로드맵을 제시했다. 특히 제조 공장과 물류 현장에 휴머노이드를 우선 투입해 실제 작업 데이터를 축적하고, 이를 기반으로 서비스·도심 환경까지 적용 범위를 확장하겠다는 전략이다. 여기에 구글 딥마인드의 생성형 AI 로봇 파운데이션 모델을 결합해, 로봇이 단순 반복 작업을 넘어 상황을 이해하고 판단해 스스로 행동하는 '피지컬 AI'로 진화시키겠다는 구상도 함께 공개했다. 이는 보스턴다이내믹스의 세계 최고 수준 하드웨어 기술에 대규모 AI 추론 능력을 결합해, 휴머노이드 로봇을 연구·시연 단계를 넘어 실제 산업 경쟁력으로 끌어올리려는 행보로 풀이된다.

협동 가능한 로봇 AI, 헬릭스

미국 휴머노이드 업체 피규어AI는 휴머노이드 로봇용 기계학습(머신러닝) AI 모델 헬릭스(Helix)를 선보였다. 이 AI의 핵심은 두 대 이상의 로봇 협동 작업이 가능하다는 점이다. 과거 이 회사는 챗GPT를 만든 오픈AI와 협업을 통해 휴머노이드 개발을 해왔으나, 2025년부터 독자노선을 걷겠다고 선언했다. 그 결과물로 처음 공개된 휴머노이드 AI 학습 모델이 바로 헬릭스다. 휴머노이드 로봇 '피규어 02'에 적용된 헬릭스는 VLA(비전·언어·행동) 모델을 활용한다. 로봇이 카메라로 주변을 인식하고 사람의 자연어 명령어를 이해하며, 그에 맞는 행동을 수행한다.

예를 들어 헬릭스가 적용된 로봇 앞에 달걀과 케첩, 사과, 쿠키 등을 늘어놓고 "이 물건들을 정리해줘"라고 말하면 2대의 로봇은 냉장과 실온 보관 물건을 분류해 정리하기 시작한다. 이때 가장 인상적인 장면은 한 로봇이 다른 로봇에게 물건을 건네주는 장면이다. 두 로봇은 눈맞춤을 하듯 서로를 바라보고 물건을 건네주고 받는다. 달걀같이 깨지기 쉬운 물건을 전달할 때도 손의 힘을 조절하고, 냉장고를 열어 조심스레 내려놓는다. 한 로봇이 사과를 놓을 자리를 찾자 다른 로봇은 그릇을 건넨다. 정리가 끝난 후 로봇들이 냉장고 문과 서랍을 닫으면서 영상은 마무리된다.

헬릭스가 적용된 로봇은 각자 인지한 시각 정보, 행동 계획, 동료 로봇의 상태 데이터 등을 실시간으로 주고받으면서 협업한다. 통신이 지연될 경우를 대비해 전용 프로토콜과 고속 무선 통신 기술을 사용하며, 만일의 네트워크 장애가 있을 때도 자체 적응할 수 있는 '내결함성 메커니즘'이 적용됐다. 현재까지 공개된 기술 수준으로만 보면 헬릭스가 적용된 휴머노이드는 자연어와 상황 인식, 응답 성능 등 측면에서 가장 똑똑한 휴머노이드 중 하나로 평가된다. 다만 아직 이 로봇은 상체만 움직일 수 있다.

테슬라 자율주행 기술, 옵티머스에 적용

일론 머스크는 차세대 혁신 기술로서 휴머노이드의 존재를 널리 알린 인물이다. 머스크는 2021년 '테슬라 AI 데이'에서 휴머노이드 로봇 옵티머스를 개발하고 있다고 처음 밝혔다. 테슬라는 2022년 9월 옵티머스의 프로토타입을 공개했고, 2023년 중반에는 1세대 옵티머스, 2024년 4월에는 2세대 옵티머스를 공개했다. 현재는 3세대 모델을 개발 중이다. 사람들이 가장 놀라는 대목은 테슬라의 개발 속도다. 처음 개발 사실을 공개했을 때만 해도 농담처럼 여겨졌지만, 테슬라는 2년 만에 완제품을 만들어냈다.

옵티머스의 가장 큰 강점은 테슬라의 자사 자율주행 AI 기술을 휴머노이드에도 적용할 수 있다는 점이다. 테슬라는 FSD 기능을 통해 방대한 자율주행 데이터를 축적해 왔으며, 자율주행 분야에서 가장 앞서 있는 기업 중 하나로 평가받는다. 자율주행 AI의 핵심은 주변 환경을 인식하고, 현재 상황을 판단해 적절하게 기기를 제어하는 기술 연결성에 있다. 이 같은 자율주행 기술 메커니즘은 로봇 제어 기술과도 본질적으로 동일하다.

테슬라의 또 다른 강점은 양산 능력이다. 자동차 생산을 통해 축적된 제조 노하우를 바탕으로, 빠르게 로봇 양산 체제를 구축할 수 있는 기반을 갖추고 있다. 또 전 세계에 분포한 테슬라 공장의 일부 생산 라인을 로봇 생산 라인으로 전환할 경우, 현지 생산과 인접 국가로의 수출 등 다양한 전략적 기회를 마련할 수 있다. 다만 이는 테슬라뿐만 아니라 뛰어난 제조 역량을 보유한 현대차그룹의 계열사 보스턴다이내믹스에도 동일하게 해당된다.

2025년 8월 공개된 영상에서 옵티머스는 공장 안의 사람과 기계 등을 피해서 유유히 걸어 다닌다. 손으로 작은 배터리를 박스에 옮겨 담기도 하고, 사람들과 상호작용하며 물건을 건네주기도 한다. 배터리가 떨어지면 스스로 가까운 충전 스테이션을 찾아 충전한 이후 작업을 이어간다. 테슬라는 2025년부터 옵티머스의 소규모 양산을 시작했다. 하반기에는 생산 물량을 수천 대로 확대해 물류센터나 전기차 제조현장에 전략적으로 배치할 계획이라고 밝혔다. 2026년부터는 본격적인 대량 생산과 상용화가 목표다. 대당 2만 달러(약 2,800만 원)로 판매 가격을 낮추는 것이 1차적인 과제다.

휴머노이드에 진심인 중국

국가 경제에서 제조업 비중이 높은 중국은 휴머노이드에 진심이다. 전 세계 휴머노이드 관련 기업 236개 중 중국 기업이 140개로 절대적으로 큰 비중(59%)을 차지했으며, 2024년 공개된 휴머노이드 로봇 51개 모델 중 중국 업체가 만든 모델이 35개에 달했다. 특히 제조업이 주력 산업으로 로봇과 자동화에 관심이 많은 중국은 로봇 하드웨어 관련 기술이 독보적이다. 반면 미국은 로봇을 스스로 움직이는 소프트웨어 기술 개발에 초점을 맞추고 있다. 하지만 최근 중국도 AI 기술 개발에 집중하면서 휴머노이드 영역에서도 중국이 두각을 나타낼 가능성이 커졌다는 평가다.

유비테크는 중국 내에서도 가장 상용화에 앞선 휴머노이드 업체다. 이 회사는 이미 BYD, 니오, 지리자동차, 베이징자동차, 폭스바겐 등 다양한 완성차 브랜드의 중국 공장 생산 라인에 휴머노이드 로봇 '워커 S(Walker S)'를 공급해 왔다. 현재 글로벌 휴머노이드 업체 중에서는 가장 많은 고객사를 확보한 것으로 평가된다. 첫 번째 버전인 '워커 S1'의 가격은 7만 달러(9,600만 원) 수준이며, 최근에는 절반 가격의 저가형 모델 '티안공 워커(Tiangong Walker)'가 공개되기도 했다.

워커 S의 기술력 또한 상당한 수준이다. 영상 속 로봇은 작은 스티커를 집어 자동차 차체에 붙이는가 하면, 무거운 상자를 들어 올릴 때 2대의 로봇이 상자의 양쪽 끝을 잡고 함께 협력하는 협동 로봇으로서의 수행 장면도 보여준다. 2025년 7월 공개된 '워커 S2'의 영상은 더 충격적이다. 로봇이 일하던 중 배터리가 방전되면 스스로 배터리 스테이션으로 걸어간다. 로봇은 손을 뒤로 뻗어 등에 장착되어 있던 배터리를 빼내고, 스테이션에 풀충전된 배터리를 다시 스스로 끼워 넣는다. 충전 대기 시간을 줄여 작업 효율을 극대화하기 위한 기술이다.

에어택시는
언제 나올까?

늦춰진 도심 하늘길의 꿈

"2025년 말에는 국민 여러분께 도심 하늘길을 열어드리겠다."

2023년 전남 고흥에서 진행된 'K-UAM(한국형 도심항공교통) 그랜드 챌린지' 실증 행사에서 당시 백원국 국토교통부 차관이 했던 말이다. 초기에 정부가 그린 그림은 우리 기술로 전기수직이착륙기(eVOLT)를 개발하고 기체와 교통관리 시스템에 대한 통합 운용 실증을 거쳐 2025년에는 국내 상공 위를 날아다니는 에어택시(버스)를 볼 수 있도록 하는 구상이었다. 2024년 말까지 비행 시험장이나 개활지 등 넓은 도심 외곽에서 1단계 실증을 하고, 2025년 상반기까지는 도심에서 2단계 실증을 거쳐서 연말엔 상용화를 진행하겠다는 목표였다.

하지만 에어택시 상용화의 길은 생각보다 쉽지 않았다. 최근 정부는 도심항공교통(UAM) 상용화 목표 시기를 2028년으로 늦췄다. 우리나라뿐만 아니라 글로벌 시장에서도 기체 개발과 인증이 미뤄지는 데다 경제성과 사업성 부족으로 더 이상 외부에서 자금을 끌어오기도 어려워졌기 때문이다. 반면 안전성에 대한 검증은 점차 강화되면서 업계는 현실적인 문제에 부딪혔다.

예를 들어 프랑스 정부와 파리 공항 당국은 2024년 파리올림픽 기간 중 UAM 시범 비행을 계획했으나 유럽항공안전청의 상업용 비행 인증을 받지 못해 프로젝트가 결국 무산됐다. 파리 시민과 환경 단체의 반발도 거셌다. 소음 공해가 심할 뿐만 아니라 UAM 기체를 만들고 이착륙장을 구축하는 과정에서 온실가스 배출에 대한 환경 평가가 완전하지 못하다는 지적도 제기됐다.

하지만 무엇보다 가장 파리 시민을 설득하기 어려웠던 이유 중 하나는 '우리집 지붕 위로 안전하지 못한 물체가 떠다닌다'라는 불안감이었을 것이다. 2024년 9월 일본 오사카엑스포에서도 UAM 승객 이송 서비스의 시연이 무산됐다. 이 역시도 기술·인증 문제뿐만 아니라 안전 요건을 충족하는 데 어려움을 겪었다. 결국 승객을 태우지 않고 시범 비행을 하는 수준에 그쳐야 했다.

전 세계적으로 UAM 시범 사업이 늦춰지거나 무산되면서 우리 정부도 계획을 한 템포 늦추기로 했다. 2025년 8월 국토부는 'UAM 팀 코리아' 본협의체 회의를 개최하고 새로운 K-UAM 비전을 담은 상용화 로드맵을 공개했다. 일단 가장 크게 달라진 점은 상용화 목표 시기를 2025년에서 2028년으로 3년 정도 늦췄다는 점이다. UAM 사업 운영을 위한 국가 차원의 기본 문서인 〈K-UAM 운용개념서〉

도 업데이트했다.

개정된 운용개념서의 주요 내용을 살펴보면 사업 운영을 위한 규제는 완화하면서도 안전 기준은 그대로 유지하겠다는 게 골자다. 우선 기존에는 UAM 사업을 하려면 운송이나 교통관리, 버티포트(이착륙장) 운영 등 3가지 역할을 각각 다른 주체가 맡아야 했다. 이제는 사업자가 상황에 따라 이 역할을 한꺼번에 할 수 있게 됐다. 또 버티포트의 설치 기준이나 운영 주체도 유연하게 조정됐다. 소규모 또는 다양한 형태의 버티포트 설치가 가능해지면서 사업자들의 비용 부담도 줄었다. 기존엔 5G 같은 상용 통신망을 반드시 사용하도록 했지만, 개정안에서는 필수가 아니라 보조적으로 쓸 수 있도록 했다. 대신 기존의 항공 통신망을 그대로 사용할 수 있게 하면서 이 역시 사업자의 초기 비용 투자 부담을 낮추는 방향으로 변경됐다. UAM의 비행경로를 정해진 '회랑(비행 구간)'으로 한정한다는 내용도 개정안에선 사업자가 상황에 맞게 비행 구간을 자율적으로 조절할 수 있도록 했다.

정부는 규제 완화를 통해 사업자의 비용 부담은 줄이고, 민간 참여 촉진을 통해 초기 시장을 활성화하겠다는 생각이다. 일단 업계와 시장이 가능하다고 말하는 부분을 먼저 받아들여 한 걸음씩 구체화해 나가겠다는 목표다. 새로운 정부 로드맵에 따르면, 2028년부터 국내 도심 외곽에서 에어택시 또는 에어버스를 볼 수 있을 것으로 기대된다. 2032년에는 UAM이 도심까지 진입하고, 2037년 이후부터는 원격 조종이 가능한 에어택시가 날씨에 관계 없이 운항할 수 있게 된다. 2040년 이후에는 자율주행이 가능한 UAM이 도심 내를 자유롭게 비행하며, 일상 속 주요 교통수단으로 널리 활용될 것으로 기대된다.

현대차 AAM 기술은 어디까지 왔나?

UAM 산업에 대한 우리 정부의 전략이 변곡점을 맞으면서 최근 현대차그룹도 미래항공모빌리티(AAM) 사업에 대한 전략을 전면 수정하고 있다. 2021년 현대차그룹은 UAM과 지역 간 항공(RAM)을 포함한 개념인 AAM으로 사업 체계를 확장했다. 최근 가장 눈에 띄는 변화는 인사에서 감지된다. 2019년부터 AAM 사업을 이끌어온 신재원 사장이 일선에서 물러나 고문으로 위촉됐다.

신 고문은 미국 항공우주국(NASA)에서 30년 넘는 경력을 쌓은 우주 항공 전문가다. 2019년 현대차그룹에 합류해 AAM 사업을 이끌어왔다. 2021년부터는 현대차그룹 AAM 담당 사장과 미국 AAM 독립법인 슈퍼널(Supernal)의 CEO를 겸임해 왔다. eVOLT 기체 개발과 상용화를 위한 제도 구축, 글로벌 협력 강화, 실증 사업을 주도하며 사업의 초석을 닦았다.

현대차그룹 AAM 부문은 지난 6년간 신 고문의 리더십 아래 꾸준히 성장해 왔다. 하지만 시장 개화기에 맞춰 여전히 해결해야 할 과제는 쌓여 있다. 그동안 최대 과제가 기체의 개발, 즉 기본 성능 확보에 집중돼 있었다면 이제는 본격적인 상용화를 준비해야 할 때다. 현대차그룹은 새로운 돌파구를 찾기 위해 리더십 교체가 필요한 시기라고 판단했다. 신임 사장을 물색하며 AAM 상용화를 위한 2단계 국면으로 사업 운영을 전환할 계획이다.

현대차그룹 AAM 사업부와 슈퍼널이 공동 개발한 eVOLT 'S-A2'는 현재 미국연방항공청(FAA)의 인증 절차를 밟고 있다. S-A2는 조종사를 포함해 총 5명이 탈 수 있는 기체로 개발됐다. 8개의 로터가 아래위로 90도 이상 꺾이는 '틸트 로터' 구조를 적용해 운항의 효율성을 극대화했다. 최대 400~500m 고도에서 시속 200km로 약 60km의 거리를 비행하는 것을 목표로 하고 있다. 소음 수준도 식기세척기 정도의 45~65dB로 유지해야 한다. 슈퍼널의 단기적인 목표는 2028년 미국에서 개최되는 LA올림픽과 맞물려 미국 내에서 대규모 UAM 상용화 서비스를 선보이는 것이다.

국내에서는 대한항공, 인천국제공항공사, KT, 현대건설과 함께 꾸린 컨소시엄을 통해 국내 상용화를 위한 실증 사업을 진행하고 있다. 2024년 4월 현대차를 포함한 5개 사는 'K-UAM 그랜드 챌린지' 1단계 실증을 성공적으로 완수했다고 밝혔다. 기체와 운항 상황, 교통관리, 버티포트 등에 대한 공동 검증을 수행했으며, eVOLT 기체뿐만 아니라 운용시스템, 5G 통신망 간의 통합 시스템 검증을 성공적으로 완수했다.

다만 국내 실증에 슈퍼널이 개발한 'S-A2' 기체가 투입되기까지는 시간이 걸릴 것으로 보인다. 2024년 1단계 실증에 투입됐던 기체도 'S-A2'는 아니었다. 2025년 11월부터 추진할 2단계 실증에도 당장 투입은 어려워 보인다. 컨소시엄에 참여한 업계 관계자는 "당장 슈퍼널이 개발한 기체를 실증에 투입하기까지는 시간이 더 필요한 것으로 알고 있다"며 "다른 기체로 대체해 운영 체계 등을 총체적으로 점검할 예정"이라고 말했다.

'안전 최우선' 현대차, 한발 느려도 정확하게

미국 당국의 기체 인증과 국내 실증 사업에 기체 투입이 늦어지면서 일각에선 현대차그룹의 AAM 사업이 경쟁사에 비해 한발 늦는 것 아니냐는 우려도 제기된다. 2024 CES 현장과 2025년 현대차 주주총회에서도 AAM 인증 및 사업 일정 지연에 대한 문제는 꾸준히 거론되어 왔다.

이에 대해 신재원 고문은 차별화된 현대차그룹의 전략을 강조했다. 경쟁사와 달리 처음부터 민간 항공기 수준의 높은 안전 기준을 충족하는 기체 개발을 목표로 하고 있기에 상당한 시간이 필요하다고 답했다. 그는 "AAM이 일반 대중들을 위한 교통수단이 되기 위해서는 현재 민간 항공기 수준의 안전 기준을 맞추지 못하면 이 시장은 열리지 않을 것"이라며 "우리가 미국과 유럽 인증을 동시에 받을 정도의 안전을 확보하기 위해서는 시간이 걸릴 수밖에 없다"고 말했다. 슈퍼널은 기체 개발 프로젝트 초기 계획과 연구개발 단계에서부터 신중하고 보수적인 접근 방식을 취해왔다. 설계 안정성 확보와 기술 검증에 경쟁사보다 더 많은 시간을 투입하면서 인증 준비 시기가 경쟁사보다 한발 늦은 건 사실이다.

미국은 선진 기술력과 대규모 투자, 체계적인 규제·인증 시스템,

광대한 수요 시장, 인프라 구축 등을 바탕으로 가장 빠른 UAM 시장 활성화가 기대되는 국가다. 현재 FAA의 기체 인증 절차에서 가장 앞선 업체는 조비(Joby)와 아처(Archer)다. FAA의 기체 형식 인증 절차는 총 5단계다. 최종 인증을 통과하면 상업 운항과 기체 양산이 가능해진다.

현재 조비는 4단계 심사와 인증을 마치고 5단계 최종 비행과 검증 단계에 접어들었으며, 아처는 3단계 인증을 진행 중이다. 기체 인증에선 조비가 가장 앞섰지만, 상용화 목표 시기는 오히려 아처가 빠르다. 아처는 인증이 완료되는 대로 미국과 아랍에미리트(UAE) 시장을 중심으로 2026년 첫 여객 수송 비행을 목표로 하고 있으며, 조비도 2026년 상용화가 목표다. 아처는 조종사 훈련 아카데미 인증, 운항 사업자 인증 등 실제 상업화 서비스에 필요한 인증들을 먼저 받으면서 운영 인프라를 확보했다. 항공기 제조에서도 완성차 업체

	아처	조비	슈퍼널
FAA 인증 현황	3단계(적합성 증명) 진입	4단계(인증 심사·조정)까지 완료, 5단계(최종 시험비행 및 검증, TIA) 진입	2단계 (인증 계획 수립) 진행 중
주요 전략	검증된 부품 사용 및 협업 중심, 빠른 시장 진입 목표	자체 설계 및 부품 개발로 높은 성능 집중, 인증 준비 철저	보수적이고 신중한 접근. 안정성 우선, 기술 완성도 강화
인증 대상 기체	미드나잇	조비 eVTOL	S-A2
주요 협력사	스텔란티스	토요타	현대차그룹
상용화 목표 시기	2026년	2026년	2028년

[자료 7-5] 미국 UAM(도심항공모빌리티) 업체 현황 비교

출처: 언론 종합

스텔란티스와 손을 잡았다. 이미 항공시장에서 검증된 부품을 외부에서 적극 공수하면서 기체 생산의 완성도를 빠르게 높인다는 전략이다. 서비스 관련 인프라를 먼저 구축해 놓고 기체 인증이 완료되는 즉시 서비스를 시작한다는 목표다.

조비는 기체 개발과 인증에 상당한 공을 들이고 있다. 이 업체는 부품업체의 수직 계열화를 추진하며 자체 개발·생산 비중을 높이고 있다. 자체 생산 비중이 높아지면 향후 부품사에 대한 통제력이 강해지면서 제조 품질을 유지할 수 있다. 동시에 회사의 이익률 또한 높아진다. 토요타그룹은 조비의 대표적인 투자사다. 토요타는 2020년부터 조비에 누적 1조 원 이상 대규모 투자를 진행해 왔다. 수직 계열화를 통해 부품과 기체 개발의 안정성을 높이는 전략은 토요타의 완성차 생산 전략과도 방향이 일치한다.

반면 현대차그룹 슈퍼널은 인증 신청 및 기초 협의 수준인 1단계 인증을 마치고, 구체적인 인증 계획을 수립하는 2단계에 진입했다. 2025년 3월에는 본격 인증을 앞두고 첫 시험 비행에 성공하기도 했다. 현대차그룹은 인증 획득 시기는 다소 늦을 수 있지만, 안전과 검증 기준 자체를 높여 경쟁사와 차별화를 꾀한다는 전략이다. 미국뿐만 아니라 까다로운 유럽 인증 기준까지 한 번에 통과할 수 있는 가장 높은 수준의 안전 기준을 만족하는 기체를 만들겠다는 생각이다. 또 UAM 서비스의 최종 목표는 단순 기체 생산뿐 아니라 버티포트 구축과 운영 서비스, 교통 연계까지 포함된 종합 모빌리티 솔루션을 제공하는 일이다. 완성차 업체의 계열사로서 대량 생산 제조 역량을 최대한 활용하고, 이착륙장에서 최종 목적지까지 이동을 의미하는

'라스트마일 서비스'까지 원활하게 제공하는 것이 목표다.

현대차그룹을 비롯한 완성차 업체들이 UAM 시장에 적극 투자하는 이유는 기체 제조와 여객·화물 운송 등 서비스 시장을 포함한 글로벌 UAM 시장의 예상 규모가 상상을 초월하기 때문이다. 모건 스탠리가 예상한 2040년 글로벌 UAM 규모는 1조 5,000억 달러(약 2,086조 원)다. 글로벌 컨설팅 회사인 KPMG는 2050년까지 UAM이 빠르게 번성할 70개 도시를 선정했다. KPMG는 인구밀도와 경제성장, 도로 혼잡도 등을 고려할 때 향후 UAM 성장 가능성이 가장 높은 시장으로 서울과 도쿄, 베이징, 상하이 등 아시아의 메가시티들을 꼽았다.

기술 상상력에
한계는 없다

생존 전략에서 촉발된 기술 발전

이제 자동차는 더 이상 단순 이동 수단이 아니다. 현대차·기아 연구소와 사내 벤처 그리고 스타트업 현장에서는 공상 과학 소설에서 읽을 법한 기술들이 개발되고 차는 날마다 새로워지고 있다.

여름철 열을 밖으로 배출하는 틴팅 필름, 긁힌 흠집을 스스로 치료하는 나노 코팅, 페인트칠을 하지 않아도 매끈하고 선명한 색을 띠는 무도장 차체 성형 기술, 여기에 버섯 균사체로 만든 시트 가죽과 공기 주입이 필요 없는 타이어, 라스트마일 배송을 책임질 자율 주행 로봇까지 새로운 차를 만들 기술들이 모두 개발을 마쳤다.

아직 공상에 가까운 얘기처럼 느껴지지만, 이 기술들은 환경 규제 대응, 비용 절감, 안전 강화라는 자동차 산업의 절박한 요구에서 비롯된 것들이다. 미래 이동 수단을 둘러싼 경쟁이 치열해지는 상황에서 현대차의 실험은 단순한 호기심이 아니라 내일을 위한 생존 전략에 가깝다. 현대차그룹 연구진과 관련 스타트업이 개발한 기상천외한 발명을 하나씩 따라가며 기술 발전이 우리 일상과 자동차 산업의 미래를 어떻게 바꿔놓을지 한번 상상해 보자.

폭염 속, 이미 차 안이 시원하다면?

대한민국의 7월 한낮. 외부 기온이 25도만 넘어도 한낮 차량 내부 온도는 섭씨 50도까지 급격히 올라간다. 뙤약볕 아래 서 있는 차를 멀리서 보기만 해도 숨이 턱 막히는 듯하다. 차 문을 열자 뜨거운 공기가 밀려온다. 운전석에 앉는 순간 뜨끈한 시트가 몸을 감싼다. 그런데 이상하다. 분명 찜통일 거라 각오했는데, 막상 앉아보니 견딜 만하다. 에어컨을 켜자 차 안은 금세 쾌적해졌다.

비밀은 자동차 유리에 붙인 '투명 복사 냉각 필름' 덕분이다. 이 필름은 눈에 보이지 않는 얇은 4개의 층으로 구성돼 있다. 태양광 중 열을 발생시키는 파장인 자외선과 근적외선을 효과적으로 반사하고, 일부 층에선 차량 내부에서 생긴 복사열(원적외선)을 바깥으로 방출한다. 덕분에 차량 내부 온도가 필름을 적용하지 않았을 때보다 최대 10도 이상 낮아진다.

기존 '선팅 필름'은 단순히 햇빛을 차단하는 수준이었다면, 이 기술은 한 걸음 더 나아가 차가 스스로 열을 내보내는 능동적 냉각을 구현했다. 또 기존 필름은 열 차단 효과를 높이기 위해서는 틴팅의

농도가 짙어지면서 시야 확보가 어려웠다. 이 기술은 열 차단·배출의 효과를 누리면서도 유리의 투명도는 그대로 유지할 수 있다.

산업적 의미도 크다. 차량 냉방은 연료와 배터리를 크게 소모하는 요소 중 하나다. 이 필름이 보편화되면 여름철 전기차 주행거리가 늘어나고, 연비와 전비 효율 개선이 기대된다. 에어컨 사용이 줄면 이산화탄소 배출량도 감소한다. 강화되는 글로벌 환경 규제에도 대응할 수 있다.

셀프 힐링, 내 차 스스로 고치다

후진 주차를 하다가 주차장 기둥에 차를 살짝 긁었다. 멀리서 보면 티가 나지 않지만 가까이서 들여다보니 흠집이 꽤 깊었다. 속은 쓰렸지만 일단 하루 정도 기다려보기로 했다. 혹시나 하는 마음에 '셀프 힐링(self-healing)' 기능이 있는 고분자 코팅 옵션을 선택해 둔 덕분이다.

다음날 출근길에 확인해 보니 전날 생겼던 스크래치가 말끔히 사라져 있었다. 미세한 상처나 스크래치는 그냥 두면 자동차 상태나 안전에 문제가 될 수도 있다. 첨단운전자보조기능(ADAS)에 사용되는 센서나 카메라 렌즈가 손상되면 올바른 신호를 감지하기 어렵고, 차체에 난 흠집이나 균열은 부식으로 이어져 사고 시 충격 흡수력까지 떨어질 수 있다.

나노 셀프 힐링 기술은 사람 피부에 새살이 돋듯 자동차 표면의

스크래치를 스스로 회복하는 원리다. 특수 코팅에 포함된 고분자 물질이 상처가 날 때 일시적으로 분리됐다가 이후엔 가역적 화학반응을 통해 다시 결합하면서 원래 상태로 복원된다. 기존 방식과 달리 촉진제를 따로 쓰지 않아도 되고 열을 가할 필요도 없다. 상온에서 반복적인 재생이 가능하다는 점이 가장 큰 장점이다.

카메라에 맺힌 빗방울, 스스로 닦아내는 차

장맛비가 억수같이 쏟아지는 여름날. 앞 유리를 때리는 빗방울을 와이퍼가 쉴 새 없이 닦아낸다. 시야가 흐려져 운전이 쉽지 않아 ADAS를 켰다. 이런 날씨에 반자율주행 기능이 제대로 작동할까 싶었지만 기술력을 믿어보기로 했다.

이 차에는 특별한 카메라 센서 클리닝 기술이 적용돼 있다. 렌즈 앞에 씌운 커버 글라스를 회전시켜 오염을 제거하는 '로테이터캠(Rotator-Cam)' 기술이다. 흙이나 먼지 같은 오염물질은 물론, 렌즈에 맺힌 습기까지 효과적으로 없애준다.

기존의 렌즈 클리닝 방식은 크게 두 가지였다. 첫째는 팝업 노즐이 튀어나와 워셔액을 세차게 뿌려 이물질을 제거하는 방식이다. 하지만 워셔액이나 빗방울이 렌즈 표면에 뭉치면서 오히려 시야를 가리는 단점이 있었다. 둘째는 전동식 소형 와이퍼를 달아 직접 닦아내는 방식이다. 빗방울 제거에는 효과적이었지만 와이퍼가 왔다 갔다 하면서 카메라 시야를 가린다는 한계가 있었다.

현대차그룹이 2023년 개발한 로테이터캠 기술은 이 같은 문제를 해결했다. 카메라 렌즈를 보호하는 커버 글라스를 바깥에 한 겹 씌우고, 이를 회전시키면서 고정된 와이퍼로 표면을 닦아내는 구조다. 워셔액 공급장치도 함께 적용돼 있어 먼지와 진흙, 물방울까지 깔끔하게 제거할 수 있다. 와이퍼가 움직이지 않기 때문에 시야를 방해하지도 않는다.

여기에 AI가 날씨와 오염 정도를 감지해 워셔액 분사량을 조절하고 렌즈와 글라스 사이에 습기가 차지 않도록 바람을 불어넣어 준다. 수십 개 이상의 카메라 센서가 장착되는 자율주행차에서 카메라 성능은 곧 주행 안정성과 직결된다. 로테이터캠 기술은 센서의 신뢰도를 높일 뿐만 아니라 워셔액 사용을 최소화해 유지비 절감에도 도움을 준다.

버섯으로 만든 자동차 시트

새 차에 올라타자 은은한 가죽 냄새가 풍긴다. 손끝으로 시트를 쓸어보니 부드럽고 질감도 고급스럽다. 얼핏 보면 천연가죽과 다를 바 없지만, 사실 이 시트는 소가죽이 아니라 '버섯'으로 만들어졌다.

전 세계적으로 동물 가죽을 대체할 수 있는 친환경 '마이셀리움 (Mycelium, 균사체) 가죽' 소재 개발이 주목받고 있다. 마이셀리움은 버섯의 뿌리 조직이다. 실처럼 얽히며 자라는 특성이 있어 가죽과 유사한 질감과 강도를 구현할 수 있다. 나무 부스러기나 톱밥 등 유기물 위에서 균사체 조직을 배양한 뒤 이를 특수 공정으로 가공하면 천연가죽 못지않은 내구성과 부드러움을 갖춘 친환경 소재가 된다. 무엇보다 제작과 폐기 과정에서 환경 부담을 크게 줄일 수 있다. 소를 도축할 필요가 없고 화학 약품 처리도 최소화되며, 폐기물은 100% 생분해된다.

현대차 사내 벤처 기업 출신인 '마이셀'은 버섯 균사체를 활용한 친환경 가죽을 전문적으로 개발하는 스타트업이다. 현대차그룹의 오픈이노베이션 플랫폼 '제로원(ZER01NE)' 프로그램을 통해 성장해 2020년 분사했다.

이 회사의 연구진은 AI를 활용해 균사체의 배양 조건을 정교하게 제어함으로써 내구성과 질감을 천연가죽 수준까지 끌어올렸다. 다양한 색상과 패턴 구현도 가능하게 했다. 각국의 친환경 인증 기준에 부합하는 소재를 완성해, 자동차 시트와 인테리어 패널은 물론 패션, 가구, 건축 자재까지 영역을 확장해 나간다는 계획이다.

특히 완성차 업계에서는 유럽을 중심으로 생산 전 과정 평가(LCA)를 통해 발생하는 탄소를 줄이라는 규제가 강화되고 있다. 가죽 시트는 완성차 제조 공정에서 상당한 탄소를 배출하는 영역이다. 비건 레더를 적용하면 가축 사육 과정에서 발생하는 메탄가스와 화학적 무두질 과정의 탄소 배출을 줄이면서 차 한 대당 '탄소 발자국'을 크게 감소시킬 수 있다.

2025년 현재 자동차 인테리어에 '버섯 가죽'이 적용된 사례는 아직 콘셉트카의 일부 패널 정도에 불과하다. 그러나 기술적 완성도가 빠르게 올라온다면 머지않아 버섯에서 자라난 시트 위에 앉아 도로를 달리는 모습을 상상해 볼 수 있다.

펑크 나지 않는 타이어

주말 아침 시동을 걸고 나가려는데 계기판 위 타이어 경고등에 불이 켜졌다. 겉보기엔 멀쩡했지만, 공기압 수치를 확인해 보니 한쪽 타이어만 급격히 떨어져 있었다. 아마 어제 도로 위에 떨어진 못이나 파편을 밟은 모양이다. 하는 수 없이 가까운 카센터에 들러 펑크 난 타이어를 손봤다. 그 사이 주말에 예정됐던 일정은 줄줄이 밀려버렸다. 누구나 한 번쯤 겪어봤을 타이어 펑크, 만약 앞으로 걱정하지 않아도 된다면 어떨까?

현대차그룹이 투자한 미국 스타트업 '스마트 타이어 컴퍼니(The SMART Tire Company)'는 바로 이 같은 문제를 해결하기 위해 설립된 회사다. 이 회사는 미국 NASA의 화성 탐사 로버에 적용된 타이어 기술을 민간으로 확장해, 공기가 필요 없는 '초탄성 타이어'를 개발 중이다. 핵심 기술은 니티놀(NiTinol, 니켈-티타늄 합금)이다. 형상기억 합금인 니티놀은 외부 압력에 의해 변형되더라도 열이나 충격을 받으면 다시 본래 형태로 돌아오는 특성이 있다.

스마트 타이어 컴퍼니는 이 합금을 방사형으로 엮어서 '메틀(METL)'이라는 새로운 타이어 구조를 만들었다. 고무처럼 탄력 있고 티타늄처럼 단단해, 공기를 채우지 않아도 바퀴 형태를 유지할 수 있으며 펑크가 나지 않는다. 이 회사는 2025 CES에서 자전거용 '에

어리스(airless) 타이어'를 공개했는데, 관람객들은 "탄력이 고무 타이어와 거의 구분되지 않는다"는 반응을 보였다.

자동차 업계도 이 기술을 예의주시하고 있다. 도심 주행뿐 아니라 장거리 운행에서도 안정성이 입증된다면, 더 이상 펑크 수리점에 들르거나 스페어 타이어를 싣고 다닐 필요가 없다. 제조 단계에서 고무와 석유 사용을 줄일 수 있다는 점도 친환경 측면에선 강점이다.

실제로 전 세계는 타이어와 관련한 환경 규제를 강화하고 있다. 폐타이어는 처리 과정에서 많은 탄소를 배출할 뿐 아니라, 주행 중 타이어가 마모되면서 발생하는 미세 먼지는 대기와 토양 오염의 주요 원인으로 지목된다. EU는 타이어 마모 입자까지 규제 대상에 포함하는 방안을 추진 중이다. 공기 없이도 형태를 유지하는 금속 기반 타이어는 지속 가능한 이동수단으로 가는 중요한 혁신 기술로 주목받고 있다.

제조기업을 넘어 피지컬 AI 기업으로의 대전환

2023년은 국내 재계사에 하나의 상징적 장면으로 남을 해였다. 국내 상장사 영업이익 순위에서 현대차가 1위를 차지한 것이다. 현대차는 지난 14년간 부동의 1위를 지켜온 삼성전자를 제치고, 단일 기업 기준 2023년 가장 많은 영업이익을 올린 회사가 됐다.

2023년 현대차의 영업이익은 약 15조 원. 현대차와 기아의 합산 영업이익은 26조 원에 달했다. 반면 삼성전자의 2023년 영업이익은 6조 5,000억 원 수준으로, 현대차 단일 기업의 절반에도 미치지 못했다. 전형적인 사이클 산업인 반도체 업황이 급격히 위축된 결과였다.

물론 현대차가 거머쥔 '국내 상장사 영업익 1위'의 타이틀은 그리 오래가지 못했다. 2024년 반도체 사이클이 반등하면서 삼성전자의 영업이익이 32조 원대로 회복됐기 때문이다. 동시에 2024년에도 현대차·기아는 여전히 26조 원대 영업이익을 유지하며 3년 연속 사상 최대 기록을 새로 썼다.

순위는 다시 원래대로 돌아갔다. 하지만 2023년의 이 장면이 갖는 의미는 단순한 '순위 역전'이 아니다. 반도체가 이끌고 자동차가 받치는, 한국 경제의 구조를 다시 한번 드러내 주는 계기가 됐다는 점이다. 전형적인 사이클 산업인 반도체가 흔들릴 때, 한국 경제를 떠받친 또 하나의 축은 바로 자동차 산업이었다. 우리나라 경제를 굴리는 자전거의 두 바퀴는 반도체와 자동차라는 점이 수치로 증명된 순간이었다.

자동차 산업의 의미는 단순한 수익 경쟁을 넘어선다. 자동차는 국내에서 가장 고용 파급력이 큰 산업이다. 한국자동차모빌리티산업연합회(KAIA)의 분석에 따르면, 자동차 산업의 직간접 고용인원은 약 150만 명에 달하는 것으로 나타났다. 이는 한국은행 산업연관표(2022년 연장표)를 활용해 산출한 철강(41만 명), 반도체(28만 명) 분야 등의 직간접 고용인원을 크게 앞서는 수치다.

수만 개의 부품이 들어가는 자동차 한 대는 철강, 화학, 기계, 전자, 물류, 부품, 서비스 산업을 동시에 움직인다. 여기에 전기차 전환이 본격화되면서 배터리 산업까지 더해졌다. 자동차 산업은 이제 단일 제조업이 아니라, 한국 경제 전반을 관통하는 종합 산업 생태계가 됐다.

한국 경제 성장의 역사에서 반도체와 자동차는 서로 다른 역할을 맡아왔다. 반도체는 디지털 세계를 움직이는 기본 인프라다. 데이터, 서버, 인공지능, 통신 산업의 토대를 만들며 한국을 기술 강국의 반열에 올려놨다. 또한 반도체는 한국 경제가 고부가가치 산업으로 도약하는 데 결정적으로 기여했다. 삼성전자와 SK하이닉스가 D램 시장에서 세계 1위를 차지하면서, 대한민국은 글로벌 IT 산업계 전체의 속도와 방향을 결정하는 핵심 국가가 됐다.

현대차그룹은 다른 방식으로 한국 경제를 지탱해 왔다. 자동차는 완성품을 만들어내는 산업이다. 설계부터 생산, 물류, 판매까지 전 과정이 실물 경제 위에서 이뤄진다. 그 과정에서 지역 경제가 움직이고, 고용이 창출되며, 수출 구조가 형성된다. 반도체가 한국을 기술 강국으로 만들었다면, 자동차는 양적 성장과 제조 역량을 통해 산업 강국 한국의 토대를 마련했다. 생산과 고용, 수출이라는 실물 경제의 축은 오랫동안 자동차 산업이 떠받쳐왔다.

이 같은 맥락에서 자동차 산업이 2025년 글로벌 통상 질서의 중심에 선 것은 우연이 아니다. 도널드 트럼프 미국 대통령이 관세 정책의 첫 타깃으로 자동차를 겨냥한 이유도 여기에 있다. 자동차는 그저 단순한 무역 품목이 아니라, 한 나라 제조업 경쟁력의 상징이기 때문이다. 자동차 관세는 가격을 올리기 위한 수단이 아니라, 공장과 일자리를 자국 안으로 끌어들이기 위한 압박 장치였다. 예로부터 자동차 산업을 주도한 국가는 글로벌 경제의 패권을 쥐어왔다. 그리고 이 공식은 전동화와 AI 시대로 접어든 지금도 크게 달라지지 않았다.

피지컬 AI 시대에 이 같은 흐름은 가속화된다. AI는 더 이상 화면 속 기술이 아니다. 도로를 달리고, 공장에서 일하며, 물류와 도시를 운영한다. 이때 중요한 것은 데이터를 수집·관리하고 학습 구조를 구축하는 법이며, 그것을 현실에 구현하는 능력이다. 현대차가 주목받는 이유는 바로 이 지점에 있다.

현대차는 AI를 단순히 '연산하고 문장을 생성하는 기술'이 아니라 '연산을 통해 현실에서 작동하게 만드는 기술'로 다룬다. 자율주행, 로보틱스, 스마트팩토리, 물류 자동화는 모두 실물 기반 산업 역량이 없으면 성립할 수 없다. 현대차가 쌓아온 제조 경험, 글로벌 생산망, 공급망 통제력은 피지컬 AI 시대를 이끌 막강한 자산이다.

따라서 현대차의 미래는 한 기업의 성장 스토리를 넘어선다. '현대차가 AI 시대에 어떻게 살아남을 것인가?'라는 질문은 곧 '한국 제조업이 어떤 방식으로 다음 세대를 맞이할 것인가?'라는 질문과 연결된다. 현대차의 성공은 한국 경제가 여전히 현실 세계를 설계하고 운영할 수 있는, 글로벌 산업계에서 주도권을 쥔 나라로 남을 수 있는지를 가늠하는 지표가 된다.

현대차그룹은 이미 전 세계 자동차 업계 3위에 오른 글로벌 기업이다. 그러나 피지컬 AI 시대를 맞은 현대차의 시선은 더 이상 '글로벌 완성차 1위'라는 순위 경쟁에 머물러 있지 않다. 관심의 초점은 전 세계 산업 질서 속에서 주도권을 가져갈, 혁신 기술을 만드는 글로벌 기업으로의 진화에 있다.

동시에 글로벌 기업으로 성장한 현대차그룹 앞에는 또 하나의 질문이 놓여 있다. 세계 시장으로 뻗어나가는 과정에서, 한국 경제에 얼마나 많은 부가가치와 산업적 기반을 남길 수 있느냐는 문제다.

전통 제조업체가 IT 솔루션 기업으로 탈바꿈하는 일은 결코 쉬운 일은 아니다. 앞서 테슬라는 IT와 제조업의 융합을 통해 새로운 가능성을 보여줬다. 하지만 현대차그룹의 변화는 그 결이 다르다. 출발점도, 무게도, 책임의 범위에도 차이가 있기 때문이다.

　거대 완성차 그룹인 현대차그룹의 변화는 점진적으로 나타난다. 그러나 그 파급력은 훨씬 크다. 생산과 고용, 공급망과 지역 경제까지 연결된 거대한 산업 생태계가 함께 움직이기 때문이다. IT 중심의 자율주행 경쟁이 본격화되며 병목과 한계가 드러나는 국면도 분명 존재한다. 그럼에도 현대차그룹은 과거 수차례 그래왔듯, 위기의 순간마다 조직의 역량을 총동원해 돌파구를 찾을 것이다.

　피지컬 AI 시대는 단순한 기술 경쟁의 장이 아니다. 기술을 현실 세계에서 작동시키는 능력이 성패를 가른다. 그 한가운데에서 현대차그룹은 또 한 번의 변화를 준비하고 있다. 자율주행과 로보틱스, 스마트 제조를 현실에서 구현해 온 기업이라는 점에서, 현대차그룹은 피지컬 AI 시대에 가장 유리한 출발선에 서 있다.

'현대차가 AI 시대에 어떻게 살아남을 것인가?'
라는 질문은 곧
'한국 제조업이 어떤 방식으로 다음 세대를 맞이할 것인가?'
라는 질문과 연결된다.

BVR SUBBU. 《*SANTRO, The car that built a company*》. India Gurugram: Hachette India, 2017.

김성홍·이상민.《정몽구의 도전》. 고즈윈, 2005.

팀 히긴스.《테슬라, 전기차 전쟁의 설계자》. 라이온북스, 2021.

게슈탈텐.《디자인 너머: 피터 슈라이어, 펜 하나로 세상을 만드는 사람들에게》. 윌북, 2021.

정주영.《이 땅에 태어나서: 나의 살아온 이야기》. 솔, 2015.

고바야시 히데오.《현대가 도요타를 이기는 날》. 21세기북스, 2011.

현대자동차,《리트레이스 컬렉션 : 포니》. 안그라픽스, 2024.

한국자동차연구원, 〈자동차 부품산업 실태조사 보고서〉. 산업분석 리포트, 2024

소프트웨어정책연구소(SPRi), 〈미래형 자동차 산업의 소프트웨어인력 양성 정책 연구〉. 2025.

세계지식재산기구(WIPO), 〈기술 트렌드: 운송의 미래〉. 산업분석 리포트, 2024.

한국자동차모빌리티산업협회(KAMA), 〈글로벌 자동차 산업 동향〉. 2020~2024.

임은영. 〈2026년, 글로벌 1위 업체가 바뀐다〉. 삼성증권 리서치 리포트, 2023.

임은영. 〈현대차그룹 최종 병기, 로봇〉. 삼성증권 리서치 리포트, 2025.

장문수. 〈중국 긴급 진단: 뺏길 것인가? 빼앗을 것인가?〉. 유진투자증권 리서치 리포트, 2015.

이호중·임현진. 〈BYD 글로벌 확장 전략의 명과 암〉. 한국자동차연구원, 2024.

이홍일, 〈생산방식 변화에 따른 노동조합의 성격변화: 모듈 생산 도입을 중심으로〉. 서울대학교 사회학과 석사학위논문, 2008.

현영석·정규석, 〈현대와 도요타의 품질 위기와 극복〉. 품질경영학회지 학술 논문, 2014.

조형제·이병훈, 〈현대자동차 생산방식의 진화: 일본적 생산방식의 도입을 중심으로〉. 울산대학교 연구논문, 2006.

김진백·이남석, 〈현대자동차와 유럽식/일본식 모듈 생산방식의 비교 및 전자무역 환경에 미치는 영향에 대한 연구〉. 전자무역연구 제15권, 2017.

Coffin, David, Dixie Downing, Jeff Horowitz, and Greg LaRocca. 〈*The Roadblocks of the COVID-19 Pandemic in the U.S. Automotive Industry*〉. U.S. International Trade Commission working paper, 2022.

아시아경제, 〈현대차, 6년 만에 中 토종업체에 추월〉. 신문 기사, 2015.

연합뉴스, 〈현대차, 중국서 토종업체에 6년 만에 밀려…"올 것이 왔다"〉. 온라인 기사, 2015.

조선비즈, 〈현대·기아차 5년간 세계 시장점유율 8%대 맴돌아…중국 업체는 성장〉. 온라인 기사, 2015.

AI·수소·로봇으로 전환하는 현대차의 미래

현대차 피지컬 AI 혁명

초판 1쇄 인쇄 | 2026년 3월 30일
초판 1쇄 발행 | 2026년 4월 8일

지은이　　　| 우수연
펴낸이　　　| 전준석
펴낸곳　　　| 시크릿하우스
주소　　　　| 서울시 마포구 월드컵북로 400 서울경제진흥원 5층 23호
대표전화　　| 02-3153-1355
팩스　　　　| 02-3153-1356
이메일　　　| secret@jstone.biz
블로그　　　| blog.naver.com/jstone2018
페이스북　　| @secrethouse2018
인스타그램　| @secrethouse_book
출판등록　　| 2018년 10월 1일 제2019-000001호

ⓒ ㈜아시아경제·우수연, 2026

ISBN 979-11-94522-35-5 03320